Ingeborg Bergner

Das Diamantkind

Ingeborg Bergner

DAS DIAMANT KIND

Jedes Kind ist
eine große Seele

//////////////////// SILBERSCHNUR ////////////////////

© Copyright Verlag »Die Silberschnur« GmbH

ISBN: 978-3-89845-342-4

1. Auflage 2011

Gestaltung & Satz: XPresentation, Güllesheim
Covergestaltung unter Verwendung verschiedener Motive aus: www.fotolia.de
Druck: Finidr, s.r.o. Cesky Tesin

Verlag »Die Silberschnur« GmbH · Steinstr. 1 · 56593 Güllesheim
www.silberschnur.de · E-Mail: info@silberschnur.de

INHALTSVERZEICHNIS

WIDMUNG

In Achtsamkeit und Liebe widme ich dieses Buch all jenen Kindern, die diese Erde nur für eine kurze Zeit besucht haben. Mit dem Flügelschlag der Liebe haben sie zu uns gesprochen und den Sternenstaub der Engel in unsere Ebene gebracht. Jedes einzelne von ihnen hat ein kleines Licht am Firmament entzündet und erhellt uns den Nachthimmel mit dem Funken der Zuversicht und der Versicherung, dass sie dort sind und über uns wachen; dass sie dort sind und auf uns warten; dass sie BEI uns sind, den Weg mit uns gehen und für uns leuchten.

Mögen ihre Eltern Trost finden und Zuversicht. Möge ihnen die innere Gewissheit darüber geschenkt sein, dass Gott in den lichten Dimensionen den schönsten Platz der Schöpfung für jene Kinder reserviert hat, deren Reise allzu kurz war. Mögen sie im funkelnden Licht der Sterne den Klang der Liebe hören, den die »Engelskinder« in die Welten strahlen. Mögen sie Frieden finden im Herzen und das tiefe innere Wissen darüber haben, dass das Leben niemals endet. Wir kommen, wir gehen und wir kehren wieder – in endlosen Zyklen.

Ich widme dieses Buch allen Kindern, die Leid und Schmerz erfahren auf dieser Erde. Ich widme es den Kindern, die aus den zarten Hüllen der Geistigkeit in eine lieblose Umgebung der Materie gefallen sind. Mögen sie Schutz und Geborgenheit finden. Möge ein Mensch für sie da sein, der ihnen von Gott und seinen Helfern erzählt. Mögen sie das Licht in sich selbst finden. Mögen sie getröstet werden.

Ich widme dieses Buch allen Kindern dieser Welt und dem Kind in Ihrem Inneren, in der Hoffnung, dass ein Wandel stattfindet, der alle Herzen mit dem Licht der Heilung bestrahlt.

Lassen Sie uns diese Welt in einen liebevollen Ort verwandeln. In einen Ort ohne »du musst« und »du sollst«, in einen Ort frei von inneren und äußeren Zwängen, frei von Erwartungshaltungen anderer, in einen Ort, an dem wir wachsen und reifen können, um den Weg unserer Bestimmung in Vertrauen und Leichtigkeit zu gehen.

Es behüte und bewahre Sie jene Kraft, die Sie ins Leben rief. Schön, dass Sie da sind!

In Achtsamkeit und Liebe
Ingeborg Bergner

VORWORT

Dieses Buch richtet sich an jeden Menschen, dem das Geschenk zuteilwird, von Kindern, in welcher Form auch immer, umgeben zu sein. Kinder sind die wahren Lehrer, die Meister und Meisterinnen unter uns. Sie sind die großartigsten aller Spiegel, die uns einladen und auch auffordern, genau hinzusehen. In ihrem Abglanz erkennen wir uns selbst, sehen, wo wir stehen, nehmen wahr, wohin unsere Gesellschaft, ja unsere Spezies sich bewegt. In den glänzenden Augen eines lachenden Kindes wird die Gegenwart der Göttlichkeit sichtbar. Nichts berührt unsere Herzen derart tief, wie das Glück und das Leid, das Weinen und das Lachen eines Kindes. Es sind dies die kostbarsten Momente, die uns geschenkt werden. Schauen wir in solch einem heiligen Moment mit dem Herzen, wandelt sich dieser Moment in einen Augenblick, der die Kraft der Wandlung in sich trägt. So geschehen Wunder. Kinder sind die Toröffnungen für die Wunder dieser Welt. Sie sind ein lebendiges Beispiel, da sie uns zeigen, was es bedeutet, die Verstandeswelt der Illusion und der materiellen Wünsche zu verlassen, um frei zu werden durch inneres Erwachen.

Wenn wir, so wie die Kinder, unsere Traumwelt verlassen und die Augen des Herzens öffnen, werden wir die wahre Vielfältigkeit und Größe der Schöpfung, die göttliche Botschaft an uns Menschen »schauen«. Diese Botschaft ist LIEBE.

Kinder sprechen zu unseren Herzen als ein Aspekt des unteilbaren SEINS. Sie sprechen zu uns als ein Funke des Lichts, der Form angenommen hat, um sichtbar zu werden für blinde Augen. Sie sprechen zu uns als göttliches Kind.

Ich lade Sie ein, der Offenheit, der Liebe, der Weisheit und der Energie eines Kindes zu folgen. Eines Kindes, das Wegweiser ist für so vieles. Ein Kind, das in Ihnen wohnt und in mir. Ein Kind, welches ihr Sohn und/oder ihre Tochter sein mag. Ich lade Sie ein, einen Schritt mit mir zu gehen. Einen Schritt voller Unbefangenheit, der Sie in eine Welt bringt, in der es jedem, der diesem Kind – in welcher Form auch immer – begegnen darf, möglich wird, mit den lichtblinden Nachtaugen der Eule auch am Tage Wunder zu schauen.

Anmerkung:

Der Einfachheit halber beziehe ich mich manchmal nur auf die maskuline Form. Ich meine aber immer beide Geschlechter. Zudem nenne ich in diesem Buch Dinge beim Namen, die für mich selbstverständlich sind, für andere jedoch vielleicht nicht. Sollten Sie daher auf Aussagen stoßen, die für Sie nicht stimmig sind oder die sich mit Ihrem Glauben nicht vereinbaren lassen, so bitte ich Sie, ignorieren Sie diese Aussagen einfach, oder ersetzen Sie bestimmte Wörter wie etwa »Gott« durch ein anderes Wort, welches für Sie passend ist.

Ich erhebe mit den Inhalten in diesem Buch keinerlei Anspruch auf letztendliche Gültigkeit, da es so viele Wahrheiten gibt, wie es Menschen gibt. Für jeden einzelnen Menschen ist die eigene Wahrnehmung der Dinge ausschlaggebend für sein Denken. Die eigene Wahrnehmung kann sich dabei ständig verändern, denn sie dehnt und weitet sich mit der eigenen Entwicklung, mit der Weite des Geistes. Genau dort setzt dieses Buch an. Es fungiert als Katalysator, der den Geist veranlassen kann, sich auszudehnen – weit zu werden.

Manche Themen können in diesem Buch nur »angerissen« werden, obwohl es noch so viel mehr dazu zu sagen gibt. Nach meiner Sicht der Dinge gehören diese Themen aber unbedingt mit dazu. Wenn auch die Ausführung nicht immer bis ins letzte Detail gehen kann, versuche ich, mit diesem Werk Impulse zu setzen. Impulse, die zum Nachdenken anregen. Impulse, die die Kraft für eine Wandlung in sich tragen. Die Vorzeichen der Zeit stehen günstig. Die Vorkehrungen für den größten Wandel aller Zeiten sind bereits getroffen. Jetzt liegt es an uns ... an Ihnen und an mir, an jedem Einzelnen von uns, die neue Zeit gebührend willkommen zu heißen und den Schwung, den sie mit sich bringt, sinnvoll und bestmöglich für das höchste Wohl des Ganzen zu nutzen.

Alles ist EINS. Das ist die grundlegende Botschaft. Die Kinder der Erde, auch das sind WIR. Die Erde selbst, auch das sind WIR. Jedes Lebewesen, jeder einzelne Gedanke, alles, was ist, steht in direktem Zusammenhang mit uns selbst. Alles ist Teil des Verbundes, niemand – wie mächtig, reich oder klug er auch sein mag – kann sich davon ausnehmen. Es ist Teil des Gesetzes. Alles ist EINS. Die Kinder leben uns diese Botschaft mehr den je vor.

Versuchen Sie also einfach, mit der geistigen Offenheit eines Kindes das Gesagte als eine Möglichkeit zu betrachten. Eine Möglichkeit unter anderen Möglichkeiten. Ich danke Ihnen für Ihre Offenheit. Ein offener Geist ist Ihr grundlegendstes und wichtigstes Werkzeug. Öffnen Sie sich daher dafür, dass viel mehr möglich ist, als Sie bislang erfahren haben. Glaubenssätze, egal welchen Inhalt sie auch haben mögen, begrenzen uns letztlich immer, außer sie vermitteln uns die Botschaft, dass im Universum einfach alles möglich ist.

Beginnen Sie wieder damit,
wie ein Kind Wunder zu erwarten.
Es ist die beste Voraussetzung dafür,
dass Wunder eintreten.

Im Laufe dieses Buches werde ich Ihnen eine Wesenheit namens »Anatol« vorstellen. »Anatol« wird sehr oft im Dialog sein mit dem Diamantkind »Pit« und uns manches erklären. Anatol bedient sich ganz bewusst einer einfachen Sprache, damit unser irdischer Verstand den Inhalt leichter fassen kann.

Es gibt Botschaften, die Anatol in Form von umfangreichen Gedankenpaketen in mein Bewusstsein projiziert. Diese gebe ich – in Übereinstimmung mit Anatol – mit meinen eigenen Worten wieder. Manche Inhalte jedoch diktiert Anatol Wort für Wort. Diese Botschaften gebe ich auch Wort für Wort weiter. Sie erkennen den Unterschied an der Sprache.

Gerne möchte ich Sie dazu ermuntern, sich beim Lesen mehr auf die Energie der Worte als auf die Worte selbst zu konzentrieren. Dies wird Ihnen erlauben, den Inhalt dieses Buches mit Ihrem Herzen zu lesen.

> »Ihr werdet die Wahrheit nur mit dem Herzen
> lesen können.«
>
> *Anatol, 01.01.2010*

Immer, wenn wir unser Herz mit einbeziehen, »entgrenzen« wir uns. Wir ziehen unseren göttlichen Funken zurate und sind automatisch in Kontakt mit unserem Hohen Selbst.

Versuchen Sie es!

Sind Sie bereit?

Gibst DU acht?

Eure Kinder sind nicht eure Kinder.
Sie sind die Töchter und die Söhne
der Sehnsucht des Lebens nach sich selbst.
Sie kommen durch euch, doch nicht VON euch.
Und obwohl sie mit euch sind, gehören sie euch nicht.
Ihr dürft ihnen eure Liebe geben,
nicht aber eure Gedanken.
Denn sie haben ihre eigenen Gedanken.
Ihr dürft ihren Körpern ein Haus geben,
aber nicht ihren Seelen.
Denn ihre Seelen wohnen im Haus von morgen,
das ihr nicht besuchen könnt,
nicht mal in euren Träumen.

Khalil Gibran, »Der Prophet«

Nur der, der das Wesen der Spiritualität in sich selbst
versteht und lebt, ist fähig, Kinder auf ihrem Weg
zu führen.

Anatol

BOTSCHAFT AN DICH*

An diesem besonderen Tage der Weiterentwicklung und Energieerhöhung richte ich, da du jetzt diese meine Worte liest, meine Energie der Liebe an dich, geliebtes Wesen. Es gibt so viel an vorhandenem Wissen, und viele unter euch sind wahre Sammler von Wissen geworden. Aus den verschiedensten Quellen sucht ihr nach immer mehr und mehr Wahrheiten. Ihr nehmt zahlreiche Botschaften in euch auf, ohne diese mit eurem »inneren, göttlichen Filter« zu überprüfen. Ja, ihr könnt und dürft euch in eurem Entwicklungsprozess auf die Suche machen, das bereits in euch vorhandene Wissen wiederzuerwecken. Ihr dürft danach trachten, die vielfältigsten Weisheiten Schicht für Schicht aus eurem Inneren emporzuheben. Doch gibt es einen Unterschied zwischen Wissen und Weisheit. Ich, Zarathustra, lade dich ein, göttlicher Mensch, das Wissen in dir in Weisheit zu wandeln.

Erkenne, göttlicher Mensch, das Wissen ist laut. Es strebt danach, gehört zu werden, drängt nach Anerkennung und trägt menschliche Aspekte. Du kannst es sammeln oder wieder in dir erwachen lassen, wie ein Samenkorn, das erkeimt, sobald die höchste Quelle sprudelndes Wasser und Sonnenlicht ihm schenkt. Die Weisheit aber ist still. Die Weisheit ist frei vom Zwang, sich nach außen zu drängen. Sie erkeimt allein im Inneren und setzt Liebe frei. Weisheit ist eine Qualität des Herzens und ein göttlicher Aspekt.

Ich lade dich ein, göttlicher Mensch, meiner Energie zu folgen. Erlaube mir nun, den göttlichen Filter in deinem Inneren zu reaktivieren. Spüre meine Energie in deiner Mitte, und fühle die Kraft der Liebe, wie sie in Wellen in deinen Körpern zu zirkulieren beginnt.

---

* Falls Sie mein Buch »Dein Lichtgewand« kennen, ist Ihnen die folgende Botschaft geläufig. Zarathustra ermuntert mich dazu, diese sehr weisen und berührenden Worte auch diesem Buch als einleitende Energie zum Geschenk zu machen. Natürlich tue ich das sehr gerne!

Ich lade dich ein, göttlicher Mensch, fortan alles Wissen, das du neu in dich aufnimmst, neu in dir erweckst – ich lade dich ein, dass du es durch den Filter in deinem Inneren in liebevolle Weisheit wandelst.

Dann ist wahre und göttliche Weisheit bei dir, und diese ist in der Lage, Herzqualitäten zu erwecken, bei dir und jedem Lebewesen, das dich umgibt.

Mit meiner Energie der Liebe begleite ich dich, und ich komme zu dir, wenn du mich rufst. Sei gesegnet.

Zarathustra

KAPITEL 1

Diamantkinder – Spiritualität ab zwei

Und es soll geschehen
in den letzten Tagen,
spricht Gott, da will ich
ausgießen von meinem
Geist auf alle Menschen,
und eure Söhne und
Töchter sollen weissagen …

Apostelgeschichte 2, 17–18

Eine uralte Prophezeiung aus dem Neuen Testament, die nie aufgehört hat, durch die Ebenen zu schwingen, um heute, hier und jetzt kraftvoll und in reinster Essenz wieder in unseren Gedankenfeldern aufzutauchen:

*Indigokinder, Kristallkinder, Regenbogenkinder,
Lichtkinder, Delphinkinder ...*

Es gibt unzählige Namen und kaum jemanden, der noch nicht davon gehört oder gelesen hätte. Dieses Buch handelt von ihnen allen und bezieht sich ganz speziell auf das »spirituelle Kind« an sich, welches das Gnadenlicht Gottes in die Welten strahlt. Dabei möchte ich betonen, dass JEDES Kind ein spirituelles Kind ist. Jedes Kind ist ein Kind des Lichts, ein Kind aus dem Herzen der Schöpfung. Die Aufgabe der Erwachsenen ist es, den Kindern der Welt dabei zu helfen, sich bereits in frühester Kindheit darüber bewusst zu werden und dieses Wissen auch zu behalten, dass sie ein Teil des Lichts sind.

Ist ein Kind auf ganz natürliche Weise mit dem inneren Licht in Kontakt, so strahlt es dieses in die Welt. Wie ein Diamant – der es dem Licht erlaubt, sichtbar zu werden ... in dem Moment, in dem es von der Oberflächenstruktur oder im Kern reflektiert wird – verwandeln die Diamantkinder das unsichtbare Licht der Welt in schillernde Farbfacetten.

Ein Funke von diesem Licht genügt, um unser Innerstes tief zu bewegen. Der Kontakt mit diesem Licht verzaubert, weil uns seine Strahlung in direkten Kontakt mit unserem Herzen bringt. Dadurch wird in uns der Funke einer Ahnung davon erweckt, wer wir wirklich sind.

Mir ist bewusst, dass es Literatur gibt, welche den Ausdruck »Diamantkind« als Zweit- oder Folgebegriff zum (bereits fast zu banal klingenden) »Kristallkind« auf den Wörtermarkt geworfen hat. Diamantkinder werden in solchen Büchern als eigene Kategorie unter der Rubrik »neue Kinder« eingeordnet.

Allerdings verzichte ich ganz bewusst darauf, lebendige Geschöpfe irgendwo oder irgendwie begrifflich einzuordnen. Vielmehr erlaube ich mir, all den außergewöhnlichen Kindern der JETZT-ZEIT aus nachfolgendem Grund einen ganz besonderen Namen zu widmen. Ein Diamant, der wohl prächtigste aller Steine, erinnert in vielen Punkten an diese Kinder. Alleine aus diesem Grund verwende ich den Namen Diamantkinder und meine sie damit alle: die Indigos, die Regenbogenkinder, die Kristallkinder, die Sternenkinder, die Kinder des Lichts ...

Sie alle eint ein wichtiger Berührungspunkt: Sie alle nehmen die in ihnen aufkeimende Spiritualität wahr. Dieser Punkt macht sie

»so anders«. Sie erkennen und fühlen den kostbaren Keim der Geistigkeit in ihrem Inneren. Im Außen jedoch erleben sie den teils massiv gelebten Aspekt der Materialität.

In unserer gegenwärtigen Entwicklung fühlen sich immer noch sehr viele Menschen losgelöst von der Schöpfung, so als würden sie getrennt von Gott, als autonome Individuen existieren. Immer noch identifiziert sich ein Gros der Gesellschaft mit dem materiellen Sein. Aktueller den je beweist dies die wirtschaftliche Lage, die es schafft, den Menschen Angst und Schrecken einzujagen und sie an die Grenzen der Menschlichkeit zu schleudern. Die Krise im Jetzt liefert einen Beweis dafür, dass sich das Kollektiv immer noch an alles Materielle klammert. Viele verschlingen Bücher über die Kraft der Gedanken, um schöpferische Stärke zu erlangen. Doch was versuchen sie hauptsächlich zu schöpfen? Materielle Sicherheit.

Viele neue Schleier werden so in diesen Tagen unseren Blick beeinträchtigen. Neue Mauern der Angst und Unsicherheit werden aufgestellt. Gefühle werden in niederschmetternde Emotionen verwandelt und mit magnetischer Kraft in die Gedankensphären der Menschheit gezogen. Mithilfe der dort schwingenden Negativität werden sie dann verankert und festgefroren.

Immer wenn eine Ära der Schwere, des Krieges, der Angst und des Schmerzes zu Ende geht, muss das noch lange Zeit nachwirkende negative Gedankengut gereinigt, geklärt, mit positiver Strahlung aufgeladen und neu programmiert werden.

Mit liebevoller Entschlossenheit strömen die Diamantkinder im JETZT in die Welt, um dies für uns zu tun. Sie kommen, um die letzten Schleier für immer beiseitezuschieben. Sie werden uns helfen, die Mauern der Angst niederzureißen, um die festgefrorenen, niederen Bewusstseinsstrukturen endgültig mit der Essenz des Lichts zu schmelzen.

> Mit der Sogkraft der Liebe konstruieren die Diamantkinder
> den heiligen TORUS-RING – eine geometrische Form –
> und ziehen alles, was Liebe ist, durch den Innenring

des Torus in das Vakuumfeld der neuen Welt hinein.
Alles Dunkel bleibt an der Oberfläche des Torus-Ringes
hängen.
Wenn alle Diamantkinder erwacht sind, wird der Torus-
Ring in voller Kraft und Größe wie das Auge Gottes über
diesen Planeten wachen und für eine Ära des Friedens
sorgen.

Anatol

Durch ihr SEIN kommen die Wahrheit, der Frieden und die
Liebe.
Sie lehren die Welt das Sog-Prinzip. Diese Idee wird Schule ma-
chen und weite Kreise ziehen.

Die Diamantkinder zeigen den Menschen, wie man
mit dem Göttlichen spricht und im Einklang mit den
universellen Gesetzen lebt.
Sie zeigen uns, wie im eigenen Energiefeld ein
Vakuum konstruiert werden kann. (Indem man im
Energiefeld eine Leere schafft.) Sie veranschaulichen
uns, wie man dieses Vakuum neu programmiert und
zum höchsten Wohle aller anwendet. (Indem man
dem Göttlichen mitteilt, mit was diese Leere gefüllt
werden soll.)

Ihre Energie hinterlässt Spuren und überbringt dieser Welt eine
Botschaft.
Ihre Kraft kommt aus dem TUN, aus dem HINHÖREN, aus
dem SEHEN und aus dem SEIN.

Ihr Beispiel sagt dieser Welt:

> ➤ Das, wovor ihr euch fürchtet, wird mehr und gewinnt an Kraft und Stärke!

> ➤ Alles, vor dem ihr davonlauft, wird euch mit noch mehr Wucht ereilen!

> ➤ Je intensiver ihr etwas wollt (nur wollt), umso weiter wird es von euch rücken. Das »Wollen« schiebt alles von euch fort und hält es auf Distanz! Es setzt lediglich das Signal »ich will« – sonst nichts.

> ➤ Das Göttliche, das Absolute, die SEINSHEIT arbeitet nach dem SOG-Prinzip. Es bedient sich weder des Druck- noch des Rückstoßprinzips!

> ➤ Druck arbeitet immer gegen die Schöpfung. (Druckprinzip)

> ➤ Gott greift niemals in die Schöpfung ein – er lässt sie kommen. (Das Göttliche ist frei vom Rückstoßprinzip!)

> ➤ Ihr könnt frei sein vom Zwang, etwas suchen zu müssen. Alles wird euch (der Programmierung des Vakuums in eurem Energiefeld entsprechend) finden!

> ➤ SCHAUT nicht nur, sondern seid SEHEND!

> ➤ Vergesst das ZUHÖREN – hört HIN!

> ➤ Stoppt den Prozess des WERDENS und SEID!

> ➤ Vermeidet das WOLLEN – was zählt, ist das TUN!

> ➤ Ersetzt MÜSSEN durch LASSEN!

> ➤ SEID WACH!

Wenn Sie sich fragen, woher diese besonderen Kinder, die Diamantkinder, kommen, so ist die Antwort: von überall und nirgends.

Sie sind von keinem spezifischen Planeten oder Universum und gehören zu keiner bestimmten Realität. Mit einem Großteil ihrer Essenz kommen sie direkt aus der Einheit. Ihr innerstes Licht erlebt sich als Teil des Ganzen. Was tun sie? Sie bringen das Licht auf die Erde.

Manche von ihnen kommen nur kurz und gehen gleich wieder, doch ihr Licht bleibt als Geschenk, wird manifestiert und verankert. Sie berieseln als Engelskinder die Herzen der Menschen mit Sternenstaub und bringen Weichheit, Vergebung und Liebe.

> Wenn die unverkennbaren Zeichen der neuen
> Zeit wie ein explosiver Vulkanausbruch den
> Planeten Erde aufrütteln, zeigen uns die
> Diamantkinder, dass uns weder Angst noch
> Misstrauen einen heilsamen Weg hindurch
> zeigen können, sondern dass es allein die Liebe
> und das Vertrauen sind, die uns befähigen, die
> sichernden Arme der Göttlichkeit wahrzunehmen.

Diese Arme sind es, die uns tatsächlich tragen – durch jede Not hindurch. Sie bringen uns in das heilige Land, in das Goldene Zeitalter, in unser Zuhause »in Gott«. Wieder und wieder werden uns diese Kinder zeigen, dass wir weder unser Verstand noch unser »Name« noch unser Körper sind.

Sie öffnen als lebendes Beispiel die Türen zu unserem geistigen Wesen, und ihre Ausdauer und Leichtigkeit werden uns beflügeln. Mit den Schwingen der Lebendigkeit werden wir den Mut finden, die geöffneten Türen zu durchschreiten – mit der Neugier eines Kindes, unseres inneren Kindes.

So wie tiefe Meditation und Herzensgebete sind die Diamantkinder Geschenke, die uns dabei helfen, zu unserem eigentlichen Sein zu finden.

Die Diamantkinder sind hier, um alte Themen wieder aufzugreifen. Sie helfen mit, alte Muster und Strukturen, die teils in vergangenen Leben von ihnen selbst geschaffen wurden, wieder aufzuheben. Es ist ihre Aufgabe, die Strukturen der Macht mit der Leichtigkeit der Liebe aufzulösen. Sie haben das Recht und die Erlaubnis dazu. All das, was unterdrückt wurde, alle Lügen, alles Gift wird durch ihr Licht erlöst und verwandelt.

Feste Machtformationen werden durch die Lichtstruktur ihrer Liebe gesprengt, und die strahlenden Lichtfäden werden sich wie eine zarte Hülle um die Energien der Angst legen. Die Diamantkinder bringen die Weisheit, die Technologie, das Licht der Erkenntnis und die höchste Liebe, indem sie ganz einfach nur SIND.

Diese Kinder, die sich für das umfassende Bewusstsein, für die heilsamen Schwingungen der Schöpfung und der Göttlichkeit geöffnet haben, treten im »Goldenen Zeitalter« für alle sichtbar in Erscheinung. Ihre Ausstrahlung und ihr Wirken sind beeindruckend, ja magisch schön, so dass alte Muster und destruktive Verhaltensweisen von ihrer Strahlkraft erfasst und, den Schwingungen ihrer selbst entsprechend, neu codiert werden. Dieser Prozess verläuft im Stillen. Er entsteht ganz einfach durch das »SEIN« der Diamantkinder und ihr geistiges Wesen.

Ganz egal, wie sehr die Menschen das Geschenk des Lebens durch ihre Achtlosigkeit der Schöpfung gegenüber entwertet haben, die Liebe des Schöpfers kennt keine Verdammnis. So sind diese Kinder und ihre Geschenke für die Welt Teil des göttlichen Plans, um alles zur gegebenen Zeit zurückzuführen zur Quelle, zum Ursprung, zum Nichts. **Diese Zeit ist jetzt.**

Die Geburt der neuen Erde, sie hat bereits begonnen. Der göttliche Wille enthält die Absicht, dass die Dichte der Materie im Laufe ausgedehnter Entwicklungen wieder in feinstoffliche Erscheinungsformen umgewandelt wird. Der neue Mensch wird wieder lernen, Teil der Elemente zu sein und mit ihnen umzugehen.

> Die Diamantkinder sind es, die die Menschheit an die
> Pforte des Lichts zurückführen werden, da sie jenes
> innere Wesen des Menschen, das immer vom göttlichen

Bewusstsein durchdrungen ist, ansprechen und
berühren. Sie verankern als verkörperte höhere
Bewusstseinsfrequenzen das göttliche Licht auf Erden.

Auf diese Art und Weise machen sie alle negativen Gedankenenergien der JETZT-Zeit sichtbar und verhindern, dass sich diese
auf der materiellen Ebene verwirklichen.

Die Diamantkinder gehen uns voran. Sie sind die neuen Menschen von morgen. Viele von ihnen heilen und wirken mit der
schöpferischen Kraft der Gedanken im Zusammenspiel mit Äther,
Feuer, Wasser, Luft und Erde, um die Materie in den Urzustand zurückzuführen. Sie führen den Wandel herbei. So geschieht Heilung
für diesen Planeten. Heilung für den Kosmos, Heilung als Zustand
des SEINS.

Durch diese kleinen Wesen erreicht uns der Strom Gottes. Der
Strom Gottes durchfließt alles Leben: Das, was ist, das, was nicht
ist, und alles dazwischen. Mit jedem Atemzug, der getan wird,
kommt die Essenz der Diamantkinder mehr und mehr an die Oberfläche des kollektiven Bewusstseins. Der Flügelschlag der Liebe wird
schließlich das SEIN verzaubern. Die glitzernde Sternensaat ist aus-
gesät, und immer mehr Samenkörner fallen auf fruchtbaren Boden.

Sobald durch die letzte große »Reinigungsphase« der
Erde das Wassermannzeitalter in voller Blüte steht, wird
sich die höhere geistige Erkenntnis, die die Diamantkinder
in die Welten strahlen, auf dem gesamten Erdball als
Lichtkraft durchsetzen!

Das strahlende Licht dieser Kinder blendet all jene auf Seelenebene, die starr und blind sind durch ihre Eigensucht. Sie setzen
ein kraftvolles Lichtsignal im JETZT, das gleichzusetzen ist mit der
Wiederkunft des Christuslichts zur Zeitenwende. Umso wichtiger
ist es für uns Große, diese kleinen Zauberwesen, die die neue Erde
bevölkern werden, bereits im Jetzt zu erkennen. Öffnen wir uns

dafür, diese Kinder zu verstehen und ihr geistiges Wesen mit geöffnetem Herzen zu sehen:

Die Diamantkinder wachsen heran, in der Erkenntnis, dass auch ihr autarkes, durch den Geburtsvorgang eingetrübtes Bewusstsein vom Geist Gottes durchdrungen ist, und sie identifizieren sich nicht fälschlicherweise mit ihrem Körper, dem materiellen Sein.

Wie eine kleine Spinne, die in einem fremden Netz gelandet ist, fühlen sie sich jedoch in den klebrigen Fäden einer »gottfernen« Materie nur zu oft wie gefangen. Dies ist einer der Gründe für die großen Schmerzen, mit denen sie schon in jüngsten Jahren konfrontiert werden. Jeder einzelne Faden aus dem dichten Geflecht der Materie sendet unentwegt Gemütsbewegungen der »Getrenntheit« in das Netzzentrum. Es sind all die Emotionen, in denen sich eine »gottferne Umgebung« erlebt. Diese Emotionen bewirken die »reale« Erfahrung von Schmerz.

So werden unentwegt Impulse der Angst, der Krankheit und des Leidens in das Zentrum des Netzes und somit zur kleinen Spinne gesandt. Das Bewusstsein der kleinen Spinne schwingt weit genug, um die Illusion (die in der realen Welt im Übrigen als sehr schmerzhaft empfunden wird) als solche zu erkennen. Das kleine Wesen im Netz weiß also, dass die Illusion nur ein leerer Raum ist, den das höhere Bewusstsein in die Welten der Getrenntheit wirft, um darin zu spielen. Dennoch, das kleine Geschöpf erwacht mitten in ihr. Die Polarität hebt sich also auch für das Diamantkind nicht auf, doch dieses spirituelle Wesen entdeckt und entlarvt immer mehr die Zusammengehörigkeit der beiden Pole, die zwei gegensätzliche Aspekte von ein und derselben Sache darstellen.

Auch dies ist ein Grund für die Schwierigkeiten der Diamantkinder innerhalb der Gesellschaftsstruktur mit all ihren Systemen. Sie erleben sich oft als Außenseiter. Diamantkinder fühlen sich fremd in der eigenen Familie und beziehungslos im eigenen Land. Doch nicht weil mit ihnen etwas nicht stimmt, sondern allein deshalb, weil das System um sie herum noch **immer** nicht in der Lage ist, sie ausreichend zu tragen.

Mit diesem Buch versuche ich, einen weiteren Pionierschritt zu gehen. Einen Schritt vom spirituellen Erwachsenen zum spirituellen Kind. »Anatol«, eine Wesenheit aus der Schulungsebene, wird uns dabei liebevoll führen und die Worte von »Pit«, einem Diamantkind, hörbar und verständlich machen für die Ohren von uns Großen. Anatol und Pit sind die wesentlichen Quellen für dieses Werk. Sie schenkten mir jene Inspiration, die es mir möglich machte, in den unendlichen Weiten der Universen, der Zwischen- und Superuniversen nach Worten der Wahrheit zu fischen, um sie wahrnehmbar zu machen in Form von geschriebenen Zeilen, in Form dieses Buches.

Folgen Sie mir also in eine Welt voller Glitter und Zauber, einer Welt der Leichtigkeit und des Verstehens. Folgen Sie mir in eine magische Welt ohne Grenzen. In die Welt des Staunens und in die Welt hinter der Welt. Seien Sie offen wie ein kleines Kind, das zum allerersten Mal seine Augen öffnet und sieht. Seien Sie offen wie ein kleines Wesen, das zum ersten Mal die Fähigkeit seiner Ohren einsetzt und hört. Seien Sie offen wie ein Geschöpf, das das unglaubliche Geschenk des Fühlens erkennt und vorurteilsfrei mit allen Sinnen wahrnimmt. Einfach nur so, ganz ohne Grund, vollkommen frei von Absicht.

Es ist ein Wunder, dass wir SIND! Es ist das Wunder Gottes! Seien Sie sich sicher, der göttliche Aspekt in Ihnen hat bewirkt, dass Sie dieses Buch in den Händen halten. Gott spricht zu DIR jeden einzelnen Augenblick deines Lebens. Du musst nur wirklich hinhören, fühlen und mit dem Herzen sehen. Ich freue mich, dass DU JETZT mit UNS hier bist!

BRIEF AN DAS KIND ...
»AUS DEM ZENTRUM DES NICHTS«

Mein liebes Kind,

Ich liebe dich mein Kind!

Ich liebe dich mit der Liebe des wirklichen Herzens, nicht mit der Liebe des Verstandes, denn diese Liebe gibt es nicht. Ich liebe dich genau so, wie du bist.

Ich liebe dich mein Kind, während du auf der Reise bist zu dir selbst.

Im Prozess deines Werdens, achte und ehre ich all deine Entscheidungen. Während du auf deine ganz eigene Art und Weise anfängst, mit der Welt um dich herum und ihren Möglichkeiten in Kontakt zu treten, bin ich ganz einfach im Hintergrund und beobachte dich mit Liebe. Ich würdige und schätze, wie du mit den Lektionen, die die Liebe und die Weisheit der Quelle für dich vorgesehen haben, umgehen möchtest.

Ich liebe dich so, wie du bist. Ich liebe dich mit der Liebe des wirklichen Herzens, nicht mit der Liebe des Verstandes, denn diese Liebe gibt es nicht.

Ich lasse dich sein, wie du bist, da es deine Lernaufgaben sind, und nur du kannst sie durchwandern, auf deine Art und Weise.

Im »Raum deiner Möglichkeiten« überlasse ich dir die freie Entscheidung, mit wem oder wie du deiner Bestimmung nachkommen möchtest.

Du selbst bestimmst, wie lange du dir Zeit nehmen willst, um deine Aufgaben zu lösen. Ich selbst habe dir deine Augen geschenkt, weshalb also sollte ich dir vorgeben wollen, wie du deine Bilder sehen sollst?

Ich überlasse es der Weisheit deiner Seele, mit dir gemeinsam herauszufinden, was du tatsächlich benötigst. Ich bin du, so weiß ich um deine Weisheit!

Ich weiß um das Licht in dir! Ich lasse dich SEIN. Nur du selbst kannst erkennen, was für dich wichtig ist. Nur du selbst siehst durch deine Augen.

Niemand anderer geht in deinen Schuhen denselben Weg wie du.

Ich liebe dich so, wie du bist. Ich liebe dich mit der Liebe des wirklichen Herzens, nicht mit der Liebe des Verstandes, denn diese Liebe gibt es nicht.

Ich stehe hinter dir und habe meine Hand liebevoll auf deine Schultern gelegt.

Ich stehe hinter dir, und ich bleibe. Meine Hand ist warm, weich und ruhig.

Sie ist ausschließlich dafür da, um dich zu sichern. Sie schenkt dir das Gefühl, getragen zu sein, doch sie lenkt dich weder auf einen durch mich festgelegten Weg noch hält sie dich zurück. Es ist dein Weg, und obwohl ich mit dir gehe, ist er nicht durch mich festgelegt. Er ist für dich und DURCH dich bestimmt.

Ich gehe auf deinem Weg meinen eigenen Weg.

Ich liebe dich so, wie du bist. Ich liebe dich mit der Liebe des wirklichen Herzens, nicht mit der Liebe des Verstandes, denn diese Liebe gibt es nicht.

Ich verstehe und weiß, dass du genau der Mensch bist, der du sein möchtest, und nicht der, den andere erwarten.

Du bist hohes Licht in einem menschlichen Körper, und du bist mein Kind. Du bist mein Kind, das eine Reise angetreten hat durch die Welten der Getrenntheit, um Erfahrungen zu sammeln.

Ich liebe dich so, wie du bist. Ich liebe dich mit der Liebe des wirklichen Herzens, nicht mit der Liebe des Verstandes, denn diese Liebe gibt es nicht.

Auch wenn ich über jene Macht verfüge zu schauen, was das Heilsamste für dich ist, stärke ich dich darin, für dich selbst zu prüfen, was das Beste für dich ist.

Kein Mensch außer dir selbst hat denselben Zugang zu deinen Erfahrungen noch hat er das Leben aus deiner Perspektive geschaut.

Der Weg, den ein anderer Mensch gegangen ist, unterscheidet sich von deinem.

Du warst an anderen Orten, mit anderen Menschen, in anderen Situationen als er.

Ich liebe dich so, wie du bist. Ich liebe dich mit der Liebe des wirklichen Herzens, nicht mit der Liebe des Verstandes, denn diese Liebe gibt es nicht.

Zu jeder Zeit lasse ich dir im Rahmen deiner Möglichkeiten deine freie Entscheidung. Ich sehe dir dabei zu, wenn du eine Weile am Wegrand rasten möchtest.

Du kennst deinen Weg, denn er ist schon immer da gewesen. Auch wenn du einen Umweg versuchen möchtest, so wirst du doch wieder auf deinem Weg landen.

Er wartet auf dich, er wartet auf deine Schritte.

Du wirst den Klang meiner Liebe stets in deinem Herzen fühlen, doch ich werde dich weder drängen, voranzuschreiten, noch werde ich dir eine Richtung vorgeben.

Ich bin da, und ich bleibe. Ich sehe dich!

Ich liebe dich so, wie du bist. Ich liebe dich mit der Liebe des wirklichen Herzens, nicht mit der Liebe des Verstandes, denn diese Liebe gibt es nicht.

Während du durch die Welt gehst, die genau so ist, wie du sie siehst und dir erschaffst, lasse ich dich wandern auf deinem Weg, ohne dein Tun zu beurteilen.

Weder stelle ich deine Handlungen und Äußerungen infrage noch kategorisiere ich sie in »richtig« oder »falsch«.

Richtig und falsch, Irrtum oder Fehler – dies sind rein menschliche Betrachtungsweisen.

In Wahrheit gibt es eine ewige Auswahl an Möglichkeiten, um diese Welt und die Nichtwelt und alles dazwischen zu betrachten.

Sieh die Dinge, so wie du willst – und sie werden sich dir offenbaren, so wie sie sind.

Ich liebe dich so, wie du bist. Ich liebe dich mit der Liebe des wirklichen Herzens, nicht mit der Liebe des Verstandes, denn diese Liebe gibt es nicht.

Ich gestehe dir zu, die verschiedensten Seiten dieser Welt zu betrachten, um dich in allem zu erfahren. Ich lasse dich durch alle drei Spiegel blicken.

Durch den Spiegel der Gefühle, durch den Spiegel der Materie und durch den Spiegel der Erfahrung.

Vollkommen vorbehaltlos akzeptiere ich jede einzelne deiner Entscheidungen – in jedem beliebigen Augenblick.

Ich liebe dich mit der Liebe des Herzens, nicht mit der Liebe des Verstandes, denn diese Liebe gibt es nicht! Ich liebe dich genau so, wie du bist!

Ich bin frei davon, ein Urteil über dich zu fällen. Dir dein Geburtsrecht auf deine eigene Entfaltung, auf deine Entwicklung abzuerkennen bedeutet, es mir selbst und allen anderen ebenso abzuerkennen.

Ich liebe dich so, wie du bist. Ich liebe dich mit der Liebe des wirklichen Herzens, nicht mit der Liebe des Verstandes, denn diese Liebe gibt es nicht.

Wann immer du frierst, wann immer Traurigkeit oder Sorge in dir sind, komm an meine Brust. Komm an meine Brust, und lass dich von mir wärmen.

Ich bin da, und ich bleibe! Lass dir Flügel wachsen auf deinem Weg.

Mach dich frei von Zweifel. Werde zum Vogel und flieg! Flieg mit mir gemeinsam – Seite an Seite – durch die Ebenen des Seins.

Ich liebe dich mein Kind! Ich liebe dich mit der Liebe des Herzens, nicht mit der Liebe des Verstandes, denn diese Liebe gibt es nicht.

Ich liebe dich genau so, wie du bist.
Ich bin da!
Ich war schon immer da!
Ich werde immer da SEIN!
Ich bin da, und ich bleibe!
Ich bin in alle Ewigkeit für dich und mit dir da ...

... dein Vater und deine Mutter.

Aus dem Zentrum der ewigen und absoluten SEINSheit.
Juni 2010

Über das Wesen der Diamantkinder

Bildhaft gesehen sind wir alle Rohdiamanten. Bei manchen sind mehr Stein-, Erd- oder Materialschichten über der stets perfekten Urkristallstruktur, bei anderen weniger. Unsere Erfahrungen und die Bereitschaft zum inneren Wachstum sind jene Werkzeuge, welche die »optisch« unerwünschten Schichten sanft oder grob, je nach Bedarf und Gegebenheit, abtragen. Die verantwortungsvolle Aufgabe der »erwachenden« Erwachsenen rund um die wertvollsten aller Rohdiamanten – nämlich die Kinder – ist es, achtsam und liebevoll den »Geburtsvorgang« dieser Diamanten zu unterstützen. Im liebevollen Zulassen liegt der Schlüssel.

So wie eine Blütenknospe sich im Frühling automatisch öffnen wird, werden auch die Kinder ihre spirituellen Geschenke in die Welt tragen, wenn ihr persönlicher Frühling da ist. Sie bestimmen, wann sie die Geschenke – die Samen – in die Welt tragen möchten und werden. Fest steht, in jeder Blüte gibt es Samen. Manche darf der Wind erfassen – manche nicht. Wenn sich die Knospe (sichtbar für die Außenwelt) schon in sehr jungen Jahren öffnet, kommt dies einer Pflanze gleich, die während noch frostiger Temperaturen unter der Schneedecke hervorbricht. Liebevolle Hände können die zarte Blütenknospe schützen, indem sie sie abdecken oder vorerst umpflanzen. So retten sie das noch schutzbedürftige Leben vor rauer Kälte und Wind. Zu gegebener Zeit, wenn das Pflänzchen stark genug ist, wird es im Freien weiterwachsen und seinen lieblichen Duft verströmen.

Betrachten wir noch einmal den Diamanten, so fällt uns auf, dass es neben dem kubisch kristallisierenden Kohlenstoff auch noch eine sehr seltene hexagonale Struktur gibt. Ein solch seltener hexagonaler Diamant ist das Diamantkind. Unter den richtigen Wachstumsbedingungen (entsprechende Aktivierungsenergie) kann jedes Kohlenstoffmolekül zu einem hexagonalen Diamanten werden. Das Leben im Allgemeinen liefert die Wachstumsbedingungen für unsere Rohessenz. Das Leben im Spezifischen birgt als Geschenk die nötige Aktivierungsenergie, um zu einem Diamanten zu werden. Ob, wann und in welchem Ausmaß diese Aktivierungsenergie ausgeschüttet wird, hängt von der Intensität unserer geistigen Entwicklung ab.

Ich möchte Ihnen nun stellvertretend für alle Diamantkinder ein solches Kind vorstellen. Das Kind, dem wir in diesem Buch begegnen dürfen, das Kind, welches uns seine innere Welt offenbart und die Geschenke der Schöpfung mit uns teilen wird, heißt Pit und ist ein Diamantkind.

Pit neigt dazu, sich mehr oder minder bewusst mit Sinn- und Wertfragen des Daseins, der Welt und der Menschen zu beschäftigen. Ihn interessieren besonders das Wesen seiner eigenen Existenz und die Selbstverwirklichung im Leben. Natürlich spielen sein Alter, sein Umfeld und die Menschen in seiner Umgebung eine maßgebliche Rolle dabei, mit welchen Themen er sich gerade beschäftigt.

Selbst der Außenstehende erkennt schnell, dass sich Pit auffallend früh und intensiv mit »exotischen« Dingen auseinandersetzt. So stellt der Knirps Fragen, die Kinder in seinem Alter für gewöhnlich nicht stellen. Er spricht über Dinge, die manch ein Erwachsener nicht wirklich zuordnen kann. Die eigentliche Schwierigkeit für Kinder wie Pit ist, dass ein kleiner Körper von einer sehr großen, weit schwingenden Seele belebt wird.

So erleben Diamantkinder den Konflikt, »Kind zu sein und sein zu wollen« und zeitgleich »bewusst und unbewusst« in geistiger Verbindung zur Unendlichkeit zu stehen. Sie haben das innere Wissen darum, was es bedeutet, sich selbst als Teil des Ganzen wahrzunehmen. Sie wissen um ihre unendlichen Möglichkeiten. Sie erkennen ihr wahres schöpferisches Potenzial, doch sie fühlen sich durch die kleinen und großen »Gesetze« der Familien- und Gesellschaftssysteme eingeschränkt (»boxed in«), was sehr oft zu innerer Zerrissenheit, Unzufriedenheit und Desillusionierung führt.

Zugleich fällt es Kindern wie Pit sehr schwer, diese Gefühle nach außen zu kommunizieren. So sind sie immer wieder damit konfrontiert, diesen Konflikt alleine und mit sich selbst auszutragen.

Zunehmend schwierig wird es dann, wenn aufgrund von Hektik und Zeitmangel kein Raum für dieses All-EIN-Sein bleibt.

> Die Menschen reagieren oft sehr unsicher auf ein emotionales Kind. Sie sehen den Spiegel nicht, den ihnen das Kind entgegenstreckt. Dies verwundert nicht, denn wir haben weder gelernt, wie man angemessen mit Emotionen umgeht, noch woher sie kommen und wie man sie heilsam lösen oder in wertvolle Gefühle umwandeln kann.
> Doch wüssten wir es, würden wir uns die Zeit nehmen, um in uns zu gehen. In uns liegt die Kammer der Weisheit. Die Diamantkinder weisen uns wieder darauf hin.*
>
> *Anatol*

Im Alltag wird Pit von seinem Umfeld oft »verkannt«. Die Menschen sehen nicht, wer er ist, und versuchen nur selten, sein Wesen zu begreifen. Sie wissen weder wie sie mit Pit umgehen noch wie sie ihn einordnen sollen. Er verunsichert viele Menschen. Einerseits verursacht das Schmerz, weil Pit dadurch auch oft mit Personen konfrontiert wird, die Macht ausüben, welche ihnen gar nicht zusteht. Andererseits ist das »Nicht-erkannt-Werden« ein großer Schutz für das kleine Kind, in dem der Weise lebt.

Ein Kind wie Pit wird seine Kraft und die damit verbundene Macht niemals im negativen Sinne ausleben. Das Außen konfrontiert ihn jedoch immer wieder mit Menschen, die Macht ausüben oder Macht ausüben möchten. Macht über ein Kind, das irgendwie so anders ist und sich nicht einordnen lässt. Macht – nur aufgrund des Altersunterschiedes. Älter zu sein, bedeutet allerdings nicht auto-

---

* Vergleiche dazu *Dein Lichtgewand*, Kapitel »Harmonisieren und Energetisieren«, Seite 41 bis 46; Emotionen und Schmerzkonglomerate.

matisch, weiser zu sein. Wissen zu haben, bedeutet nicht zwangsläufig, weise zu sein.

Das bewusste »Verkennen eines Kindes oder eines Menschen« mit der versteckten Ahnung dahinter, dass da mehr ist, weckt bei solchen Menschen oft Aggressivität, die sich nach Außen fortsetzt.

Ein Kind wie Pit kann solche Energien lesen, weil sie im Aurafeld in Form eines bestimmten Musters sicht- und spürbar werden. Die Lösung heißt »Achtsamkeit« und »Zutrauen«.

> Der Weise schweigt in jenen Momenten, in denen der
> Wissende laut wird.
>
> _Anatol_

Öffnen Sie nun also gemeinsam mit mir jene Kinderzimmertür, hinter der auf einem ganz normalen Kinderbett der kleine Pit sitzt. Mit großen Augen sieht er uns an ...

Zwei Lehrer stellen sich vor

Begegnung mit Pit

Pit ist, wie viele seinesgleichen, blass sowie eher zart und zierlich im Erscheinungsbild. Sein Körper spiegelt sein geistiges Losgelöstsein von der Materie wider. Es ist das Geistige, mit dem er mehr verbunden ist. Wie alle Diamantkinder verfügt er über eine hohe mediale Begabung, die ihn auffallend sensitiv gegenüber äußeren Einflüssen macht. Diese Empfindsamkeit zeigt sich unter anderem in einer ausgeprägten Feinfühligkeit in Zusammenhang mit lauten Geräuschen oder intensiven Gefühlen.

Eine weitere Auffälligkeit ist eine ausgeprägte Anfälligkeit für Ausschläge oder Ekzeme. Auch Pits Augen sind äußerst empfindlich; das Licht der Sonne scheint für ihn viel intensiver zu sein als für die Augen anderer Menschen. Bereits die zarte Strahlkraft der Morgensonne blendet ihn heftig. Selbst die Zehen und Fingernägel sind hochsensibel, und Pit lässt sich diese nur unter heftigstem Protest kürzen. Er spürt den Schnitt der Schere, wie er sagt.

Lebensmittelunverträglichkeiten spiegeln ebenso Pits feinfühlige Reaktion auf alles »Aus-der-Lebendigkeit-Genommene« wie ausgeprägte Schlafstörungen nach dem Verzehr von Genussmitteln. Pit lehnt Fleisch, wenn er es als solches erkennt, ab. Medikamente oder Impfungen verträgt er nur schlecht.

Ähnlich verhält es sich mit unnatürlicher Strahlung jeder Art. Besonders auffallend zeigt sich dieses Phänomen beim Mobiltelefon. Nur äußerst ungern, wenn überhaupt, ist Pit für einen kurzen Wortwechsel per Handy bereit, und Handymasten auf Wiesen und Hausdächern bezeichnet er als »giftige Pfeile«. (Da unsere Zeit Handys und Schnurlostelefone als festen Bestandteil der Gesellschaft etabliert hat und sie eigentlich kaum wegzudenken sind, sollten Mobiltelefone mit einem harmonisierenden System* ausgestattet werden, welches schädliche Informationswellen auf Resonanzbasis dämpft.)

Im Gegensatz zur hohen Sensitivität gegenüber schädlicher Strahlung spricht Pit sehr schnell und sehr gut auf die Kraft und Schwingung von Edelsteinen und jede Form von natürlichen Heilmitteln an. Er spricht mit den Blumen und kann ganz genau sagen, welches Talent sie haben oder welches Geschenk sie für den Menschen bedeuten, und Pit erkennt, ob ein Stein »verletzt« ist, indem er ihn in die Hand nimmt. Auch hier wird deutlich, dass wir Verantwortung tragen für alles, was wir tun. Wenn wir Steine aus bloßer Profitgier und ohne die notwendige Achtsamkeit aus dem Herzen der Erde reißen, weshalb sollte so ein Stein uns seine heilenden Schwingungen zur Verfügung stellen? Sollten wir nicht doch auch davon ausgehen, dass so ein Stein, wie Pit uns lehrt, verletzt ist und dadurch nicht mehr viel zu geben hat? Pit spricht mit den Steinen. Er nennt sie die Augen Gottes und die Freunde der Weltkräfte. *[Anmerkung von Anatol: Weltkräfte = die Elemente.]*

Pit ist fasziniert von Werkzeugen, die den Zugang zur eigenen geistigen Kraft spiegeln. Ganz selbstverständlich greift er zu Einhandruten oder Tensoren.

---

* Siehe Anhang 1.

Er wirft gerne mit Straßenkies und Schotter ein Steinorakel, ohne groß zu erwähnen, was er da eigentlich tut. Ebenso zieht er gerne für sich oder andere eine Engels- oder Lichtgewandkarte mit bemerkenswerter Präzision hinsichtlich der Aussage dahinter. So, als wisse er genau, dass jeweils die eigenen Gedanken um einen bestimmten Menschen kreisen, sendet er dann mithilfe der gezogenen Karten klare und kraftvolle Botschaften in jenes Feld, welches den Gemütszustand des betreffenden Menschen beschreibt. So verhilft er der betroffenen Person zu heilsamen, neuen und höheren Gedanken. Natürlich weiß Pit tatsächlich genau, wie es um den Emotionalkörper eines Menschen bestellt ist, da er fähig ist, die Energie hinter den Gedanken zu lesen.

Schon als Baby und Kleinkind hat er immer wieder ganz gezielt eigenartige Fingerpositionen eingenommen und auf spezielle Art und Weise an seinem Ohrläppchen gezupft oder seltsame archaische Bewegungsabläufe imitiert. Dabei ist aufgefallen, dass er dies ganz gezielt immer dann tat, wenn er unruhig oder krank war. Auch heute noch weist Pit dieses Verhalten auf. Ein näheres Befassen mit diesen Fingerstellungen und mit seinen »Spezial-Turnübungen«, wie Pit sie nennt, hat ergeben, dass es sich dabei um kraftvolle Mudras sowie alte Yogaübungen und Bewegungsabläufe aus der buddhistischen Tradition des Chan- und des Mi-Gong handelt.

Mudras sind Heilgebärden der Hände. Diese speziellen Handgesten wurden einst von den Buddhas an ihre Jünger weitergegeben. Ihre Wirkungsweise auf die Drei-Einheit Körper-Seele-Geist ist höchst kraftvoll. Sie haben zudem eine religiöse Symbolik. Die speziellen Yogaübungen und Bewegungsabläufe (die gerade als Elemente der Chan Mi-QiGong-Lehre verstärkt wiederkehren) helfen wesentlich dabei, den Ursprungsmeridian, nämlich das Rückenmark, zu stimulieren und in Fluss zu bringen. Dadurch kann sich das Qi (in Form von Licht) im Körper bis auf die Zellebene ausbreiten und Krankheitsprozesse aufhalten oder auflösen. Dies geschieht durch das Heilprogramm, welches das Licht im Zellgedächtnis reaktiviert. Dass Pit Kenntnis über diese Methoden und

Lehren hat, lässt sich darauf zurückführen, dass er, wie viele seinesgleichen, Zugang zu uraltem Wissen aus vergangenen Inkarnationen hat. Seine »ewige Persönlichkeit« ist in Kontakt mit der derzeitigen Persönlichkeit »Pit«.

Ein weiterer Aspekt, der das Wesen Pits kennzeichnet, ist der natürliche Umgang mit der geistigen Welt. Für Pit existiert die Trennung nicht wirklich. Jede Welt und jede Dimension existiert gleichzeitig, und es scheint, als besäße Pit ein Dauerticket für jenen Lift, der die Welten und die Dimensionen miteinander verbindet. Pit steigt einfach ein in das heilige Rad der Zeit, indem er sich mit dem Fahrstuhl der geistigen Kraft dorthin bringen lässt. Er schaut durch das Fenster des Aufzuges in die für ihn momentan wichtigen Radspeichen und kehrt zurück, ohne selbst in einzelne Zeitzonen der Radspeichen einzutreten. Dadurch hat Pit Zugang zu vergangenen Leben, über die er auch sehr oft berichtet.

Dabei bewegte die Schwere vieler Lektionen, die er zu meistern hatte, oft unser Herz. So berichtete der 4-jährige über eine Kindesentführung und wie er gefoltert und getötet wurde. Er erzählte von Leben auf der Straße, von Hunger und Notlagen. Er erzählte von Krisengebieten, von verschiedenen Hautfarben und davon, wie ihn Eltern verstoßen haben. Er erklärte, wie er in den Krieg ziehen musste. Wie sein Bein schwer verletzt wurde und wie er einmal mit seiner Mutter in einem Fluss ertränkt wurde. Er weiß, dass er als Mädchen in einem seiner Leben einen Bruder hatte, den die damaligen Eltern sehr viel lieber hatten, weshalb er in diesem Leben keine Schwester mehr haben möchte. Pit kann sich an Krankheiten und Katastrophen ebenso erinnern wie an ganz andere Orte und Sitten. Er beschreibt ferne Länder und berichtet von »großen, dichten Wäldern«, in denen im Fluss Krokodile und gefährliche kleine Fische lebten und in denen er nur barfuß lief.

Pit ist in Kontakt mit der geistigen Welt und lauscht den Klängen der Weite. Er bittet um die liebevolle Unterstützung der unsichtbaren Helfer, der Lehrer und der Weisen. Er kommuniziert mit Engeln, mit Steinen sowie Pflanzen und hört die Tiere sprechen.

Pit besitzt einerseits eine luftige Leichtigkeit, und zugleich hinterlässt die Schwere der Welt konstant Spuren auf seinem zarten, elfenhaften Kleid. Der kleine Kerl kratzt an der Oberfläche der Welt, um das darunter Verborgene zutage zu bringen. Er scheut den Schatten der Nacht, wie er ihn nennt, und ist zugleich sein engster Freund. Intensiver als kaum jemand anders blickt und forscht er im dunklen Dickicht, um das darin verborgene Licht zu heben. In jedem Dunkel steckt ein Funke des Lichts. Wo Schmerz ist, muss auch Heilung sein, da sich die Welt in Gegensätzen ausdrückt. Pit ist den Gegensätzen auf der Spur. Wo immer ein Schatten auftaucht, wie Angst einjagend dieser auch sein mag, Pit sucht nach der Lichtquelle, die zum Schatten gehört. So entsteht Heilung.

Bereits als zweijähriger Knirps hatte er einen sehr großen Wortschatz, der viele Bereiche der Erwachsenenwelt abdeckte. Manche Lehrperson veranlasste dies, ihn – den zweijährigen Knaben – als »hochbegabt« einzustufen.

Pit erklärt den Erwachsenen die Welt. Seine ersten beiden Worte waren »groß« und »Papa«. Wobei er beim Wort »Papa« auf ein Bildnis von Jesus und bei den Worten »großer Papa« mit der Hand in den Himmel zeigte. Jesus und auch andere bekannte Meister haben eine sehr große Bedeutung für Kinder wie Pit. Diamantkinder können sich minutenlang in das Abbild eines Meistes oder Weisen versenken. So liebt er Bruno Gröning und Sri Yukteswar ebenso wie Daskalos, Buddha oder Jesus. Bei einem Spaziergang mit seiner Mutter brach Pit einmal in Tränen aus, als er Jesus auf einem großen Kreuz hängen sah. Er weinte bitterlich und schluchzte immer wieder: «Mama, wieso haben die Menschen das gemacht?« Mit einzigartiger Weisheit und großem Scharfsinn klagte er: »Ich kenne ihn! Ich kenne ihn! Wieso haben sie ihn getötet? Sie durften das nicht!« Er ließ sich nicht mehr beruhigen, und seine Mutter musste ihn den ganzen Rückweg tragen, so aufgelöst war er. Es schien, als seien durch das Bild von Jesus am Kreuz sehr schmerzhafte alte Erfahrungen wieder in ihm hochgestiegen. Es schien, als habe er die Kreuzigung Jesu tatsächlich miterlebt und als laufe vor seinem geistigen

Auge der Film von damals ab. Hilflos, aufgelöst und klein wirkte Pit – und er war richtig wütend. Eine Emotion, die man bei Pit nur äußerst selten erlebt.

Kinder wie Pit haben Schwierigkeiten mit starken Emotionen, wie etwa Angst, Wut, Trauer, Schmerz oder Neid, umzugehen. Sie lesen die Sprache des Geistes. Zusätzlich zur normalen Wahrnehmung atmen sie jede Form von Energie auch noch über ihre Chakren ein. Sie kanalisieren und konzentrieren die Energie in den entsprechenden Chakren (Frequenzen der Aktivität/Wurzelchakra; Schwingungen von Kreativität und Kooperation/Sakralchakra; Emotionen und Intuition/Solarplexus; Balance und Gefühle/Herzchakra; Energien der Kommunikation/Halschakra; spirituelle Energie/Kronenchakra und 3. Auge; Grad an Harmonie/Nebenchakren), wodurch diese intensiviert wahrgenommen wird. Hochsensibel, wie sie sind, sind sie mit emotionsgeladenen Situationen häufig überfordert und können dann ihrerseits mit Gefühlsausbrüchen reagieren. Sie sind Weiser und Kind, lehrend und lernend, groß und doch klein. Im Körper fühlen sie sich begrenzt, doch in der Seele sind sie weit schwingend. Sie sind alles in einem, und dennoch können sie zu Beginn ihrer Reise auf Erden jeweils nur zwischen beiden Zuständen hin- und herswitchen. Das »Ineinander-Überfließen« und Einswerden mit diesen beiden Verhältnissen stellt für das »erwachende« Kind einen Prozess dar – für das in ihm bereits »wache« Wesen ist es jedoch eine Leichtigkeit.

Pit betrachtet stets die Geschichte hinter der Geschichte. Er sucht nach dem Sinn im Sinn. Er geht immer einen Schritt weiter. Manchmal offensichtlich für das Außen, manchmal im Verborgenen. Das Kind hört »nur« eine Erzählung. Es lacht darüber, weint oder freut sich. Der Weise im Kind stellt Tage, nachdem die Geschichte erzählt wurde, plötzlich eine tiefgreifende Frage, die nach mehr als nur einer oberflächlichen Antwort verlangt.

Ein Gespräch mit Tiefgang zu führen, kann für einen Erwachsenen eine echte Herausforderung bedeuten, doch solch ein Dialog ist ein wahres Geschenk. Durch die Spannung, die entsteht, wenn man sich einmal daranmacht, Schicht für Schicht eines Aspektes wie bei einer Zwiebel abzupellen, um den wahren Kern zu enthüllen, steigert sich die eigene Wahrnehmung erheblich.

Pit und seine Zeitgenossen fordern uns heraus. Sie sind glasklare Spiegel für jedes Gegenüber. Sie fließen mit dem Leben, und zeitweise scheinen sie darin zu zerfließen. Sie leben uns vor, was es bedeutet, innerhalb von Sekunden zwischen zwei Zuständen hin- und herzuspringen, und wir haben so eine Ahnung davon, welche Möglichkeiten das »Jumpen« unter und über die Zeitplattform mit sich bringt. Sie lehren uns, den Fokus auf das zu richten, was zählt:

> Was wirklich zählt im Leben, ist die Tiefe. Alles an der
> Oberfläche ist und bleibt lau. Die wahre Kraft ist immer
> in der Tiefe. Kinder wie Pit rufen uns auf, bei allen
> Dingen, die wir tun, in die Tiefe zu gehen. Sie wissen,
> dass man die Wahrheit im eigenen Inneren findet.
> Der Kontakt mit der inneren Wahrheit gelingt nur, wenn
> man in die Tiefe und zum wahren Wesenskern vordringt,
> dort, wo die ganze Kraft sitzt.

Diese Kinder wissen, dass man nur selbst in die Tiefe gehen kann. Es ist riskant zu glauben, dass irgendjemand anderer die eigenen Aufgaben lösen könne. Die höhere Weisheit des eigenen Selbst ruft die Lernaufgaben ins Leben, daher kann auch nur derjenige, den diese Lektionen direkt betreffen, die Lösung herbeiführen.

Die Diamantkinder sind in Kontakt mit dem wirklichen Herzen. Viele von ihnen sehen sich selbst und auch alle anderen als leuchtende Lichtkugeln.

> Nimmt man den menschlichen Körper, so ist das Herz
> ein Zentrum, ein Mittelpunkt – genau so wie der Sitz der
> Gefühle (der Solarplexus) ein Zentrum, ein Mittelpunkt
> ist. Der Mensch als Ganzes mit seinen Gliedmaßen,
> seinem Kopf und Körper zeigt, wenn man ihn um die

eigene Achse rotieren lässt (so wie sein leuchtendes
Energiefeld es ohnehin tut), die Form eines rotierenden
Eis. Was ist das Zentrum? Was findet man dort? Den Sitz
der Gefühle. Doch in Wahrheit kommuniziert von dort
das Herz. Das wirkliche Herz, nicht das materielle Herz ...

Anatol über den Lichtkörper

Die Diamantkinder sind mit dem wirklichen Herzen verbunden.
Sie sind ebenso in Kontakt mit dem Herzen des Universums wie
sie in Verbindung mit dem Herz der Erde und mit allen Herzen,
mit allen Mittelpunkten sämtlicher existierender Formen sind.

Immer, wenn man Entscheidungen zu treffen hat, ist es ratsam,
in diese Mittelpunkte einzukehren. Das ist es, was Kinder wie Pit
uns sagen möchten. Sie erinnern uns durch ihr Beispiel an die weisen Worte, die uns zuvor schon viele Meister aus den Lichtebenen
gesandt haben. Worte wie:

»Schließe dich an an die Herzen.

Suche von allem den Mittelpunkt.

Binde dich an an das Herz der Erde.

Geh in Kontakt mit dem Herzen des Universums.

Nimm Verbindung auf zum Zentrum – dem Ursprung
von allem, was ist, und du wirst schnell merken, es ist
EINE Kraft, und es ist immer dieselbe.

Mag sie auch verschieden benannt werden in den
unterschiedlichen Religionen: Mein Vater ist auch dein
Vater, ist meine Mutter, ist deine Mutter, bin ich, bist du,
sind wir. Alles ist verflochten. Alles ist EINS, und doch
agiert der Mensch, als sei er getrennt, als sei er – mitten
im Verbund – getrennt; als seien seine Probleme die
größten, die es gibt ...

Wieso hält er stattdessen nicht einfach Ausschau nach der großen, alles ordnenden Kraft? Wieso sucht er nicht ganz einfach die Liebe in sich selbst?

Die großen Dinge sind in Wahrheit einfach. Immer dann, wenn du nach einer komplizierten Lösung suchst und denkst, dass es so schwierig ist, sei dir gewiss: Du bist auf dem falschen Weg!

Die Lösungen in der göttlichen großen Ordnung sind immer einfach! Sie sind sogar so einfach und klar, dass du sie übersiehst. Du suchst im Verborgenen. Du suchst nach dem Komplizierten. In Wahrheit aber ist die Lösung immer vor deinem Auge. Sobald du nach einer Lösung suchst, muss sie schon da sein, sonst wäre es unmöglich, nach ihr zu suchen. Verstehe! Deine Aufgabe ist es, den Weg der ›Umkehrung‹ zu gehen!

Das, was du suchst, ist schon immer da.

Erinnere dich einfach daran, dass es schon da ist.

Verhalte dich so und fühle dich so, als sei es schon bei dir.

So wie es alle Meister vorlebten und vorleben. Sie bedanken sich im Vorhinein, dass es vollbracht ist. Sie sehen ALLES mit dem Herzen!

Vielleicht machst nur du die Augen nicht auf?

Vielleicht schaust du nicht mit dem wirklichen Herzen?

Du schaust ja meistens nur mit deinem Verstand.

So ist die Botschaft an dich: Geh in die Tiefe in allem, was du tust, bei jedem Gedanken, den du denkst, denke ihn in der Tiefe, mit Tiefe, mit Nachdruck, mit Liebe.«

Channeling, Botschaft aus dem Licht von »Bruno Gröning«

Dieses und noch mehr lehren uns auch die Diamantkinder wieder. Es liegt an uns, die Botschaft zu hören!

Pit hat einen ausgeprägten Sinn für Gerechtigkeit und sehr genaue Vorstellungen über »richtig« und »falsch«. Diese Vorstellungen sind allerdings keine Bewertung und entstehen nicht innerhalb von Wertesystemen, die uns die Gesellschaft im Laufe der Zeit überstülpt. Vielmehr entspringen diese Ideen aus dem ungeschriebenen, ewig gültigen, höheren Gesetz der Liebe. Es ist eine Wahrheit, die sich durch Pit Ausdruck verleiht und »richtig« (dem Gesetz der Liebe entsprechend) beziehungsweise »falsch« (vom Gesetz abweichend) sehr genau definieren kann.

Lassen Sie mich Ihnen ein kleines Beispiel aus dem Leben von Pit erzählen, um Ihnen die Bedeutung dieser Aussage ein wenig näherzubringen:

Als Pit etwa zwei Jahre alt war, haben seine Eltern sich getrennt. Danach gab es über einen langen Zeitraum hinweg (Pit ist inzwischen vier Jahre alt) immer wieder Situationen mit heftigen Spannung zwischen den beiden Erwachsenen.

Eines Tages holte Pits Mutter den Kleinen bei seinem Vater ab. Wie so oft entstand durch eine Kleinigkeit eine heftige Streitenergie. Auch wenn niemand wirklich laut wurde, war die Situation energetisch betrachtet ziemlich geladen.

Pit stellte sich plötzlich energisch zwischen die beiden Großen. Bewaffnet mit einer Münze in der Hand sprach er: »Einer von euch setzt auf Zahl, und der andere setzt auf Kopf. Der, der verliert, muss sich dann einfach beim anderen entschuldigen.«

Die beiden Erwachsenen schauten ihn fragend an, doch sie bemerkten, dass es keinen Sinn machen würde, sich gehen den Vorschlag zu wehren. Sie erkannten an Pits Bestimmtheit, dass es ihm mehr als ernst war. Pit stand vor ihnen wie ein weiser Lehrer. Er wirkte mehr als sicher und sehr erwachsen. Seine Ausstrahlung war irgendwie magisch und erzeugte Frequenzen, die intensive Aufmerksamkeit und Respekt verlangten.

Tja, und so kam es, dass sich Pits Mama bei ihrem Ex-Lebensgefährten entschuldigen musste ... Sie tat es nicht ohne heftigen inneren Widerstand – denn ihre feste Überzeugung war, dass die Situation nicht von ihr verursacht worden war. Was aber tat Pit? Er warf erneut ganz bewusst und konzentriert die Münze.

Diesmal lag das Geldstück wie durch Zauberhand anders herum. »So, Papa!«, sprach er. »Jetzt musst DU dich bei der Mama entschuldigen!« Was blieb dem Vater anderes übrig, als sich ebenfalls bei der Mutter zu entschuldigen? Allein dieses Vorgehen war wahrhaft heilsam und brachte die beiden verblüfften Erwachsenen tatsächlich zum Schmunzeln. Ohne dass sie es bewusst wahrgenommen hätten, waren die dichten Emotionen im Raum plötzlich verschwunden.

Pit jedoch warf ein drittes Mal die glitzernde Münze und erklärte mit fester und sicherer Stimme: »Wenn Kopf kommt, dann habt ihr euch wieder gern und seid liebevoll zueinander, wenn ihr euch seht! Wenn aber Zahl kommt, dann seid ihr wieder liebevoll und habt euch gern, wenn ihr euch seht!«

Es war ihm sehr ernst. Die Münze flog durch die Luft, landete und hinterließ ...

... eine Spur der Liebe.

Die Worte des Kleinen blieben den Großen noch lange im Kopf. Sie hinterließen einen Abdruck in den Herzen und wurden dort verewigt. Der Raum war plötzlich ganz leicht und hell. Der Vater bot der Mutter ein Getränk an. Es war, als hätte es nie einen Streit gegeben ...

Von diesem Tag an waren die Zusammenkünfte zwischen den beiden Erwachsenen von mehr Respekt für den anderen geprägt, und sie waren achtsamer im Umgang miteinander.

Doch kehren wir zurück ins Jetzt. Kehren wir zurück ins Kinderzimmer. Kehren wir zurück zu Pit, dem Diamantkind:

»Hallo! Wer seid denn ihr?«, begrüßt uns der Kleine merklich achtsam und konzentriert.

Er scheint uns mit seinem intensiven Blick regelrecht zu scannen, bevor er sich sichtlich entspannt und noch im selben Augenblick fragt, ob wir vielleicht einen blau-orangen VW mit Spoiler hätten. Das ist ein Punkt für uns! Wären die Worte um uns herum (unsere Gedanken) verschmutzt oder durcheinander gewesen, wie Pit es nennt, wäre der Besuch an dieser Stelle beendet gewesen. Doch unser »Glas«* ist sauber, und so dürfen wir bleiben. »Gute Gläser!«, schmunzelte Pit ...

Pit ist ein Knabe von vier Jahren. Er hat außergewöhnlich früh mit dem Sprechen begonnen und wirft zuweilen mit Satzkonstruktionen um sich, die manchen Erwachsenen erstaunt aufhören lassen. Pit hat große, strahlend blaue Augen und blonde Haare. Auf der rechten Schläfe hat er einen kreisrunden, weißen Haarschopf. Es ist »sein« Erinnerungszeichen, wie er stolz verrät. Obwohl sein komplettes Umfeld einen teilweise heftigen Dialekt spricht, bedient er sich sehr gerne auch der hochdeutschen Sprache. Ganz besonders dann, wenn er Dinge unterstreichen möchte oder auch wenn er etwa im Spiel »in eine andere Rolle schlüpft« und beispielsweise die »Streunerkatze Mia« ist.

Mia ist ein Synonym dafür, wie Pit die Schöpfung sieht – nämlich dass darin alles möglich ist. So ist es völlig normal, dass Mia sprechen kann, wie es im Übrigen bei spielenden kleinen Kindern alle Tiere können. Erst wenn sie größer werden, beginnen sie ihre instinktiven Handlungen zu hinterfragen und ordnen sie gegebenenfalls dem Bild der Gesellschaft unter.

Kinder, wie Pit sind sich ihrer erweiterten Wahrnehmung sehr bewusst. Ihre Handlungen folgen nicht bloß dem Instinkt, sondern sie wurzeln tief in ihren kleinen Herzen. Sie beginnen früh damit, den großen Leuten die Dinge zu erklären. Auch im Kontakt mit

---

* Glas: Eine Bezeichnung Pits für die Aura einerseits und für die Illusion andererseits. Siehe auch Seite 72ff im Kapitel »Pit über die Gläser – Illusion und Ätherkörper beziehungsweise Aura«.

der Gesellschaft, wie etwa in der Kindergarten- oder Schulzeit, verlieren sie ihre Anbindung an das Geistige nicht. Sie unterscheiden lediglich sehr gezielt, mit wem sie was besprechen.

So geschieht es, dass Pit den Erwachsenen sehr oft (für ihn ganz selbstverständliche) Dinge erklärt, damit diese lernen, die Welt mit anderen Augen zu sehen. So öffnet er viele Herzen.

Ein solches Erklärungsbeispiel wäre etwa die Katze Mia. Mia kann sprechen, weil sie das in der »Sprachschule für Katzen« gelernt hat. Sie hat auch einen Esskurs gemacht und sucht nach Liebe. Da sie ja eine »Streunerkatze« ist, freut sie sich über jede Zuwendung. Nur der aufmerksame Beobachter wird erkennen, dass die Streunerkatze selbst eine heilende Wirkung hat ... eine heilende Wirkung auf die Herzen jener Menschen, die sich erlauben, mit dieser Streunerkatze Mia-Pit ein wenig zu spielen. Der Mensch erfährt durch die Offenheit von Pit, dass er nie darüber nachgedacht hat, warum Mia sprechen kann. Auch wenn der kleine Junge nur die Rolle der Katze spielt, so erklärt er dennoch, warum diese Katze sprechen kann, ohne dass ihn jemand danach fragen müsste. Pit weiß um die stillen Fragen des Verstandes, und er kennt viele Antworten. Er legt die Erklärung für die scheinbar unerklärliche Welt liebevoll, still und kaum spürbar in die Herzen der Menschen.

Der härteste Mensch wird zum Kind mit offenem Herzen, wenn er sich selbst die Erlaubnis gibt, sich auf das Wesen von Pit einzulassen. Vielen Menschen fällt das nicht leicht, weil der Junge wie ein Spiegel wirkt, der jeden Winkel in einem selbst sichtbar macht. Ein hartes Wort, ein lauter Ton ohne Berechtigung kann zu dicken Tränenperlen in Pits Augen führen, die schmerzhaft bis ins eigene Herz zu spüren sind und dort manch eigene alte Wunde qualvoll berühren.

Pit hat, wie bereits erwähnt, eine sehr genaue Vorstellung von dem, was gut oder richtig ist – und was nicht. Doch dies beinhaltet keine Wertung, die in ihm selbst entsteht. Es ist die höhere Weisheit selbst, welche ihm diese Erkenntnis liefert, und er transportiert sie ungefiltert ins Außen. Pit zeigt also die Gefühle, die ihn bewegen. Ob Freude, Schmerz, Liebe oder Traurigkeit – Pit ist ein Spiegel, der alles ohne Retusche zeigt. Im Ausdruck seiner Augen reflektiert sich das Geschehen ganz genau so, wie es ist. Alles wird sichtbar gemacht. Ob gewollt oder nicht, seine himmelblauen Augen und die Geschichten, die sie jeden einzelnen Augenblick erzählen, verschaffen sich Gehör in der eigenen, inneren Welt. Dort dringen sie auf magische Weise in die hellen und dunklen Kammern der Wunden und finden Heilung oder erzeugen Widerstand ... je nachdem wie weit die Menschen, die durch Pit »berührt« werden, in sich selbst entwickelt sind. Alles wird sichtbar. Manch einer schaut hin, ein anderer sieht weg, knipst das Licht, das Pit anzündet, gleich wieder aus und reagiert sogar wütend. Wenn man in der dunklen, unaufgeräumten Höhle sitzt, kann es durchaus unangenehm sein, wenn jemand das Licht anmacht und man dadurch gezwungen ist, den eigenen Müll zu sehen.

Wenn Menschen schimpfen, streiten oder wenn sie Pit selbst und/oder andere Personen in allzu strengem Ton über etwas »belehren« möchten, kann es leicht passieren, dass dicke Tränen über die blassen Wangen dieses zarten Wesens kullern. Vermutlich wird der vermeintliche Lehrer unausweichlich spüren, dass er allein durch laute Worte ein zartes Herz verletzt hat. Pit sagt in solchen Augenblicken: »*Man darf zwar sagen, wenn jemand etwas nicht richtig macht, aber man darf das nicht so laut oder mit schmutziger Kraft sagen, weil das tief innen drin wehtut. Man darf niemandem wehtun. Das ist gar nicht lieb. So eine Welt ist nicht liebevoll ...*«

Tatsächlich kann man spüren, was Worte und noch mehr der Tonfall sowie die Grundenergie dahinter bei einem Kind wie Pit bewirken. Pit liest diese Grundschwingung, auch wenn sie möglicherweise gar nichts mit ihm zu tun hat, und macht sie für sein Gegenüber sichtbar.

> Pit liest die Emotion hinter den Worten, noch bevor das
> Wort selbst ausgesprochen ist.

Manch einer wird entrüstet sein über sich selbst, wenn Pit ihm sein eigenes Spiegelbild zurückwirft. Manch anderer wird den Knirps augenblicklich in den Arm nehmen wollen, um auszudrücken, dass es ihm leidtut. Wieder ein anderer wird sich von diesem Kind abwenden, weil es zu unbequem ist, die eigenen Schwächen anzusehen. Es ist dumm zu glauben, ein Kind wie Pit erkenne das nicht.

> Pit liest Ihre Absicht, noch bevor Sie in der Lage sind,
> einen Gedanken zu bilden. Ist Ihre Absicht nicht rein,
> wird Pit es Ihnen zeigen!

»ÜBER DIE ABSICHT«

Trancesitzung März 2010,
ein Meister – Daskalos – aus der Lichtebene spricht

- ➤ Hinter jedem Gedanken, hinter jedem Wort, hinter jeder Handlung erkenne die Absicht!

- ➤ In dem Maß, in dem der dem Individuum vorbestimmte, festgelegte Wille frei ist, ist es auch die Absicht.

- ➤ Es gibt zwei Zustände von »Absicht«: die reine Absicht und die Absicht der Schatten.

- ➤ Die reine Absicht spiegelt das ewige Seelenbewusstsein und die Göttlichkeit und führt immer zu Handlungen, die von Liebe geprägt sind.
  Die Absicht der Schatten kommt aus dem niederen Bewusstsein. Sie ist ohne Anbindung und führt immer zu Verletzung.

- ➤ Die Absicht bestimmt die Qualität der Gedanken.

- ➤ Erkenne die Absicht in den Gedanken.
  Erkenne die Absicht hinter den Worten.
  Erkenne die Absicht in dir!

- ➤ In diesem Augenblick fließen Impulse meines Selbst in die tiefsten Schichten deines Unterbewusstseins.

- ➤ Dort verweilen sie als noch ungeborene Ideen der Liebe, um dir zu einem späteren Zeitpunkt, zu dem für dich bestimmten Zeitpunkt, in Form von tiefgreifenden Erkenntnissen zuzufließen.

- ➤ Werde Meister über deine Gedanken, indem du die Absicht dahinter prüfst. Jeden Tag neu – jeden Tag wieder, prüfe und erkenne die Absicht in dir!

- ➤ Deine reine Absicht wandelt die Schattenabsicht von vielen.

- ➤ Die Absicht bestimmt die Qualität der Gedanken, die Qualität der Worte, die Qualität der Handlung.

Pit sitzt auf dem großen Bett und schlenkert mit den zarten Beinchen. Ruhig dasitzen ist langweilig. Ein Körper braucht etwas zu tun, damit das innere Licht sich daran erinnert, dass der Körper und die Kopfkraft eigentlich nur träumen (eine Aussage Pits).

Erstaunlich dabei ist, wie viel Energie dieses Kind aufbringen kann, obwohl es doch so wenig Nahrung zu sich nimmt. Essen schmeckt ihm nur, wenn die Energie rundherum stimmt. Für sich beansprucht er kein Essen, daher würde Pit das Essen glatt vergessen, wenn ihn eine liebevolle Mama, eine fürsorgliche Oma oder ein aufmunternder Vater nicht ziemlich oft daran erinnern würden.

Pit isst unter anderem auch, um den Menschen, die er lieb hat, eine Freude zu bereiten. Für ihn ist Essen dann wie ein Spiel.

Essen schmeckt ihm nur, wenn die Energie rundherum stimmt.

Tatsächlich werden manche Mütter jetzt erstaunt sein, wenn sie sich an ihr eigenes Kind erinnert fühlen, das Spaß daran hat, so zu tun, als wolle es nicht essen, um in einem von der Mama scheinbar unbeobachteten Moment als kleiner Kobold zuzuschlagen und den Bissen einfach von der Gabel zu stehlen. *Pit sagt, er muss eigentlich nicht essen, weil er seine Kraft von Gott bekommt. Diese Kraft versteckt Gott auch in manchen Dingen, die wir essen oder trinken.* Manchmal schließt Pit seine Augen. Dann redet er mit Gott. Das ist ganz normal für ihn, doch er würde das nicht jedem Erwachsenen erzählen.

Pit fühlt sich oft als Außenseiter und geht nicht besonders gerne in den Kindergarten. Zu viele Emotionen stürmen dort auf ihn ein. Pit bezeichnet Emotionen als »*schmutzigen Nebel, in dem man sich ganz leicht verfangen kann*«. Er hat große Schwierigkeiten, sich zu behaupten. Ungerechtigkeiten oder Achtlosigkeit – egal, ob durch Kinder oder Erwachsene – verletzen sein zartes Wesen tief in der Seele. Die Schule lehnt der kleine Kerl bereits im Alter von vier Jahren ab. Er sagt, er weiß schon, wie es dort sein wird, und das gefällt ihm gar nicht. Pit erkennt den Menschen an den Augen und an »**seinem Glas**«, und genau das verheißt oft nichts Gutes. Zudem ist für Pit die Diskrepanz zwischen seiner eigenen Wahrnehmung und den pädagogischen Vorgaben, »wie die Welt wahrzunehmen ist«, schier unüberwindbar.

Pit und die Heilsalben

Bereits im Alter von zwei Jahren zeigt sich, dass Pit in der Lage ist, die göttliche Energie konzentriert auf Tiere und Menschen zu übertragen. Er nennt diesen Vorgang »Heil-Salben«. Er balsamiert die Aura des betreffenden Individuums mit Lichtsalben von verschiedener Konsistenz.

Erlauben Sie mir, hier ein wenig ins Detail zu gehen:

Obwohl viele Diamantkinder selbst gesundheitlich oft instabil erscheinen und gerade in den ersten acht Lebensjahren häufig krank und stark anfällig für Infekte sind, verfügen sie bereits in jungen Jahren meist über außergewöhnliche heilerische Fähigkeiten. Viele Diamantkinder haben Zugang zu einer bestimmten Dimension aus dem Frequenzbereich der Heilung. Pit kann zum Beispiel eine bestimmte Schwingungsebene eines Schwesterplaneten (wie Pit immer sagt), der Venus, anzapfen und dort existierende Heilfrequenzen in Form von Heilsalben auf Menschen übertragen. Indem er mit den Heilsalben arbeitet, übermittelt er feinstoffliche Heilmittel und -substanzen in Form von reiner Gedankenenergie auf Störfelder in lebenden Organismen. Die feinstofflichen Medikamente sind im Prinzip reine, hochschwingende Gedankenenergien (Heilungselementale) aus der Heilungsebene. Die Heilelixiere werden von sehr hochentwickelten Lichtern kreiert. Pit nennt diese Wesen die »Weisheiten der Heilung«. Eines dieser Wesen ist Haam. Haam ist ein Engel der Heilung, der Pit unterstützt.

Bereits im Alter von zwei Jahren hat Pit mit seiner heilerischen Gabe Erwachsene in Staunen versetzt. Nicht nur, dass er, ohne darüber informiert worden zu sein, Probleme und Schmerzen bei Menschen erkannte, er leitete auch außergewöhnliche Heilprozesse ein, indem er verschiedene »Heilsalben« herstellte und bei den betroffenen Personen anwandte. Pit erklärt immer, dass Gott und die »Weisheiten der Heilung« liebe und richtige Gedanken in die Salben hineinlegen. Diese richtigen Gedanken helfen dem Körper, gesund zu sein, weil er sich dadurch daran erinnert, wie es ist, wenn er in Ordnung (gesund) ist.

Ein Beispiel: Als Pit zwei Jahre alt war, ging seine Mutter an zwei Tagen in der Woche zur Arbeit. Pit war während dieser Stunden bei der Nachbarsfamilie, die er sehr gern hatte. Eines Abends, als seine Mutter ihn wieder abholte, begrüßte die Nachbarin sie mit den Worten: »Jetzt glaub ich wirklich, dass dieser Junge besondere Gaben hat! Heute Nachmittag, als meine Tochter nach der Arbeit ins Wohnzimmer kam, ist er zu ihr hingelaufen und hat gesagt: ›Simone hat ›Auweh‹ im Gesicht, ich mach es wieder gut.‹ Sie hatte tatsächlich sehr starke Zahnschmerzen, aber der Kleine konnte das nicht wissen. Niemand hat etwas erwähnt.

Pit hat uns erklärt, dass er jetzt eine Heilsalbe für die Moni machen werde. Er hat sich umgedreht und seine kleinen Händchen mit geöffneten Handflächen nach oben gehalten. Nach wenigen Sekunden hat er die Hände zusammengefaltet und die Handflächen gegeneinandergerieben, so als würde er etwas zusammenmischen: ›Rosa-ronge‹ [Anmerkung: orange konnte er damals noch nicht sagen] und ›grün‹ sei seine Salbe, hat er uns erklärt und dann der Simone einmal ganz kurz mit der Hand über die rechte Wange gewischt. (Tatsächlich hatte sie genau dort die Schmerzen.) Dann hat er sich wieder umgedreht, um weiterzuspielen, sagte aber noch kurz: ›Jetzt ist es wieder gut!‹ Da zu diesem Zeitpunkt noch niemand ernsthaft an heilerische Gaben bei dem kleinen Knirps glaubte, lächelten wir nur kurz, waren jedoch erstaunt darüber, dass er den Schmerz bei Simone wahrgenommen hatte. Wie sprachlos waren wir aber erst, als Simone eine halbe Minute später feststellte, dass der Schmerz nachließ und sich irgendeine Flüssigkeit in ihrem Mund ansammelte. Es war kein Blut, wie sie zuerst vermutete. Der gesamte Kiefer war vereitert gewesen, und der kleine Knirps hatte diesen mit der ›Heilsalbe‹ geöffnet und letztlich so die Entzündung zum Abklingen gebracht ...«

Die Mutter nahm ihren Kleinen lächelnd in die Arme. Sie kannte Pits Heilsalben bereits und auch deren intensive Wirkung. Beispiele wie diese gibt es viele.

Auch heute noch mischt Pit Heilsalben, jedoch erklärt er von Zeit zu Zeit, dass er »im Moment« keine Heilsalben mischen könne, weil er erst wieder neue Heilkraft beim lieben Gott bestellen müsse und somit nur die weiße Heilsalbe habe, die nicht so viel Kraft habe.

Die Farbmischung macht die Heilwirkung aus, wie Pit betont, und die Vermutung liegt nahe, dass Pit nicht für jeden Anlass »Farbschwingungen« zu Verfügung gestellt bekommt. Heilung geschieht immer dann, wenn es bestimmt ist, dass sie geschieht. Auch dies ist ein Gesetz. Pit scheint es zu kennen.

Im Zusammenhang mit den Heilsalben betont er stets, dass sie in Zusammenarbeit mit seinem »Heilerengel Haam« entstehen und dass er sie nur mit seinen unsichtbaren Händen mischen kann.

Das leuchtet ein, wenn man weiß, dass die psychischen Kräfte wie Hellsichtigkeit, Hellhörigkeit, Telekinese und Ähnliches keine Phänomene unseres physischen Körpers sind. Sie sind Phänomene, die mit dem ätherischen Doppel verbunden sind. Daher ist die Arbeit am und mit dem ätherischen Doppel für unsere spirituelle Entfaltung unbedingt notwendig.

> Die psychischen/geistigen Kräfte sind keine
> Phänomene des physischen Körpers. Sie sind
> Phänomene des ätherischen Doppels!

Wie man selbst und mit Kindern am ätherischen Doppel arbeiten und die geistigen Kräfte spielerisch schulen beziehungsweise trainieren kann, erkläre ich im Kapitel »Arbeiten mit Diamantkindern« genauer.

Pit mischt in die Heilsalben des Öfteren verschiedenfarbige Lichtkugeln. Manchmal formt er auch Lichtkugeln, ohne sie mit Heilsalben zu mischen, und stellt sie Menschen oder Tieren zur Verfügung.

Pit und die Lichtkugeln

Pit liebt es, Lichtkugeln zu schicken. Für alle möglichen Anlässe zaubert er Kugeln. Manchmal hat er keine farbigen Kugeln mehr, wie er zu sagen pflegt, und muss erst wieder Farbe bestellen. (Ich glaube, dass Pit dies immer dann sagt, wenn es ihm aus irgendwelchen Gründen nicht erlaubt ist, Heilenergien anzuwenden.)

Folgende Übung für Kinder (aber auch für Erwachsene) hilft beim Erschaffen von Lichtkugeln. Sie kann mit jeder beliebigen Farbqualität durchgeführt werden, in diesem Fall mit »Himmelblau«.

DIE HIMMELBLAUE LICHTKUGEL
Meditation beziehungsweise Übung

Lichtkugeln arbeiten immer zum höchsten Wohl eines Menschen und können daher nur zum höchsten Wohl eingesetzt werden. Sollte das Hohe Selbst des betroffenen Menschen die Lichtkugel nicht annehmen, dann löst sie sich einfach auf.

»Such dir einen kuscheligen Platz. Schließe, wenn du möchtest, ruhig deine Augen. Denke an eine Person, der du gerne eine heilende Kugel aus Licht senden möchtest. Bitte die Engel, bei dir zu sein. Mit deinen unsichtbaren Augen kannst du sie dir sehr gut vorstellen. Vielleicht siehst du sie sogar mit deinen richtigen Augen. Stell dir nun eine himmelblaue Lichtkugel in deinem Bauch vor. Diese Kugel strahlt wundervoll, wie ein glitzernder Kristall. Atme heilendes Licht in dich hinein, indem du dir einfach vorstellst, heilendes Licht einzuatmen. Jedes Mal, wenn du einatmest, strömt heilendes Licht in deinen Bauch hinein und gibt der himmelblauen Kugel Kraft. Die Kugel beginnt zu strahlen, und dein ganzer Körper nimmt dieses Strahlen an. Auch deine Arme und Hände strahlen jetzt in diesem schönen blauen Licht.

Sammle das himmelblaue Licht nun in deinen Händen. Du merkst, wie eine kleine Kugel zwischen deinen Handflächen entsteht. Die Kugel wird immer größer. Forme sie mit deinen Händen, so als würdest du einen Ball rollen. Dreh die Kugel ruhig zwischen deinen Händen. Wirf sie wie einen unsichtbaren Ball in die Luft, und fang sie wieder auf. Du kannst ihre Energie fühlen. Du kannst fühlen, wie fest sie ist.

Irgendwann bist du dann bereit, die Kugel auszusenden. Denke wieder an den Menschen, dem du sie schicken möchtest. Der liebevolle Gedanke und die schöne Absicht dahinter genügen, und die Kugel verlässt deine Hände. Bete, dass deine Kugel dem Menschen, für den sie gedacht ist, hilft. Ganz automatisch wird die Kugel nun die Person, für die sie gemacht ist, erreichen. **Sehr gut machst du das! Sehr gut!** Atme noch ein paar Mal tief ein, und bedanke dich bei deinen Helfern. Öffne deine Augen, wenn du bereit bist.«

Himmelblaue Kugel: Wenn ein Mensch traurig oder depressiv beziehungsweise emotional belastet ist.

Grüne Kugel: Universelle Heilkugel, heilt Körper und Gemüt.

Auch fällt auf, dass Pit den engen, liebevollen Körperkontakt zu seinen wichtigsten Bezugspersonen genießt. Kuscheln ist eine wahre Wohltat für ein Kind wie Pit und daher ein sehr wichtiger Faktor für sein Wohlbefinden. Diese Kinder teilen liebevoll Zärtlichkeiten aus und erfreuen sich ihrerseits an jeder Liebkosung, wobei das Kind aber selbst bestimmt, wer alles diese Zärtlichkeiten geben darf.

(Es ist ganz besonders wichtig, diese kleinen Wesen zu schützen und eine »knutschfreudige Tante« von ihrem Vorhaben rigoros abzuhalten, wenn das Kind zu verstehen gibt, dass es das nicht wünscht.)

Pit blinzelt uns aus den Augenwinkeln an, und so, als wisse er, dass wir zusammengekommen sind, um etwas von ihm, dem Kind, zu lernen, sagt er plötzlich in einem weichen, aber bestimmten Tonfall, der so gar nicht kindlich klingt:

> »Alles, was wir erleben, ist nur ein Traum.
> Wir sitzen in einem Glas.
>
> Gott kann uns frei machen! Jeder Mensch,
> der hier lebt, sitzt in einem Glas. Die Erdkugel
> und ihre Geschwister sind auch in einem Glas.
> Gott ist außerhalb des Glases.
>
> Mit den Augen sehen wir ihn aber immer nur
> hinter einer Glaswand. Wenn ich mit Gott spreche,
> schließe ich meine Augen. Dann kann ich aus dem
> Glas herausspringen und ihn mit meiner Herzkraft
> sehen.«

Pit, 2010

Hat Pit unser stilles Fragezeichen im Zusammenhang mit dem »Glas« geortet? Seine Aussage ist doch höchst bemerkenswert für einen Vierjährigen. Pit erstaunt uns immer wieder. Aber wir werden noch viel mehr von Pit erfahren. Wir werden noch sehr viel von ihm lernen.

Dazu ist es allerdings notwendig, dass ich Sie mit noch jemandem bekannt mache.

Freuen Sie sich auf die Bekanntschaft mit »Anatol«, einem Lichtwesen aus der Schulungsebene. Es ist naheliegend, dass Ihnen seine Schwingung bekannt vorkommt.

Schließen Sie bitte kurz die Augen. Vielleicht möchten Sie eine Hand auf Ihren Bauchnabel und die andere Hand in Herznähe auf Ihre Brust legen? Auf diese Art können Sie sich ganz schnell und einfach zentrieren.

Stellen Sie sich einen Strand vor. Dieses Bild ist ein Synonym für die Weite der Seele. Das Wasser spiegelt die Möglichkeit einer

Neugeburt. Wann immer wir Neues erfahren möchten, wann immer etwas Neues ansteht, ist Wasser ein wundervolles Symbol. Erzengel Gabriel steht in Zusammenhang mit dem Element Wasser. Er ist das hütende Wesen über die Gewässer der Erde und auch über die Flüssigkeiten in unserem Körper. Sein Licht ist himmelblau, so wie ein wunderschöner Ozean es sein kann.

Der Strand spiegelt die Ebene der Manifestation und macht das Unsichtbare (= das Geistige) sichtbar (= materiell). Auf dem Strand ihrer Vorstellung sitzt eine junge Frau (es könnte auch ein junger Mann sein; wenn dem so ist, dann tauschen sie den Namen »Ann« aus und finden Sie einen eigenen). Der Name dieser Frau ist Ann.

Ann wird jetzt, stellvertretend für Sie selbst, ein für uns sehr wichtiges Wesen kennenlernen.

Anmerkung:

Anatol selbst hat mich zu nachfolgendem Experiment ermuntert. Er hat mir die Beweggründe dafür erklärt.

Versuchen Sie, sich auf dieses Spiel einzulassen, auch wenn der Oberflächenverstand sich sträuben sollte, weil er bereits spürt, dass er quasi »ausgetrickst« wird. Wenn Sie sich auf das Bild mit dem Strand und Ann einlassen, wird es Ihnen erlaubt sein, diese Wesenheit auf sehr viel tiefere Art und Weise zu erfahren, als Sie vermuten.

Das Bild des Strandes fungiert als Bühne, die den Verstand ablenkt. Indem die Wesenheit nicht einfach nur beschrieben wird, haben Sie die Möglichkeit, die Energie dieses Wesens zu fühlen, und der analytische Verstand kann nicht mehr hindernd dazwischenfunken. Das Bild der Strandbühne lenkt ihn bereits zu sehr ab, und er ist beschäftigt.

Erwägen Sie auch die Vorstellung, dass Ann ein Symbol für das ewige Geistwesen in Ihnen selbst sein könnte.

Als offener Leser/in erhalten Sie jetzt Zugriff auf eine höhere Bewusstseinsebene.

Immer wenn der Verstand still (beziehungsweise in diesem Fall abgelenkt) ist, kann das ewige Bewusstsein in die inneren Hüllen der jeweiligen »Menschform« tauchen und sich mit dem wahren Wesenskern in der Persönlichkeit verbinden.

Glauben Sie mir, während Ann noch auf der Bühne des Strandes ist und Sie dieses Bild mit Ihrem geistigen Auge wahrnehmen, steht Anatol bereits direkt hinter Ihnen.

Anatol, ein außergewöhnlicher Lehrer

Die geistigen Gesetze spiegeln sich in den Gewässern der
Erde und lassen uns den Blick Richtung Himmel heben.

Anatol 2010

Ann sitzt also auf dem Strand Ihrer Vorstellung und wartet auf
eine Begegnung der ganz besonderen Art. Sie wartet auf die Begegnung mit Anatol.

Lange Zeit geschieht gar nichts. Ann fühlt den Wind in ihren
Haaren. Es ist eine kalte Brise, doch es fröstelt sie nicht. Langsam
und gedankenverloren steht sie auf und tritt an das Ufer. Seltsamerweise ist das Meer plötzlich spiegelglatt. Nicht die kleinste Welle,
nicht die leiseste Bewegung im glitzernden Nass. Ann geht noch
einen Schritt näher heran, bis sie ihr Spiegelbild erblickt. Sie schaut
und staunt, denn das Bild vor ihren Augen scheint sich plötzlich
zu verändern. Die Konturen, die Gesichtszüge, alles verschwimmt
vor ihren Augen, und in der Tiefe ihres eigenen Abbildes erblickt
sie plötzlich eine wundervolle Gestalt. Eine Wesenheit aus glitzernden Lichtreflexen, wunderschön anzusehen. In ihrem Herzzentrum
scheint eine seltsame mehrfarbige Flamme zu lodern.

»Mein Name ist Anatol«, vernimmt Ann plötzlich im Zentrum
ihres Kopfes. Die Worte fließen in ihren Körper wie eine wundervolle Melodie. Sie erschaudert. So viel Anmut und Schönheit hatte
sie noch nie zuvor gespürt. Ja, sie sieht dieses Wesen nicht, sie empfindet es. Es ist unglaublich. Ann hält inne. »Wer bist du?«

»Eine Wesenheit im Dienst«, erklingen die Worte melodisch perfekt in ihrem Körper. Alles scheint zu vibrieren. »Ich diene den Seelen in den himmlischen Warte- und Wachstumsphasen. Zuweilen
spreche ich auch zu ihnen im Traum. Mein Wesen ist das Lehren.
Ich bin eine vermittelnde Wesenheit, die dabei hilft, die Informationen, die in euch ankern, wieder in Resonanz zu bringen mit der
Urträgerenergie, damit ihr selbst wieder darauf zurückgreifen könnt.

Ich übersetze und vermittle verschiedene Frequenzen, filtere und harmonisiere sie, so lange, bis sie eine Schwingung annehmen, die derjenigen des Empfängers entspricht.«

Ann ist sprachlos. Ihr Körper scheint sich völlig aufgelöst zu haben. Sie hat fast das Gefühl, als bestehe sie nur noch aus Sinnen. Aus intensiven, unglaublich kraftvollen Sinnen.

»Du fragst nach dem Grund für unser Treffen ...«, erklingt die Melodie weiter in ihren Zellen. »Nun, wie ist es damit, dass wir gemeinsam sehr wertvolle und wichtige Informationen in die Welt tragen werden. Wenn du erlaubst, werden wir dich auf meine Schwingung und Frequenz einstellen. Wie ein Instrument, das auf einen bestimmten Ton eingestellt beziehungsweise gestimmt wird.

Dieses Instrument wird Töne in die Welten strahlen, und jedes Wesen, das von diesen Tonfrequenzen berührt wird, wird ebenfalls zu solch einem Instrument werden. Ein Instrument, das in Resonanz ist mit Anatol.

So wird es möglich, dass die Worte in diesem Buche, die mit energetischen Mustern aus den Ebenen der Liebe ummantelt sind, auf sehr bedeutungsvolle Weise in den Herzen der Menschen wirken werden. Der Verstand muss dies nicht fassen, denn es ist nicht seine Bestimmung. Das Herz weiß um die Wahrheit dieser Worte, denn auch dies ist ein Gesetz:

Nur ein Herz der Liebe wird die Wahrheit schauen.«

Ann kann sich kaum bewegen. »Ich, ein Instrument?«, flüstert sie ungläubig.

»Ganz genau!«, wieder vibriert Anns Körper, als sie von den Worten Anatols durchflutet wird.

Es ist eigentlich undenkbar, dass Ann diesem Wesen nicht glauben kann. Zugleich erscheint es ihr so seltsam, dass ausgerechnet sie, die bei jedem Wort, das dieses wundervolle Geschöpf von sich gibt, fast in Ohnmacht fällt, in irgendeiner Form ein Instrument für ihn, sie oder es sein könnte.

»Bleib frei von Zweifel, liebes Kind. Widerstände und Zweifel führen zu Schmerzen und Leiden des ›ICHS‹ und bilden unsichtbare Brücken, über die der Verstand versucht, dem Seelenbewusstsein näher zu kommen. Leid und Mitleid verstärken die Schmerzen, vergrößern das Leid und verlängern die täuschenden Brücken.

Nur das Herz, welches den Funken göttlichen
Bewusstseins in sich lodern lässt, ist fähig, sich
mit dem Seelenbewusstsein zu verbinden.

Alles folgt einem Plan. In der Welt Gottes gibt es keine Zufälle. Wir kennen weder Bewertung noch gibt es bei uns Fragen. Alles ist, wie es ist.

Ich freue mich auf unsere gemeinsame Zeit.«

Ann muss sich setzen. Die Wirkung von Anatols Energie auf ihren Körper ist nicht in Worte zu fassen.

Anatol fährt fort: »Unser Arbeiten wird so aussehen, dass durch dein Offensein die Worte eines kleinen Jungens in viele Menschenherzen fliegen werden. Ich werde viele seiner Worte näher erklären, doch nur, wenn du hier bleibst, wird jenes Tor geöffnet sein, durch welches die Schwingung der Wahrheit fließt.

Du bist mein Helferwesen in der Übergangsebene, jener Schnittpunkt, an dem die psychischen Welten sich mit der physischen Ebene verbinden. Mein Helfer in der irdischen Ebene heißt Pit. Pit ist ein hohes Licht im Körper eines kleinen Jungen. Der Junge misst vier Menschenjahre. Schon seit er zwei Jahre alt ist, spricht er wichtige Sätze aus, und seine Mutter hat diese Sätze gesammelt.

Durch das Zusammenwirken von dir, ›ewiges Geistwesen Ann‹, das du auf verschiedenste Art und Weise in allen Menschen bist, sowie Pit, dem Diamantkind, und der Wesenheit Anatol entsteht ein Buch, das von vielen ›Bewusstseinen‹ aufgenommen werden wird.

Die kindliche Liebesenergie, die Schwingungen und
Informationen in diesem Buch werden sich in den
Gedankensphären der Menschen ausdehnen und eine
heilsame Wirkung auf die niederen Bewusstseinsteile
negativer Gedankenenergie haben. Für die niedrigen
Bewusstseinspartikel wird es dadurch immer schwieriger
sein, artgleiche Bewusstseinsteile zu finden, um sich
durch Vereinigung noch weiter auszubreiten.

Die zahlreichen Botschaften, die so eure Ebenen erreichen, lehren die Erwachsenen, wie sie mit den ›Samenkörnern Gottes‹ eine
neue Ernte erzielen können. Dadurch werden viele von ihnen lernen, Kinder mit anderen Augen zu sehen und zugleich eigene Ent-
wicklungsschritte setzen. Dieses Buch wird eine Weghilfe sein für
viele. Es wird vielen ein Bewusstsein darüber vermitteln, wie das
Wesen von Pit und seinen ›Geschwistern‹ wirkt. Die geistige Welt
segnet alle Kinder. In der Gegenwart eines Kindes ist Gott, die absolute Seinsheit, wahrhaftig spürbar.

Es ist bedeutsam, dass die Menschen wieder lernen, den
Schöpfer selbst in den Kindern der Welt zu sehen.

Wie schön, dass du uns dabei hilfst, Ann!«

Anatol hebt seinen Kopf und sieht über Ann hinweg. Sein »Ton«
vibriert sanft und tönt wie eine atemberaubende, wundervolle Melodie. Mit der einzigartigen Liebe seiner Ursprungsenergie blickt er
nun sanft, weise, ja zärtlich **direkt in DEINE Augen**. Atme den Zauber seiner Liebe, fühle, wie vertrauensvoll und bekannt seine Schwingungen dein Sein erfassen und in dir wirken. Vernimm seine Worte
mit dem Zentrum deines Herzens:

»Liebste Seele, liebste/r Wahrheitsforscher/in, wie schön, dass dich meine Worte erreichen und DU hier bist, mit Anatol! Gemeinsam wandeln wir das Geschehen!

Es bedeutet eine große Freude für mein SEIN, dass du dem Ruf deiner Seele folgst und heute, hier und jetzt gemeinsam mit Anatol und Ann am Strand dem Klang der Liebe lauschst, den mein geistiges Wesen deinem geistigen Wesen vermittelt.

Unsere Bewusstseine verweben sich spürbar, und das Bewusstsein Gottes fließt und strömt und dehnt sich aus.

Du kannst es fühlen – tief in dir: Auch du BIST ein Träger/eine Trägerin des Lichts.

Lausche der Stimme deines eigenen Wesens, und du erkennst die geistige Verbindung mit allem, was ist.

Erlaube, dass ich dich berühre mit meiner Energie und meinem SEIN!

Erlaube, dass ich den Wandel, das Wunder IN dir herbeirufe ...

Während ich meine Energie in dein SEIN senke, strömen Frequenzen aus dem Licht in die heiligen Kammern deines Selbst, um deine Lichtstruktur zu nähren und so lange in dir zu verweilen, bis sie zu einem späteren Zeitpunkt als Erinnerungscodes für die göttliche Wahrheit in dir wirksam werden.

Es geschieht!

Es geschieht JETZT:

Anatol, der – seit Äonen – dein Seelenbewusstsein kennt

... senkt sich in dich ...

... während du atmest ...«

Gewähre dir noch ein paar Minuten Ruhe, bevor du weiterliest, indem du tief und ganz bewusst atmest. Mit jedem Atemzug, den du nimmst, strömen die Lichtfrequenzen, die Anatol dir schenkt, in all deine Körper. Erlaube der Energie, die Anatol dir vermittelt, sich in all deinen Körpern auszudehnen.

Einen Schritt weiter

Damit die Worte der Wahrheit den Weg in die Herzen
finden, braucht es nichts weiter als die LIEBE.

Anatol

Sollte Ihnen, seit Sie in dem Buch zu lesen begonnen haben, aufgefallen sein, dass Ihre Träume intensiver oder »anders« werden, dann: »willkommen in der Nachtschule« – ein Kraftort für unser Seelenbewusstsein, an dem **unsere verschiedenen Bewusstseine*** eine geballte Energiezufuhr erfahren. In den nächtlichen Lehrgängen werden das Selbst, das belebende Innen, der Geist, die Seelenstruktur geschult, geheilt und eingestellt... eingestellt auf Empfang, wie Anatol es ausgedrückt hat. Willkommen im Hauptteil dieses Buches, der zugleich ein Schulungsteil ist für Groß und Klein, für Alt und Jung.

Öffnen wir nun also gemeinsam eine weitere Tür. Es ist die Tür zu einem Klassenzimmer, wie es Ihnen eventuell bereits aus der Nachtschule bekannt ist.

Informationen, wie in dem folgenden Kapitel, werden
uns normalerweise nur in erhöhten Bewusstseinszuständen
zugänglich, wie etwa in Trance, oder aber sie steigen
eingebettet in Form eines Traumes in unser Bewusstsein,
wenn wir in anderen Welten wandeln.

Im folgenden Kapitel liefert uns das Diamantkind Pit tiefe Einsichten in sein Wesen und somit auch in das Wesen der Schöpfung, in das Wesen aller Kinder und in das Wesen von uns selbst. Sind Sie bereit?

---

* Unsere verschiedenen feinstofflichen Körper (Astral-, Mental- und Kausalkörper) haben ein eigenes Bewusstsein. Unser Seelenbewusstsein setzt sich aus einer Vielzahl von einzelnen Bewusstseinsformen zusammen. Diese sind nicht gleichzusetzen mit unserem Tages- oder Wachbewusstsein, in dem auch unser Oberflächenverstand sein Zuhause hat.

KAPITEL 3

DER DIALOG

PIT ERZÄHLT – ANATOL ERKLÄRT:
Interessante Einblicke in das Wesen der Schöpfung aus der Sicht eines Diamantkindes

In diesem Kapitel gewährt uns Pit tiefe Einsichten in die Größe des Lebens. Anatol erklärt und übersetzt seine Worte. Seien Sie gespannt, denn manches wird Sie in Erstaunen versetzen.

Pit über die »Gläser«
Illusion und Ätherkörper beziehungsweise Aura

> *Pit: »Alles, was wir erleben, ist nur ein Traum, wir sitzen in einem Glas. Gott kann uns frei machen! Jeder Mensch, der hier lebt, sitzt in einem Glas. Die Erdkugel und ihre Geschwister sind auch in einem Glas. Gott ist außerhalb des Glases. Mit den Augen sehen wir ihn aber immer nur hinter einer Glaswand. Wenn ich mit Gott spreche, schließe ich meine Augen. Dann kann ich aus dem Glas herausspringen und ihn mit meiner Herzkraft sehen. Manche Gläser sind schön, viele sind schmutzig.«*

Anatol: »Pit spricht hier über die Illusion. Alles, was der Mensch (mit seinem Verstand – *mit offenen Augen*) erlebt, ist nur ein Traum beziehungsweise Illusion. Gott ist außerhalb der Dualität und somit auch außerhalb der Illusion. (*›Gott ist außerhalb des Glases.‹*)

Immer dann, wenn der Mensch die physischen Augen schließt, öffnet sich automatisch das geistige Auge. Die höher entwickelten Menschen unter euch erkennen immer mehr die Kraft des Geistes und benutzen sie.

Die Kraft des Geistes überwindet jegliche Distanz. Das bedeutet für euch, das euch die geistige Kraft erlaubt, das Glas der Illusion und das Glas der Körperlichkeit (materielles Sein) zu verlassen, um im Ätherkörper zu höheren Bewusstseinsformen und zu anderen Sternenkonstellationen zu reisen.

(›Wenn ich mit Gott spreche, schließe ich meine Augen. Dann kann ich aus dem Glas herausspringen und ihn mit meiner Herzkraft sehen.‹)

Euer Bewusstsein ist sogar in der Lage, gleichzeitig an mehreren Orten zu wirken, um sich so noch schneller und intensiver zu entwickeln. Indem ihr auf das Flüstern eures eigenen und ewigen Hohen Selbst hört, werdet ihr diese Entwicklungsmöglichkeiten als ›wahr‹ erkennen und dem Seelenselbst den Schlüssel zur Neucoordinierung euer Chakren übergeben.

Während der meist nächtlichen Reisen im Astralkörper werden die kosmischen Frequenzen, die Schwingungen in euren Chakren erhöht. Wenn, unterstützt durch die geistigen Lehrer, solche Astralreisen mit der Gabe der Konzentration angetreten werden, kann dies zu wahren Quantensprüngen hinsichtlich eurer geistigen Entwicklung führen. Sobald eure Grundenergie (die Aktivierungsenergie) hoch genug ist, werden eben jene kosmischen Frequenzen, die des nächtens in die Chakren geschwungen werden, wie mit einem Feuerwerk oder einem Blitzschlag neue Schaltstellen in eurem Gehirn freilegen.

Solch eine Aktivierung kann auch stufenweise erfolgen, wenn sich der betroffene Mensch nicht ausreichend damit beschäftigt. Dieser Umstand führt aktuell bei vielen Menschen und auch bei vielen Kindern (Diamantkindern) zu körperlichen Symptomen, wie heftige Kopfschmerzen und Migräne.

Medikamente zeigen hier keine Wirkung, wohl aber die hohen Lichtschwingungen aus dem Kosmos. Geistiges Heilen ist das Heilmittel der neuen Zeit, und viele Menschen lernen, diese Kraft selbst anzuwenden, und geben sie im Zuge ihrer Berufung weiter.

Die neuen Schaltstellen, die bei mehr und mehr Menschen freigelegt werden, führen zu medizinisch feststellbaren Veränderungen im Gehirn, vor allem an den Synapsen (Mikroprozessoren).

Verbunden damit ist ein Bewusstwerdungsprozess, der durch Meditation und gezieltes Befassen mit dem inneren, belebenden Ursprung forciert und beschleunigt wird.

Eure Wissenschaftler jedoch werden dafür keine erklärenden Worte finden. Sie werden die Veränderungen an den Synapsen für abnorm erklären und fragend vor einem Phänomen der neuen Zeit stehen, das sie als solches nicht erkennen. Es ist wichtig für euch, dies zu wissen, damit ihr nicht in die Fallen der künstlichen Angstnetze, welche eure sogenannte Wissenschaft spinnt, tretet.

Die Kinder der neuen Zeit beherrschen das Werkzeug der Programmierung. Sie arbeiten aktiv mit den Mikroprozessoren im Gehirn und stellen täglich die Verbindung her zur alles ordnenden großen ›Zentraldatenbank‹.

Sie löschen täglich jene Daten, die sie nicht mehr benötigen, indem sie sich im göttlichen Feld versenken und so Fehlprogramme aufspüren.

Sie nehmen Downloads vor und versorgen sich mit den Informationen und Daten, die sie aktuell benötigen. Sie wissen um die unsichtbaren Schnüre. Sie kennen und verstehen die Bedeutung der Schaltstellen. Sie wissen um die Hotline zum Göttlichen. **Sie lehren täglich ihr ›Gefäß‹.** Sie lehren **ihr** ›Glas‹, und sie **reinigen** es gründlich. Jeden Tag wieder tun sie dies, damit kein altes Muster bestehen bleibt und das Glas falsch prägen kann. Die Diamantkinder erkennen sich selbst. Sie wissen, dass sie weder das Glas noch dessen Inhalt sind. Sie träumen ihr Leben und verharren nicht im Versuch, ihre Träume zu leben.

Die Wahrheit der gesagten Worte wird in eurem Unterbewusstsein widerhallen. Je entwickelter das Bewusstsein ist, desto schöner und klarer erscheint das ›Glas‹ (das ätherische Doppel) in der materiellen Welt. Je niedriger das Bewusstsein, desto mehr Eintrübungen (niedere Bewusstseinspartikel negativer Gedankenenergien, die artgleiche Bewusstseinsteile suchen, um sich mit ihnen zusammenzutun und sich zu entwickeln) hat es. *(›Manche Gläser sind schön, viele sind schmutzig.‹)*«

Pit über die Unsterblichkeit

> *Pit:* »*Ich kann gar nicht sterben, weil die Liebe in mir niemals ausgeht. Darum bin ich schon so alt wie die Welt. Ich BIN die Seele.*«

Anatol: »Das Leben ist das sich immer wieder neu erschaffende Ein- und Ausatmen Gottes. Es pulsiert in einer Unendlichkeitsschleife, ohne Beginn und ohne Ende.

Leben ist:

> ➤ **absolute Seinsheit** einerseits (= Gott) und
> **absolute Seinsheit in ihrer Mannigfaltigkeit** (= Gott, der sich erfährt).

> ➤ Gott erfährt sich, indem er sich als Erscheinungen des Lebens ausdrückt und somit wahrnehmbar (sichtbar, fühlbar, hörbar ...) ist (= absolutes Leben).

> ➤ Der Mensch existiert und bewegt sich innerhalb dieses absoluten Lebens, indem er »Schatten – als Phänomene des Lebens« kreiert und diese in die Welten der Getrenntheit wirft (Erfahrungen).

> ➤ So formt er Raum und Zeit.

> ➤ Die Unendlichkeit der Zeit endet somit in der Gegenwart, die Grenzenlosigkeit des Raumes im kleinsten und im größten Detail zugleich.

> ➤ Ein Mensch, der in diesem Bewusstsein lebt, erfährt die Auflösung des Bogens zwischen Raum und Zeit. Er ist in der

Lage, den heiligen Gral in sich selbst zu finden, und wird zum Gefäß höchster Liebe und Weisheit.

➤ (›[...] weil die Liebe in mir niemals ausgeht.‹)

Geht eine Seele, um ihr inneres Selbst auszudrücken, durch das Urbild des Menschen, so kreieren die verschiedenen Körper (Vier-Körper-System) einen logischen Ausdruck (also einen Körper, der der Schwingung der Seele entspricht) und geben dem Menschen seine Prägung und Form als derzeitige Persönlichkeit (also Charaktergrundzüge und Talentanlagen). Die derzeitige Persönlichkeit ist sich ihrer selbst gewahr. Sie erkennt sich also als Peters, Marias oder Pits Persönlichkeit. Das ist Selbstgewahrsein innerhalb der Grenzen von Zeit und Raum.

Das reine Selbst jedoch als LEBEN (reines heilig-geistiges Bewusstsein) innerhalb des Absoluten und ›ewigen Jetzt‹ ist der Vorstellung von Zeit und Raum nicht unterworfen, also UNSTERB-LICH.

(›[...] weil die Liebe in mir niemals ausgeht. Darum bin ich schon so alt wie die Welt.‹)

Das **reine Selbst** ist also **die permanente Persönlichkeit** – im Gegensatz zur derzeitigen Persönlichkeit.

Pit ist sich seiner permanenten Persönlichkeit gewahr. Die permanente Persönlichkeit ist nicht das vermeintliche ›ICH‹ (die derzeitige Persönlichkeit) eines Menschen.

Wenn der Mensch sich bewusst wird, wer er ist (nämlich Geist beziehungsweise Bewusstsein), und wenn er sich bewusst wird, dass er in Wahrheit nicht das ist, was er zu sein glaubt (sein Körper, sein Ich, seine Wünsche, seine Gedanken ...), dann befindet er sich bereits auf der ersten Stufe des Ausdrucks seiner permanenten Persönlichkeit.

Die nie endende Liebe, über die Pit spricht, ist das ewige Bewusstsein im reinen Selbst. *(›[...] weil die Liebe in mir niemals ausgeht ...‹)*

Pit weiß, das Pit nur ein Name ist. ›Er‹ weiß, dass ›er‹ weder der Körper noch die Gedanken ist. *(›Ich BIN die Seele ...‹)*

Das ›frühe Kind‹ weiß stets darum. So begründen sich Aussagen wie: ›Nein, Tomaten mag ER nicht! SIE mag jetzt noch nicht schlafen.‹ Das Kind benutzt den von den Eltern gegebenen Namen beziehungsweise das damit in Zusammenhang stehende ›ICH‹ erst ab dem Zeitpunkt, ab dem die derzeitige Persönlichkeit stark genug ausgeprägt ist, um neben dem Selbst quasi ein eigenes Zimmer zu beziehen.

Die neuen Kinder erhalten sich eine Verbindungstür zum Selbst, die jederzeit geöffnet werden kann.«

Pit über den richtigen
und den falschen Gott

Pit: »*Es gibt einen richtigen und einen falschen lieben Gott. Der falsche liebe Gott verzaubert die Menschen, damit sie ihn nicht erkennen. Zum falschen lieben Gott muss man nur eine Stufe gehen. Zum richtigen lieben Gott muss man aber sieben Stufen gehen und die Schuhe ausziehen.*«

Anatol: »Der Mensch vertraut auf seine Fähigkeit, zwischen dem, was für ihn gut oder böse ist, unterscheiden zu können, anstatt dem Göttlichen zu trauen und in ihm zu ruhen. Das Leben lehrt ihn allerdings, dass vieles, das er anfangs für gut hält, sich als zerstörerisch erweist, wohingegen manche Dinge, die er für böse hält, sich zum Positiven entwickeln können. So macht sich der Mensch selbst zum Richter und behauptet aber zeitgleich, Gott sei der Richter.

Der Mensch verurteilt also Gott, wann immer Dinge geschehen, mit denen er nicht einverstanden ist.

Er blickt der Ursache für ein Geschehnis nicht ins Auge. Immer, wenn sich eine individuelle Vorstellung von Gut und Böse nicht mit den Empfindungen eines Gegenübers deckt, gibt es Streit, Krieg und Disharmonie.

Dies zeigt, dass es für die meisten Menschen keine absolute Realität des Guten gibt. Dies bedeutet weiterhin, dass dem Menschen jede Grundlage für (s)ein Urteil fehlt.

Das Essen der Frucht vom Baum der Erkenntnis ist in Wahrheit ein Symbol dafür, dass an dem Punkt, an dem

Gott einen einzigen Augenblick aufgehört hat zu atmen, das gesamte Universum gespalten wurde.

Durch diesen einen einzigen verzögerten Atemzug Gottes wurde das geistige Prinzip (der Atem Gottes, der Heilige Geist, das belebende Element) vom physischen Prinzip (der Materie) getrennt.

(›Es gibt einen falschen und einen richtigen, lieben Gott.‹)

Den größten Teil der Energie verschwendet der Mensch also, indem er sich dem niederen Aspekt des Seins zuwendet, um das zu erreichen, was **er** für gut hält.

Sei es materielle Sicherheit, Gesundheit, Anerkennung oder Ähnliches. Er kämpft verbissen darum und vergeudet Energie.

Er dreht sich im Kreis, und wenn er dann völlig erschöpft am Boden liegt, beschimpft er Gott wegen der ganzen Ungerechtigkeit, die ihm widerfahren ist. Der Mensch selbst wendet sich selbst den niederen Bereichen des Seins zu und bemerkt nicht einmal, dass genau dadurch sein Leid erst verursacht wird.

Er übersieht also, dass seine Bemühungen Energieverschwendung sind, die ihn vom Göttlichen fernhalten. Er lebt und bewegt sich klagend immer nur an der Oberfläche, doch Gott wohnt in der Tiefe.

(›Der falsche liebe Gott verzaubert die Menschen, damit sie ihn nicht erkennen.‹)

Gleichsam vergeudet der Mensch eine enorme Menge an Kraft und Sorge damit, sich vor dem zu fürchten, was er selbst für böse hält. Diese Geisteshaltung ermöglicht es dem Wesen Mensch, in seiner vermeintlichen Unabhängigkeit Gott zu spielen. (**Das meint Pit mit der Aussage, ›es gibt einen falschen lieben Gott‹.**)

Ihr kennt den falschen lieben Gott, wie Pit ihn nennt, auch unter Namen wie Satan oder Versuchung. Immer handelt es sich jedoch um den falschen lieben Gott IN euch. Das ist sehr wichtig! Zu diesem Gott, zu dem falschen lieben Gott, müsst ihr nur eine einzige Stufe gehen. Diese Stufe beschreitet ihr zu Beginn eures aktuellen Lebens, nämlich durch eure jeweilige Geburt.

Die Geburt stellt IMMER das Eintreten durch ein Tor dar. Mit der Geburt seid ihr, egal, wo ihr zuvor wart, immer auf der Stufe eins. (*Zum falschen lieben Gott muss man nur eine Stufe gehen ...*)

Dort könntet ihr auch verweilen, doch die ewige Seinsheit (= Gott) hat euch eine tiefe Sehnsucht in die Herzensmatrix gelegt, so dass die Essenz eures Bewusstseins Entwicklung anstrebt. Entwicklung ist aber nur möglich, wenn ihr dem falschen lieben Gott, wie Pit ihn nennt, den Rücken zukehrt.

Dies geschieht durch Einweihungen: sieben Stufen, Lebenscodes oder Schlüssel, die die Tore zum wahren Selbst und dadurch die Tore zu Gott öffnen. So kann der Mensch also auch innerhalb des Lebens mehrmals sterben, damit er schließlich auch innerhalb eines Lebens ›neu geboren‹ wird und irgendwann wieder eine weitere Stufe beschreiten kann. Jede Geburt bedeutet das Eintreten durch ein Tor, ein Tor Richtung Gott.

Die Tore, die Schlüssel, die Lebenscodes, die den Weg zu Gott weisen, zeigen sich aber nicht in den Ablenkungen, die das oberflächliche Leben bietet. Es erfordert einen Schritt, der nur aus dem Herzen heraus gesetzt werden kann, weil genau dieser eine Schritt einen heilsamen Pakt mit dem Göttlichen schließt und so zur Erlösung führt.

Wenn ihr nicht darauf besteht, Gut und Böse selbst zu definieren, und die menschliche Besessenheit nach Unabhängigkeit überwinden möchtet, dann benötigt ihr den Atem Gottes (Heiliger Geist).

Den Heiligen Geist in sich aufzunehmen bedeutet, das Materielle (die Schuhe) zurückzulassen und sich dem Geistigen zuzuwenden (Stufen zu steigen).

*(›Zum richtigen lieben Gott muss man aber sieben Stufen
gehen und die Schuhe ausziehen ...‹)*

Sieben ist die heilige Zahl der Schöpfung. Das Materielle tritt in
den Hintergrund, sobald die Kraft des Geistigen und damit die Kraft
der Liebe wahrhaft im Herzen eines Menschen einzieht.

Durch diesen Prozess, der sechs weitere innere Geburten (Einweihungen) beinhaltet (weitere Stufen, die man steigen kann), wird
es dem Menschen schließlich möglich, in der grenzenlosen, göttlichen Güte zu ruhen. (Insgesamt sind es also sieben* Geburten, denn
auch der Reiseantritt in jedes Leben erfolgt durch eine Geburt, die
mitzurechnen ist.)

Den richtigen lieben Gott in sich selbst wahrzunehmen und in
ihm und mit ihm zu leben, dies entspricht der Entdeckung des heiligen Grals im Menschen. Damit einher geht ein Prozess der Transformation, bis der Mensch schließlich zu einem Gefäß der
höchsten, überfließenden Liebe wird.

Den Prozess der sieben Stufen abzuschließen ist für den Menschen nicht innerhalb eines einzigen Lebens möglich. In der ewigen
Persönlichkeit speichert er die Eindrücke und Erkenntnisse, die in
Form von leisen Ahnungen in der derzeitigen Persönlichkeit immer
wieder die Erinnerung darüber wecken, dass es im Prozess des Lebens ein paar ganz wichtige Knöpfe gibt, die gefunden und richtig
gedrückt werden möchten.«

---

* Innerhalb der sieben Einweihungscodes/sieben Grundstufen gibt noch zwei »Meisterstufen« (Jesus, Budda
  oder Hermes gebiert sich im Menschen und findet zur Vollendung).

Pit über Gott, der ist, wie er ist – nicht, wie der Mensch ihn will

---

Pit: »Das, was wir wollen, ist Gott nicht.«

Anatol: »Diese Aussage von Pit ist in vielerlei Hinsicht sehr wichtig, und ich möchte euch dazu anhalten, selbst über diese Aussage nachzudenken.

Ihr werdet viele tiefe Wahrheiten in diesem einen Satz finden!

›Das was ihr wollt, ist Gott nicht.‹ Ruft euch diesen Satz immer wieder ins Gedächtnis, besonders dann, wenn ihr etwas unbedingt haben WOLLT. Gott als das SOG-Prinzip (liebevolles »Geschehen-lassen«) steht eurem »Wollen« (das egoistische »Druck-, Schiebe- und Rückstoß-Prinzip«) gegenüber.

Solange der Mensch glaubt, irgendwelche Rechte zu haben, wird es ihn immer wütend machen, wenn er diese Rechte nicht bekommt, auch wenn es Gott selbst wäre, der ihm sein Anrecht scheinbar verwährt.

Liebe hat jedoch nichts mit Recht zu tun. Gott beschützt den Menschen, weil er ihn liebt, nicht weil es das Anrecht des Menschen ist, beschützt zu werden. (›*Das, was wir wollen, ist Gott nicht.*‹)

Anrechte sind das, worauf Individuen beharren, um sich in ihren Beziehungen nicht mit dem eigenen Schatten auseinandersetzen zu müssen. Wenn der Mensch aufhört, selbst Richter über Gut und Böse sein zu wollen, kann er IN Gott eintreten. Dieses Aufgeben fällt ihm jedoch sehr schwer, weil es auch bedeutet, dass in manchen Fällen das Gute darin bestehen könnte, krank zu werden, jemanden zu verlieren oder arbeitslos zu werden.

Die Wahrheit jedoch ist, dass die Sicherheit, die Identität und das Wissen darum, was ›gut‹ und was ›böse‹ ist, ausschließlich IN Gott zu finden sind.

> Die göttliche Weisheit drückt sich durch die geistigen Gesetze aus:
>
> • Sie sind ewige Elementale (= Gedankenformen) der Weisheit.
>
> • Sie kommen aus dem reinen Gottesbewusstsein selbst.
>
> • Sie beinhalten etwa das Gesetz von Ursache und Wirkung, von Resonanz und vielem mehr.
>
> Niemand kann den Pfad in das Licht gehen, ohne die kosmischen Gesetze einzuhalten. Wenn ihr euch auch noch so sehr in Sicherheit wiegt, nur mit den lichten Wesen verbunden zu sein, sobald ihr voller Hass, Ärger oder Wut seid, verbindet ihr euch mit dem Dämon der Finsternis. Sein Name ist Hass. Sein Name ist Ärger. Sein Name ist Wut. Seid ihr eifersüchtig, geht ihr einen Pakt mit den dunklen Mächten der Eifersucht ein. Ihr knüpft die Zornesfäden der Eifersucht an das Gitternetz eurer Gedanken und erschafft somit ein Muster, das sich nach außen fortsetzt und erneut Energien der Eifersucht anzieht.
>
> Dies ist ein Gesetz, dem niemand entkommt. Der erste Schritt zur Reinigung bedeutet also, dass ihr euch all eurer Eigenschaften – und ganz besonders jener der Schattenwelt – gewahr werdet.

Wenn dem Menschen das Bild der Stufen – von dem Pit gesprochen hat – nochmals vor das innere Auge projiziert wird, wird dieses Bild ihn glauben machen, er müsse die Stufen hinaufsteigen, um zu Gott zu gelangen. Dem ist aber nicht so.

Gott ist außerhalb von »muss« und daher frei davon. Solange der Mensch seine Identität und Sicherheit in irgendetwas anderem außer in Gott zu finden versucht, spielt er Gott, ist es aber nicht. (›*Das, was wir wollen, ist Gott nicht.*‹)

Eine Frau, die Sicherheit in einem Mann sucht, wird immer wieder erfahren ›dürfen‹, dass kein Mann sie tragen kann. Sie wird immer mehr und mehr Beweise für die Liebe ihres aktuellen Partners verlangen, weil sie sich nicht von ihm getragen fühlt - egal, was dieser auch tut. Verstehe Mensch, dieses Konzept schlägt immer fehl. Es geht nicht! Der Mann ist dazu nicht bestimmt. Es ist nicht seine Aufgabe. Ein Ehemann kann die Versäumnisse eines Vaters nicht nachholen, da er ja der Ehemann und nicht der Vater seiner Frau ist.

Dasselbe gilt für den Mann, der meint, dass sein Erfolg, seine Arbeit ihm Identität geben. Er wird in sich erleben, dass dies nicht möglich ist. Das Burn-out-Syndrom ist in Wahrheit nur die Sehnsucht nach wahrer Sicherheit und Identität. Der Weg heraus ist die Umkehr - so wie Jesus es schon immer ausgedrückt hat. Der Mensch bräuchte sich nur wieder Gott zuzuwenden - er muss nur die Stufen seines eigenen Stolzes **hinuntersteigen** und zurückkehren.

Allein weil es dem Menschen wie ein Rückschritt erscheint, wenn er Stufen **hinuntersteigen** soll, fällt es ihm so schwer, sich dem, wonach er sich in Wahrheit sehnt, zuzuwenden. Sich Gott zuzuwenden bedeutet nämlich auch, alle Machtspiele und Manipulationsversuche aufzugeben.

Das fällt dem Menschen schwer. Für die innere Kraft jedoch ist es leicht. Es ist leicht, jedoch nicht einfach, solange ihr euch vom ›falschen lieben Gott‹ anhimmeln lasst.

(›**Das, was wir wollen, ist Gott nicht.**‹)«

Pit über die Wölfe:

Rationale und eingebildete Ängste

Pit: »Manchmal sehe ich Wölfe hinter Menschen lauern. Hinter mir ist auch manchmal ein Wolf her. Er verfolgt mich oft im Traum. Nicht jeder Wolf ist gleich groß. Sie können grau sein oder schwarz. Den grauen Wolf kann man sich ansehen. Seine Augen sind nicht so böse, wie man glaubt.«

Anatol: »Pit spricht hier von den Ängsten der Menschen. Die verdrängten Ängste treten oft im Spiegel des Traums an die Oberfläche und beeinflussen das subjektive Erleben des Menschen mit verstärkter Kraft. Wenn Pit von unterschiedlich großen oder verschiedenen Wölfen spricht, bezieht er sich auf zwei Aspekte der Angst. Es gibt einen wichtigen Unterschied zwischen Angst und Angst: Den größten Teil der in Wahrheit nicht vorhandenen Zeit richtet der Mensch seine Aufmerksamkeit auf die sogenannte ›Vergangenheit‹ und angstvolle Situationen, die er erlebt hat. Ebenso vergeudet er viele Gedanken und Sorgen darauf, was die ›Zukunft‹ bringen könnte. Das Verweilen der Göttlichkeit beim und im Menschen kann jedoch **nur** in der Gegenwart geschehen.

Das Göttliche IST die Gegenwart, nicht die Vergangenheit und auch nicht die Zukunft.

Meist malt sich der Mensch ein von Ängsten diktiertes Zerrbild seiner Zukunft. In dieser Verfälschung kommt Gott meist gar nicht oder nur sehr selten vor. Dieses Gemälde spiegelt den verzweifelten Versuch, etwas zu kontrollieren, über das der Mensch keine Kontrolle hat. (›_Manchmal sehe ich Wölfe hinter Menschen lauern._‹)

85

Es ist unmöglich, Macht über die Zukunft zu erlangen,
weil die Zukunft überhaupt nicht real existiert. Wer die
Zukunft vorhersagt, spricht in Wahrheit nur die künftige
Vergangenheit aus.

Zukunft ist lediglich die Summe aus einer ›getroffenen
Auswahl‹ von bereits niedergeschriebenen und festge-
haltenen Wahrscheinlichkeiten, welche jedoch erst
durch die Kraft der Gegenwart addiert werden können.

Wisse jedoch, die einzelnen Posten für die Addition
stehen immer schon geschrieben.

Alles steht bereits geschrieben.

Der Mensch versucht also wieder, Gott zu spielen, indem er sich
vorstellt, dass das, wovor er sich fürchtet, Realität werden könnte.
Er versucht, dem vermeintlich Bösen sozusagen in die Augen zu
schauen, um zeitgleich Pläne zu ersinnen, wie er dieses Ungeheuer
besiegen könnte. Er möchte krampfhaft verhindern, dass jenes,
wovor er sich fürchtet, je eintrifft. So versucht er, sich gegen alle
Eventualitäten abzusichern, und vergisst dabei, dass das, wovor er
sich fürchtet, an Kraft und Macht gewinnt. Seine Ängste werden
also größer und größer, je mehr Sicherheitsvorkehrungen er trifft.
Warum tut der Mensch das?

Weil er nicht an das Göttliche glaubt und nicht weiß,
dass Gott – die Drei-Einheit – ihn liebt. Solange der
Mensch in der Furcht lebt, findet er keine Geborgenheit,
keine Sicherheit und keine Freiheit in der höchsten Liebe.

Dies alles betrifft die eingebildeten Ängste. Vor allem aber bezieht es sich auf alle Projektionen von eben jenen eingebildeten
Ängsten in die eigene Zukunft. *Also auf alle ›Was passiert, wenn ...‹*
und ›Damit ich sicher bin vor ... muss ich doch ... damit ich nicht ...
sonst ...‹

(›Hinter mir ist auch manchmal ein Wolf her. Er verfolgt mich oft im Traum. Nicht jeder Wolf ist gleich groß. Sie können grau sein oder schwarz.‹)

In dem Maße, in dem der Mensch solchen Ängsten (den schwarzen Wölfen) Raum in seinem Leben gibt, verdrängt er die Existenz eines ihn liebenden Vater-Mutter-Geist-Sohn-Gottes (einer ihn liebenden Schöpfung) aus seiner Wahrnehmung.

Solche eingebildeten Ängste hindern das Individuum daran zu glauben, dass Gott gut ist. So wird es ihm unmöglich, tief aus dem Herzen zu wissen, dass Gott (die Schöpfung) ihn liebt.

Anders hingegen verhält es sich mit rationalen Ängsten vor realen Gefahren.

Diese Ängste empfindet der Mensch, weil die innere Weisheit in ihm Alarm schlägt.

So eine Angst bringt zugleich Mut hervor, da die Furcht in diesem Fall ein Gefühl ist, das an die Herzkraft angeschlossen ist, und keine Emotion, die ohne Verbindung zum Göttlichen existiert.

> Es ist wichtig, diesen Unterschied zu begreifen und auf rationale Ängste angemessen zu reagieren. Indem du auf deine inneren Warnsignale hörst und beispielsweise eine Mitfahrgelegenheit nicht nutzt, wenn du im Inneren ›pochenden‹ Widerstand spürst, gibst du dich der Weisheit deiner Führung hin und lebst nach den universellen Gesetzen. Dadurch bist du sicher. Du erfährst ihre kraftvolle Ordnung.

(›Den grauen Wolf kann man sich ansehen. Seine Augen sind nicht so böse, wie man glaubt.‹) In der Meditation kann das Individuum mit der Kraft der Konzentration die verschiedenen Energieformen kennenlernen. So wird es ihm möglich, die Energien der geistigen Helfer oder die Energie der inneren Weisheit von eingebildeten Ängsten zu unterscheiden.«

»Derjenige der den Glauben hat, besitzt auch den
göttlichen Mut, und egal, was er sieht – wie schwarz
oder dunkel es auch sei –, er wird hindurchgehen
und erkennen: In ALLEM ist GOTT!«

Botschaft aus dem Licht von Jesus

Pit über Seeleninkarnation ohne Babykörper

Pit: »_Wir können uns auch, ohne Baby zu sein, herwünschen (auf die Erde). Das habe ich schon oft gemacht. Aber ganz am Anfang können wir das noch nicht. Später dann ist es ganz einfach. Ich bitte den lieben Gott einfach darum:_ ›_Bitte, lieber Gott, schütze mich, und gib mir Wahrheit. Bitte schenke mir ein größeres Haus, damit ich nicht als Baby erwache, wenn ich zur Erde reise._‹

In diesem Leben bin ich auch zuerst Elli gewesen. Elli hält den Babykörper für mich auf, damit er nicht von anderen Lichtern besetzt ist, wenn ich erst später ankomme. Diesmal bin ich nur ein paar Minuten später, als der enge Raum schon vorbei war, gekommen. Elli gehört zu mir, Elli bin auch ich. Elli lebt jetzt auch schon wieder auf der Erde. Elli ist jetzt ein Babymädchen.«

Anatol: »Jede Seele besteht aus mehreren Sequenzen und kann sich beliebig teilen, um die Erfahrung zu intensivieren. Ihr nennt dies ›Seelenanteile‹. (›_Elli gehört zu mir, Elli bin auch ich._‹)

Einige Seelenanteile bleiben immer in den Lichtdimensionen und halten sozusagen das Gleichgewicht zu den hohen Dimensionen.

Manches Mal fungiert eine Seelensequenz als Platzhalter und bleibt nur für einige Jahre in dem heranreifenden Körpertempel. (›_Elli hält den Babykörper für mich auf, damit er nicht von anderen Lichtern besetzt ist, wenn ich erst später ankomme._‹) Die Platzhaltersequenz reist in die Lichtdimension zurück, sobald das entsprechende Seelenbewusstsein seine Verbindung mit dem Körper aufnimmt, oder verschmilzt mit der Hauptsequenz, sobald diese eintrifft.

Ihr sprecht dann von einem Seelenaustausch. Doch einen Seelenaustausch, wie ihr es versteht, gibt es in Wahrheit nicht. Alle Seelenbewusstseine sind ständig in Kontakt.

Während eurer nächtlichen Reisen, verbinden sich die verschiedenen Bewusstseine und tauschen sich aus. Jede Seelenfrequenz trägt die göttliche Schwingung und somit das ALLWISSEN, die ALLWEISHEIT und die ALLWAHRHEIT – also Gott in sich.

(›Ich bitte den lieben Gott einfach darum: ›Bitte, lieber Gott, schütze mich, und gib mir Wahrheit.‹)«

Pit über die »Phasianer«,
eine Lebensform außerhalb unseres Universums

*Pit: »Es gibt nicht nur **Menschen** auf den ›festen Straßen‹, son-
dern auch ›die anderen‹. Die anderen leben auch auf ›festen
Straßen‹, aber diese festen Straßen sind nicht auf der Erde.
Menschen können da aber nicht hin.*

*Auf diesen festen Straßen leben auch die Phasianer. (Anmer-
kung: Die Schreibweise von Phasianer hat Anatol diktiert.) Die
Phasianer sind keine Menschen. Sie sind zwar auch irgendwann
gestorben, aber sie leben trotzdem noch.*

*Die Phasianer sind ganz alte Weisheiten. Sie wachen über die
heiligen Bücher. Sie wissen immer, ob Gott atmet. So wie das
Herz, wenn es schlägt, sagt, dass dieser Körper noch atmet, so
sagen die Phasianer der Welt: ›Gott atmet noch.‹ Es ist wichtig,
dass Gott immer atmet. Wenn Gott gähnt, dann ist das ziemlich ungemütlich, denn dann wackelt die Erde, und die Häuser
stürzen alle ein. Gott hat ziemlich viel Puste. Die Phasianer
bekommen ihre Kraft – so wie ja alles – auch aus dem Atem
von Gott.*

*Sie sind mit ihrem Licht ganz nahe bei Gott – dort wo ein
Mensch gar nicht sein kann, weil er ja sofort verbrennt, wenn
er so nah bei Gott ist. Die Phasianer sprechen mit mir in der
unsichtbaren Sprache. Ich mag diese Sprache, weil sie nicht so
laut ist.«*

Anatol: »Pit spricht von Lebensformen, die außerhalb der Erde
existieren. Die Phasianer sind eine Lichtgruppierung im kollektiven
Bewusstsein. Phasianer erleben sich nicht getrennt voneinander, sie
empfinden sich als ›Wir‹.

Die Phasianer existieren dicht unterhalb der dritten
Sphäre. Phasianer verfügen über göttliche Weisheit,
sind aber kein Engelbewusstsein, da sie die Möglichkeit
zur Inkarnation besitzen.

Sie gehören zu den sogenannten Eingeweihten*. Während sämtlicher wichtiger Zeitepochen inkarnieren Bewusstseinsstränge der Phasianer und verankern wichtige Frequenzen und Botschaften aus dem göttlichen Feld an den heiligen Plätzen der Welt, den sogenannten Toren der Weisheit. So gibt es vielerlei Ritzungen auf Felswänden, die nur mit der zweiten **Wahrnehmung**** zu entziffern sind.

Die Phasianer stehen in engem Kontakt zur Weißen Bruderschaft. Sie lehren den Menschen, die innere Weisheit anzuzapfen. Sie stehen in enger Verbindung zu allem Bewusstsein und greifen auf Informationen aus allen ›erfahrbaren‹ Zeitschichten zurück. Das bedeutet, dass ihr Bewusstsein große Teile der Akasha-Chronik verinnerlicht hat. *(›Die Phasianer sind ganz alte Weisheiten.‹)*

Das Bewusstsein der Phasianer ist direkt mit den Informationen aus der Quelle verwoben. Sie wachen über die Akasha-Chronik und sind zuständig für die Uploads, von denen bisher erst wenig in euren Ebenen berichtet wurde. Alles, alles steht geschrieben.

---

* Neben den bekannten Hochkulturen Ägyptens gehört das alte Indien zu den bedeutendsten frühen Hochkulturen der Menschheit. In seinem Schoße ruhen weit mehr als 7000 Jahre altindische Geschichte – von den frühen Kulturen des Industals mit ihrer bis heute nicht entzifferten Schrift über die vedische Kultur bis zum letzten antiken Großreich, das um 500 n. Chr. im Hunnensturm untergegangen ist. Wenn ich an die vedische Kultur denke, spüre ich energetisch eine deutliche Verbindung zu den Phasianern. Siehe auch Anhang 2 – Seite 270.

** Anatol hat mir erklärt, dass die zweite Wahrnehmung durch Deaktivierung des normalen Sehsinnes erreicht werden kann. Er vergleicht das Phänomen mit dem 3-D-Blick, mit dem der Mensch in »gewisse Fenster« (3-D-Bilder) sieht. Mit eben jenem Blick seien diverse Ritzungen zu lesen. Ritzungen an Felswänden seien Codes, die bestimmte energetische Prägungen aufweisen. Diese energetischen Prägungen seien nur mit der zweiten Wahrnehmung zu lesen, da sie wichtige Informationen bergen, die nur für höheres Bewusstsein – »Einweihungsbewusstsein« – gedacht sind. »Der/die Eingeweihte besitzt Makellosigkeit und Weisheit. Er wendet die Kraft der Stille an und verfügt über die Gabe des Schweigens.«

Während bestimmter Zyklen kann es vorkommen, dass Gott – die absolute Seinsheit – aufhört zu ›atmen‹. Wenn das geschieht, spricht das Universum von einem ›heiligen Moment‹.

Jeder ›Atemzug‹ Gottes ist eine Ausschüttung von Informationen. So wie das menschliche Gehirn Signale aussendet, die den Körper – die Materie – lebendig, also im Fluss erhalten, sendet die höchste Quelle Informationen, die den Geist nähren beziehungsweise Heiligen Geist und lebendigen Äther bilden.

Auch ihr Menschen schüttet Informationen aus, die in gewisser Art und Weise ebenfalls auf die Akasha-Chronik einwirken, jedoch in anderer Intensität. Der Atem Gottes ist der Äther, der allem Leben zugrunde liegt. Wenn Gott einen Atemzug auslässt, fehlen Myriaden an Informationseinheiten, die den Äther prägen.

(›Sie wissen immer, ob Gott atmet. So wie das Herz, wenn es schlägt, sagt, dass dieser Körper noch atmet, so sagen die Phasianer der Welt: ‚Gott atmet noch.‘‹)

Auch die höchsten Wesenheiten im Feld Gottes wissen nicht, wann und ob die Seinsheit als Quelle und Erhalter der Schöpfung erneut den Atem anhält. Doch wenn ›Gott‹ für einen heiligen Moment aufhört zu ›atmen‹, muss die Akasha-Chronik und alle damit in Verbindung stehenden ›geistigen Datenquellen‹ einem Upload unterzogen werden.

Diese Uploads betreffen auch die phasianischen Ritzungen auf Felswänden, deren wahrer Inhalt nur mit dem sogenannten Tiefenblick geschaut werden kann. Die Phasianer sind für diese Uploads zuständig. Auch in unseren Sphären gibt es wenige Informationen zu diesen Uploads. Die Botschaften, Frequenzen und Energien, die die Seinsheit in die Welten pulst, halten alles aufrecht. Sie verknüpfen alles miteinander.

Sie sind der Urstoff, aus dem alles ist. Alles ist aus demselben, doch dasselbe ist anders in sich. Das bedeutet vereinfacht, dass alles aus Äther, dem Urstoff, geformt ist, doch dass der Urstoff je nach

Frequenz und Schwingung verschiedene Formen oder Festigkeiten annehmen kann. Würde die höchste Quelle aufhören, ihre Energie in die reale Welt fließen zu lassen, würde die Welt allmählich verschwinden. (›*Wenn Gott gähnt, dann ist das ziemlich ungemütlich, denn dann wackelt die Erde, und die Häuser stürzen alle ein.*‹)

Menschen, die in der Lage sind, die Akasha-Chronik zu lesen (so wie viele Diamantkinder), besitzen, wenn ihre Schwingungsfrequenz hoch genug ist, auch die Gabe, telepathisch Verbindung zu den Phasianern aufnehmen. Die Phasianer kommunizieren über Telepathie und anhand bestimmter Schwingungsfrequenzen.«

Pit über Gefühle und Emotionen

Pit: »_Manche Menschen sind, wenn sie sprechen, von schmutzigem Nebel umgeben. Der Nebel kommt schon, bevor ich die Worte hören kann. Dann schauen diese Menschen gar nicht schön aus. Dieser Nebel hat auch einen komischen, stinkigen Geruch. Er kommt immer wieder zu dem Menschen zurück, der ihn gemacht hat. Dann riecht er noch stinkiger. Der Nebel findet den Menschen, von dem er kommt, durch diesen komischen Geruch (Duftspur)._
Anders ist es, wenn bunte Lichtfunken aus dem Herzen kommen. Das ist etwas anderes und sieht sehr schön aus. Diese Menschen sind liebevoll. Da riecht es gut. Das ist so, weil dann die Engel da sind. Die Engel riechen alle sehr gut.«

Anatol: »Neben eurem materiellen Herzen gibt es auch noch euer wirkliches Herz. Dieses Herz steht in direkter Verbindung zur Quelle selbst, zum universellen Bewusstsein, zum höchsten Licht, zur Essenz der Liebe.

Emotionen (›_schmutziger Nebel mit stinkigem Geruch_‹) gehen nur durch das materielle Herz. Da sie das wirkliche Herz nicht berühren, stehen sie auch **nicht in Verbindung zur höchsten Kraft**, zur göttlichen Liebe. Emotionen kreieren in Zusammenwirkung mit Gedanken Elementale.

Im Gegensatz zu Gefühlen, die mit dem höchsten Licht in Verbindung stehen, sind Emotionen abgeschnitten vom Licht. Es ist wichtig zu wissen, dass es einen Unterschied gibt zwischen Gefühlen und Emotionen. Emotionen entstehen durch Abwesenheit von Liebe. Sie kommen also immer aus der Angst. Gefühle stehen immer in Verbindung mit Liebe, auch wenn sie ebenso wie eine Emotion zu Tränen führen können, ist ihre Essenz die Liebe.

Emotionen rütteln den Menschen durch und können ihn ganz einfach aus seiner Mitte katapultieren. Sie unterbrechen die Verbindung zur Quelle. Sie kappen den Draht zur Tankstelle der Liebe.

Emotionen können sehr lange im energetischen Feld des Menschen verweilen und dort für Chaos sorgen.

Immer dann, wenn Emotionen jene Kräfte sind, welche die Gedanken beschallen, entstehen negative Schwingungen ohne Liebe.

Jeder emotional geprägte Gedanke bildet ein emotionales (negatives) Elemental. Dieses bekommt eine Form und eine Farbe und ist für hellsichtige Menschen sichtbar.

(›Manche Menschen sind, wenn sie sprechen, von schmutzigem Nebel umgeben.‹)

So entstehen Gedankenformen von Leidenschaft, Neid, Hass und so weiter. Wenn ein Mensch, der solche Elementale erzeugt, sie auch nicht wahrnimmt, sie also nicht sehen kann, er steht doch unter ihrem Einfluss, weil sie in seinem Unterbewusstsein weiterwirken.*

Würde der Mensch die Elementale, die er im Laufe seines Lebens produziert, sehen, er wäre angesichts dieses hässlichen Bildes sehr erschrocken! Auch in der Nacht, wenn ein Mensch weiterhin in der Frequenz seiner Emotionen schwingt, produziert er Elementale. Die Lösung besteht darin, sich ins göttliche Bewusstsein zu versenken und die Emotion in ein Gefühl zu verwandeln.

Jedes einzelne Wort, das aus emotionalen Gedanken entsteht, ist ebenfalls mit derselben negativen Energie der Emotion, aus der es kommt, ummantelt. Unreine Gedanken, niedere Emotionen lösen also ebenso Sinnesempfindungen aus wie reine und liebevolle Gedanken (in diesem Fall: Geruchssinn). Es ist also auch möglich, die

---

* Siehe auch *Dein Lichtgewand*, Seite 57, ›Elementale und Engelselementale‹.

Qualität der Gedanken mit dem Geruchssinn zu erkennen. Es riecht gut, oder es riecht schlecht ...

(›Manche Menschen sind, wenn sie sprechen, von schmutzigem Nebel umgeben. Der Nebel kommt schon, bevor ich die Worte hören kann. Dann schauen diese Menschen gar nicht schön aus. Dieser Nebel hat auch einen stinkigen Geruch.‹)

> In der inneren Mitte ist der Mensch immer angebunden an sein wirkliches Herz und somit in Kontakt zur Quelle.
>
> In der eigenen Mitte – zentriert – ist der Mensch am Zapfhahn zum höchsten Licht, zur reinsten Form der Liebe.
>
> Die Quelle, das höchste Licht, ist in ihrer Essenz reine Liebe. Sie nährt über das wirkliche Herz. Sobald diese Schnittstelle durchtrennt wird (etwa indem ein Mensch in eine Emotion geht statt in ein Gefühl), fehlt die Verbindung zur Liebe.
>
> Gefühle stehen immer in Verbindung mit der Quelle. Sie gehen durch das materielle und durch das wirkliche Herz. Sie haben immer mit Liebe zu tun. Emotionen haben mit Angst zu tun (also mit der Abwesenheit von Liebe). Dies ist der Unterschied.

Der Nebel, den Pit sieht, besteht aus energetischen Schlacken, die durch Emotionen hervorgerufen werden und aus den durch jene Emotionen erschaffenen Elementalen.

Die Summe der Elementale bildet die derzeitige Persönlichkeit eines Menschen.

Die bunten Lichtfunken sind die flimmernden Frequenzlichtstrahlen des wirklichen Herzens, die die Energie der Liebe in sich tragen.«

Pit über Krampusse*

Pit: »*Manche Menschen haben gruselige Krampusse auf den Schultern sitzen.*
Die schauen sehr gruselig aus und flüstern den Menschen in das Ohr. Die Krampusse können sich im Glas der Menschen verstecken, so dass man sie gar nicht immer sieht. Wenn ein Mensch so einen Krampus im Glas hat und ein liebevoller Mensch spricht mit ihm, dann wird der schmutzige Nebel im Glas durch die lieben Worte hell und farbig, und der Krampus muss kurz loslassen, weil er das farbige Licht nicht mag.«

Anatol: »Pit spricht hier ebenfalls von den Elementalen. Ganz speziell bezieht er sich auf die schlechten Elementale, die den Menschen in Form von Süchten in Besitz genommen haben und sich durch die Befriedigung der Sucht (Rauchen, übermäßiges Essen, Drogen) ernähren. So gewinnen sie immer mehr Kraft und Einfluss auf den Menschen. (*›Die schauen sehr gruselig aus und flüstern den Menschen in das Ohr.‹*)

Bereits Jesus hat zu euch über das Wesen der schlechten Elementale gesprochen. Er bezeichnete sie als die bösen Geister, die vom menschlichen Geist, aus dem menschlichen Körper kommen.

Wenn solch ein böser Geist aus und durch den Menschen selbst geboren wird, dann streift er rastlos umher mit der alleinigen Absicht, sich durch das Gesetz der Resonanz zu mehren und zu vergrößern.

---

* Anmerkung: Ein Krampus ist eine Schreckgestalt aus dem heidnischen Brauchtum und ähnelt in seinem Aussehen dem Teufel.

Schließlich – und dies ist ebenso Gesetz – muss er wieder zu seinem Sender, zu seinem Schöpfer zurückkehren, um sich dort zu manifestieren, um also zur Ruhe zu kommen und Erfüllung zu finden.

Doch auch wenn dies geschehen ist, bleibt der böse Geist existent. Er ist frei vom Zwang, sich aufzulösen, und rastet nur eine Weile, bis er schließlich wieder auf Wanderschaft geht – in immer noch derselben Absicht, die ihn einst ›beseelte‹.

Jeder emotionale Gedanke, den ein Mensch formt, ist eine Art destruktives Lebewesen, das irgendwann zum Erzeuger zurückkehrt …

Auszug aus einer Trancesitzung, die Anatol wiedergibt:
Ein Meister (Daskalos) spricht aus dem Licht über Elementale

Schon Jesus sagte, dass jeder böse Geist zu demjenigen zurückkehrt, der ihn geformt hat, und sieben weitere Geister, noch schlimmer als er, mitbringt, auch wenn er das Haus leer vorfinden sollte. (Also auch, wenn das ätherische Doppel zum Zeitpunkt der Rückkehr sauber und frei von bösen Gedanken ist.)

Es gibt viele unter euch, die von diesen Elementalen heimgesucht und besetzt sind. Diese Menschen glauben oft, sie würden von Dämonen gequält, und liegen förmlich am Boden, doch es sind ihre eigenen Elementale, die sie peinigen. Sie sind selbst verantwortlich – entweder für deren Erschaffung oder deren Wiederbelebung.

Der böse Geist findet den Weg zurück über die sieben Energiezentren (Chakren) im ätherischen Doppel.

Sobald der Geist eingetreten ist, ist der Mensch ›besetzt‹, beeinflusst oder besessen.

Die bösen Geister, die schlechten Elementale, haben
ihre eigene Intelligenz, die Intelligenz desjenigen, der
sie projiziert hat.

Wichtig ist, dass ihr bedenkt, dass das Gesetz der Resonanz
wirkt. Kein böses Elemental ist fähig, eine **reine** Person zu quälen
oder in sie einzudringen!

Der Mensch fungiert wie ein Magnet und zieht durch
seine Schwingung Elementale derselben Schwingung an.

Nur wenn die Schwingung eines Menschen nieder ist
(seine Gedanken unrein und verzerrt durch Emotionen
sind), kann ein entsprechend niederschwingendes
Elemental zu ihm kommen und Einlass ins ätherische
Doppel finden. Ihr könnt euch vor diesen Elementalen
nicht schützen, indem ihr vor ihnen Angst habt, sondern
indem ihr rein seid.

Achtet daher darauf, dass ihr gute, konstruktive
Elementale (Engelselementale) erzeugt, anstatt
schlechte, die euch selbst und auch andere (die auf
derselben Schwingungsrate wie diese Elementale
schwingen) quälen.

(›Wenn ein Mensch so einen Krampus im Glas hat, und ein
liebevoller Mensch spricht mit ihm, dann wird der schmutzige
Nebel im Glas durch die lieben Worte hell und farbig*, und der
Krampus muss kurz loslassen, weil er das farbige Licht nicht
mag.‹)«

---

* Anmerkung Anatols: Die Emotionen werden in Gefühle gewandelt, und Gefühle verursachen keine
schlechten Elementale, da sie an die Liebe gekoppelt sind.

Pit über vergangene Leben

Pit: »Ich weiß, dass ich nicht wirklich Pit bin. Ich bin eigentlich eine ziemlich schöne Farbe: Gold-Grün-Rosa und Anthalia. Ich habe aber viele Farbstrahlen. ›Anthalia‹ ist in allen Farbstrahlen und so alt wie die Welt. Ich bin schon oft gestorben und geboren. Ich war schon oft ein Mann auf der Erde. Ein paar Mal aber war ich auch ein Mädchen und später eine Frau. Ich war aber nie ein Tier. Trotzdem erinnere ich mich an viele Leben von Tieren. Manchmal erzählen sie mir davon. Die lustigste Geschichte ist von einem Frosch, der auf einem glitschigen Blatt saß. Er wollte eine Fliege schnappen, dabei hat es ihn selbst erwischt.

In echt sind die Tiere nicht mit uns verwandt. Sie haben irgendwie andere Farben als die Menschen. Ich schau mir gern die Tierfilme an und auch die Filme über die Erde. Es ist interessant, aber ein paar sehr wichtige Sachen sieht man in diesen Filmen einfach nie. Sie fangen irgendwie immer erst in der Mitte an und nie am Anfang. (Pit lacht.)

Manchmal weiß ich vorher, wenn ich sterbe, manchmal nicht. Wenn ich es weiß, dann ist Jesus bei mir, manchmal auch ein anderer guter Freund, zum Beispiel Josef. Dann schaue ich und sehe, was los ist. Einmal habe ich mit Jesus auf einem großen Stein gestanden und habe mit ihm hinuntergeschaut. Da bin ich gerade gestorben.

Taucher haben mich von einem Boot gestoßen. Sie haben ja nicht gesehen, dass ich gerade die Fische angeschaut habe. Da waren so viele schöne bunte Fische im Wasser. Ich konnte ja noch gar nicht schwimmen. Ich war ja noch zu klein. Dann wurde ich an den Strand gespült. Sie haben versucht, mich zu retten, aber da war ich ja schon tot. Ich hab mit Jesus am Stein *gestanden und alles gesehen. Das ist auch ein bisschen wie Film anschauen.*

Ein anderes Mal hat mich ein Tiger gefressen. Er hat nicht erkannt, wer ich war. Er hatte großen Hunger. Da bin ich zu schnell wieder zu Gott geflogen. Danach musste ich eine Weile ausruhen. Das ist so, wenn man zu schnell aus dem Glas fällt.«

Anatol: »Selbstverwirklichung bedeutet zu erfahren, wer ihr wart, seid oder auf ewig sein werdet. Aus diesem Grund meldet sich Jesus sehr oft mit den Worten ›Ich bin, der ich bin, der ich immer war und sein werde‹, wenn er zu den Menschen spricht.

Diese Worte lassen in eurem Inneren Wellen der höchsten Freude, des Friedens und der Liebe emporsteigen. Es entsteht eine Energie, die euch mit eurer wahren Natur als ewiges, individualisiertes GEIST-Wesen – endlos frei und zu keiner Zeit gebunden – verbindet. In den Wirkungsbereichen der Existenz (der irdischen Welt) ringt und erfahrt ihr euch als stetig sich verändernde Persönlichkeit.

Eine Persönlichkeit, der ihr Namen gebt wie Pit, Sarah oder Lea und die als ›derzeitige Persönlichkeit‹ eine irdische Ausdrucksform, den materiellen, psychischen und geistigen Körper*, bezogen hat, ist der vergängliche Teil des Menschen, und somit ist jeder dieser Körper, die ihr bewohnt, sterblich.

Die derzeitige Persönlichkeit wird aus all euren Gefühlen, Absichten und Gedanken, aus euren Verhaltensweisen und Wünschen zusammengesetzt.

---

* Materieller Körper (Ausdrucksform der materiellen Welt); psychischer Körper (Ausdrucksform unserer Gefühle); geistiger Körper (Ausdrucksform unserer Gedanken/Verstand – nicht jedoch Geist/SPIRIT, der unsere wahre Natur ist).

Sie ist eine Projektion der Seele und besteht aus all
euren Gefühlen, Absichten und Gedanken. Sie setzt
sich aus euren Verhaltensweisen und aus euren
Wünschen zusammen.

Dieser Teil der Seele schickt einen farbigen Lichtstrahl
ihres Selbst (= Anthalia laut Pit) in die Welten der
Existenz (absolutes Leben) und programmiert gemeinsam
mit den anderen Strahlen die ewige Persönlichkeit,
die sich an alle vergangenen Leben erinnern kann.

Pit nennt seine ewige Persönlichkeit ›Anthalia‹. Sie ist heilig-
geistig und enthält die göttlichen Gesetze. Sie bestimmt und überwacht jede Inkarnation und die Lebenserfahrungen der derzeitigen
Persönlichkeit.

Wie ein Schauspieler schlüpft die ewige Persönlichkeit in verschiedene Charaktere, um die jeweiligen Inkarnationen mit der derzeitigen Persönlichkeit zu spielen.«

Pit über den Geburtsengel

> *Pit:* »*Immer, wenn ich zur Erde fliege, um in einen Babykörper einzuziehen, dann muss ich durch einen engen Gang. Ich mag diesen Gang nicht, weil es dort so stickig ist. Aber da hilft mir immer ein Mama-Engel. Der Mama-Engel schenkt einem ein kleines Licht, und er nimmt die Angst, die man hat, weil man in dem Gang nicht weiß, wo der liebe Gott ist.*«

Anatol: »Der Vorgang der Geburt bedeutet für euer Bewusstsein einen Gang durch die Leere. Da in der Leere alles enthalten ist, ist eine Geburt stets ein großes Ereignis auf der Seelenebene.

Es gibt den Geburtsengel, eine Wesenheit, die das Seelenbewusstsein lenkt und dabei behilflich ist, wenn Teile des Seelenbewusstseins sich auf irdische Erfahrungsreise begeben.

Der Geburtsengel gehört zur Delegation der Weisheiten aus den Schulungsgalerien – jener Stätte des Wirkens, der auch der Hohe Rat des Lichts angehört und von wo aus ich (Anatol) zu euch spreche. In den Himmeln gibt es viele Ebenen, viele Stätten des Wirkens, viele Galerien. Viele verschiedene Tempel aus Äther, viele Plattformen, auf denen wir uns bewegen. Jede Galerie hat eine bestimmte Aufgabe. Man kann es vergleichen mit verschiedenen Werkstätten, so wie ihr sie auf der Erdenebene kennt. Doch die Stätten unseres Wirkens bringen nichts Materielles hervor, sondern sie bringen verschiedene Lichtquanten und Strukturen aus dem Herz der Quelle an die Oberfläche, und diese Frequenzstrukturen und Lichtquanten werden so lange abgestuft und umgeformt, bis sie sich auf Erden zeigen können und für euch fühlbar, spürbar oder hörbar werden. Es ist sozusagen Nahrung, die wir aus dem Atem Gottes produzieren – Nahrung für uns, Nahrung für euch. Nahrung und Energie für die Quelle, damit alles so funktioniert, wie es funktioniert. Jedes Licht kennt seinen Plan. **Der Geburtsengel ist – so wie wir alle – ein dienendes Licht.** Unser innerster Auftrag ist das Dienen – und wir lieben es zu dienen. Doch diese Strukturvorgabe ist auch etwas, das in euren Seelenenergien brennt. Auch in euren Seelenstrukturen ist das Dienen verankert. Ein heiliger Akt, der bewirkt, dass sich der Mensch dem Licht sehr nahe fühlt. Immer, wenn er sich ins Dienen begibt, ist er automatisch mit uns verbunden. Der Geburtsengel verankert zum Zeitpunkt der Geburt ein Implantat in der Lichtstruktur jenes Wesens, das zur Erde kommt. Er verankert den Impuls einer Botschaft, die den ›erwachenden‹ Menschen (die derzeitige Persönlichkeit) wissen lässt, dass alles, was in seinem Leben, in seiner scheinbaren Realität geschieht, seinem Wachstum dient. (›_Der Mama-Engel schenkt einem ein kleines Licht._‹) Nur so kann der Mensch in seiner Seelenstruktur unterscheiden, was seinem innersten Prozess dienlich ist und was nicht. Er wird Erfahrungen mit bestimmten Mustern so lange wiederholen, bis er entschieden hat, dass er diese Erfahrungen nicht mehr benötigt. Und schon wird er diese Erfahrungen nicht mehr machen müssen. Die Muster, jene Lücken, die in seiner Matrix genau jene Energien zulassen, die solche Erfahrungen in sein Leben ziehen, werden ausgelöscht. Der Geburtsengel hat also eine sehr wichtige Aufgabe.«

Pit über die Seele

Pit: »*In jedem Körper wohnt eine Lichtkraft. Sie gehört zu einer noch größeren Lichtkraft – der Seele. Ich bin eine Lichtkraft und wohne jetzt in diesem Körper. Ich habe keine Seele. Ich BIN die Seele und habe einen Körper! Ich schlafe nie. Wenn ich das meiner Mama erzähle, sagt sie immer: ›Du hast doch gut geschlafen, Pit!‹ Aber in echt schläft doch nur der Körper. Die Seele ist immer wach. Der Körper ist eine Sprache der Seele. Wenn die Seele zu Gott fliegt, dann braucht sie diese Sprache nicht mehr und lässt den Körper zurück. Gott atmet heilige Luft für uns. Gott atmet für die Seelen. Es ist wie mit dem Auto, das Benzin braucht zum Fahren. So brauchen wir die Luft vom lieben Gott. Indem wir zur Erde fliegen oder auch an andere Orte, helfen wir Gott beim Atmen.*«

Anatol: »Der menschliche Körper ist nur eine Hülle, ein Vehikel für das Seelenbewusstsein. Der Mensch neigt, wenn er gefragt wird, ob er eine Seele habe, dazu zu rufen: ›Ja natürlich, habe ich eine Seele!‹ Doch **er hat keine Seele. Er IST die Seele.** Das ist ein wichtiger Unterschied! Das ist es, was Pit unterstreichen möchte, wenn er sagt: ›*Ich habe keine Seele – ich BIN die Seele und habe einen Körper.*‹

Auf der materiellen Ebene ist der materielle Körper die Ausdrucksform der Seele. Das Seelenbewusstsein kommuniziert mit der derzeitigen Persönlichkeit über das Vehikel Körper und spiegelt Bewusstseinsfrequenzen und Botschaften auf eine Art und Weise, die das entwickelte und in sich wache Bewusstsein verstehen kann. So können höhere Bewusstseinsteile korrigierende Schritte einleiten.

In dem Augenblick, da der Mensch in die Welten der
Getrenntheit hinabsteigt, um zu leben und sich als ein
Teil Gottes zu erfahren, steigt das Seelenbewusstsein
(= Geist Selbst) die Stufen der formgebenden Über-
substanz (= Geist Gottes) hinab.

Jede Stufe kreiert eine andere Form. Das Geist-Selbst
kommt aus der formlosen Übersubstanz des Geistes.
Es nimmt einen Hauch der formlosen Übersubstanz
mit und bildet damit den Mentalkörper.

Niedere Schwingungen derselben formlosen Übersubstanz
bilden sodann den psychischen Körper, bis schließlich
noch dichtere Schwingungen den materiellen Körper
bilden. Somit ist also auch die Materie in Wahrheit Geist.
Je dichter die Schwingung, umso dichter die Materie,
welche durch sie gebildet wird. Die dichteste Schwingung
bildet den materiellen Körper. (›**Der Körper [Materie] ist
eine Sprache [Geist] der Seele.**‹)

Es ist also nur die Frequenz der Schwingungen, die verschieden
ist. Aber der Mensch selbst (die derzeitige Persönlichkeit, die er ist)
ist nicht formlose Übersubstanz des Geistes. Er benutzt sie, und er
kommt aus ihr.

Die menschliche Seele, kann man sagen, kommt aus
der Seele Gottes. Die Eigenschaft der ›Seele Gottes‹ ist
Selbsterkenntnis.
Damit das menschliche Seelenbewusstsein Selbsterkennt-
nis ausdrücken kann, benötigt es Geist (Geistsubstanz).
Gott erschuf Geist aus sich selbst, um sich auszudrücken
(sichtbar, wahrnehmbar zu machen als Phänomene des
Lebens).

(‹Gott atmet heilige Luft für uns. Gott atmet für die Seelen. Es ist wie mit dem Auto, das Benzin braucht zum Fahren. So brauchen wir die Luft vom lieben Gott. Indem wir zur Erde fliegen oder auch an andere Orte, helfen wir Gott beim Atmen.›)

So kann man einen bestimmten Zustand Gottes beschreiben, nämlich den statischen Zustand der absoluten SEINSHEIT (= den Schwingung erschaffenden Zustand Gottes):

Der statische Zustand Gottes erschafft Schwingung *(›Gott atmet heilige Luft für uns.‹)*, die sich in den verschiedensten Ausführungen der Materie spiegeln.

Indem Gott atmet, schafft er Geistsubstanz und nährt und formt (denkt) somit die Schöpfung.

Wenn der Mensch denkt, gebraucht er Geistsubstanz und formt somit den Ausdruck seines Lebens (indem er Elementale bildet/denkt).«

Pit über die verschiedenen Bewusstseinsfrequenzen

Pit: »*Ich bin wie ein Haus. Ich habe verschiedene Räume. Den Dachboden, den Keller, die Mitte. Ich kann zu jeder Zeit in jeden Raum. Alles, was in meinem Dachboden ist, ist auch sonst überall.*
Alles im Keller, ist auch sonst überall. Wenn ich mir einen Raum anschaue, weiß ich genau, was in meinem Haus los ist. Mein Haus ist in echt aber nur ein kleines Zimmer von einem größeren Haus. Dieses Haus ist aber auch nur ein Zimmer von einem noch größeren Haus. Und alle Häuser gehören in das Haus von Gott. Darum ist alles in uns.«

Anatol: »Da sich jede Seele aus Abstufungen der Geistübersubstanz (Geist Gottes) formt, macht sie das Göttliche zu einem Teil ihrer selbst, also zu einem Teil der Seele.

Die Substanz ›Geist‹ in ihrer Essenz ist die Weisheit Gottes, des Unendlichen. (›*Und alle Häuser gehören in das Haus von Gott. Darum ist alles in uns.*‹)

Im Menschen wirken das Überbewusstsein, das Bewusstsein und das Unterbewusstsein.

Alles, über das sich der Mensch gewahr wird, alles, was also in sein Bewusstsein steigt, wird an das Unterbewusstsein weitergegeben.

Aus dem Unterbewusstsein kann der Mensch eigentlich jede beliebige Information aus seinem Gedächtnis hervorholen und sich an all die Dinge erinnern, die darin gespeichert wurden.

(›Ich kann zu jederzeit in jeden Raum.‹)

Das Unterbewusstsein ist die Weisheit des Bewusstseins.

Es hat ein Eigenleben. Man kann dieses Phänomen am Prozess des Schwimmenlernens verdeutlichen: Angenommen, der Mensch lernt es, wenn er ein kleines Kind ist. Das Wissen darum geht nicht verloren. Es wird im Unterbewusstsein verankert und gespeichert. Jedes Mal, wenn der Mensch nun also ins Wasser steigt, um zu schwimmen, dann fließt das Erlernte aus dem Unterbewussten in das Bewusstsein, und der Mensch schwimmt.

Er schwimmt sozusagen ›unterbewusst bewusst‹. Das Unterbewusstsein und das Bewusstsein sind miteinander verbunden und beeinflussen sich gegenseitig.

(›Alles, was in meinem Dachboden ist, ist auch sonst überall. Alles im Keller ist auch sonst überall. Wenn ich mir einen Raum anschaue, weiß ich genau, was in meinem Haus los ist.‹)

Das Überbewusstsein ist die Weisheit des Göttlichen.

Überbewusstsein ist die parallele Erfahrung und das Erleben von vielen verschiedenen Eindrücken und Plätzen in einem einzigen Augenblick. *(›Und alle Häuser gehören in das Haus von Gott. Darum ist alles in uns.‹)*«

Pit über Karma

Pit: »Die Menschen schreiben immer Geschichten. Jede Geschichte kommt zurück. Wenn mich im Kindergarten ein Kind schubst, dann schubst es sich eigentlich selbst. Die meisten Kinder verstehen das aber nicht, auch dann nicht, wenn ich es ihnen sage. Alles kommt zurück. Sogar der Ärger. Wenn du dich ärgerst, kommt der Ärger zu dir zurück. Wenn du traurig bist, kommen die Tränen und das Gefühl der Tränen zu dir zurück. Alles kommt zurück. Wenn du ein wichtiges Kapitel in einer deiner Geschichten änderst, dann sieht Gott es sofort und ändert es auch in seinem großen ›Weisheitenbuch‹. Die Phasianer machen das für ihn. Sie schreiben alles nieder. Sie machen das schon immer. Daher sind sie auch die alten Weisheiten. Sie wissen alles.*

Wenn eine Geschichte sich ändert, bemerkt das der Mensch aber nicht, weil er sich nicht mehr daran erinnern kann, wie die Geschichte vorher ausgesehen hat. Für ihn ist es schon immer die eine Geschichte. Er kann sie selbst nicht lesen. Er schreibt sie nur. Das Leben liest die Geschichte für ihn. Aber das ist kompliziert, weil der Mensch das ja nicht merkt. Nur die Phasianer wissen es, weil sie ja auch alles aufschreiben. Sie können alle Geschichten lesen. Sie schreiben alle Geschichten mit. Es ist ein bisschen verzwickt, und so genau kann ich es nicht erklären, aber eigentlich ist es ganz einfach.« (Pit lacht)

Anatol: »Karma, wie ihr es versteht, entsteht durch die sich manifestierenden und wahr werdenden dunklen Teile jener Geschichten, die der Mensch selbst kreiert und schreibt, indem er wahllos Elementale erzeugt und seine Gedanken, Begierden und Emotionen weder beobachtet noch kontrolliert. **Positives Karma** ist das Ergebnis der positiven Elementale von ›vorangegangenen Leben‹. **Negatives Karma** ist das Ergebnis der negativen Elementale von allen vorangegangenen Leben. So wie sich jeder Mensch Karma im negativen Sinn aufbaut, kann er auch positives Karma aufbauen.

> Ihr erntet, was ihr sät, denn dieses ist Gesetz, und so steht es geschrieben.
>
> Werdet Meister über eure Emotionen.
>
> Werdet Meister über eure Gedanken.
>
> Werdet Meister über eure Begierden.
>
> Nur der, der sich selbst im Innen kontrolliert, ist wahrhaft frei von Kontrolle im Außen.
>
> Dehnt die Lehre über das Wesen der Elementale und deren Natur in den Bewusstseinsfeldern der Menschen aus, indem ihr diese Lehre an eure Kinder weitergebt. Ihr könnt die Schwingungen erhöhen, indem ihr Gedanken bildet mit höherer Schwingung. Denken bedeutet, die Substanz ›Geist‹, ›Heiligen GEIST‹ zu benutzen – ›denkt‹ daran!

Der sogenannte freie Wille ist in Wahrheit nicht so frei, wie viele Menschen vermuten. Alles steht bereits geschrieben, und dennoch hat der Mensch im Zuge seiner Lernaufgaben Zugriff auf das Feld der unendlichen Möglichkeiten. Wichtig in diesem Zusammenhang ist das Bewusstsein darüber, dass alles, was getan, gedacht oder gefühlt wird, irgendwo im göttlichen Feld einen Gegenabdruck hinterlässt. Der Gegenabdruck möchte sich wieder ausgleichen. Dies ist Teil der kosmischen Gesetze. So entsteht positives oder negatives Karma.

> In dem Augenblick, in dem ein Mensch seiner bereits niedergeschriebenen Geschichte eine positive neue Prägung

gibt und ein Gelegenheitsfenster am karmischen Weg nutzt – also Chancen ergreift –, kann er ›freigegebene Passagen‹ seiner Geschichte kreativ gestalten.

Da jeder Schritt, jeder Vorgang, jede Energie einen sogenannten Fingerabdruck hinterlässt, hinterlässt ALLES eine Art Prägung im göttlichen Feld.

(›Wenn du ein wichtiges Kapitel in einer deiner Geschichten änderst, dann sieht Gott es sofort und ändert es auch in seinem großen Weisheitenbuch.‹)

Der Weg der Wahrheit, der Vollendung und des Lichts bedingt die Einhaltung der kosmischen Gesetze. Die Gesetze sind Teil des Weges. Bereits Jesus sagte, dass er nicht gekommen sei, um die Gesetze zu ändern, sondern um den Menschen wieder an deren Einhaltung zu erinnern.

Das, was wahr ist, findet Gültigkeit, und nicht jenes, von dem der Mensch meint, es SEI wahr. So will es das Gesetz, und so steht es geschrieben. Ihr werdet die Wahrheit nur mit dem Herzen sehen können.«*

---

* Eine sehr wertvolle Hilfe in diesem Zusammenhang ist die Geschichte »Vom großen und vom kleinen Gott«, welche ebenfalls in diesem Buch im Kapitel »Lesezeit: Eine Geschichte für Diamantkinder« zu finden ist. Zudem ist aus dieser Geschichte ein wunderschönes eigenständiges Kinderbuch mit fantastischen Bildern einer Künstlerin und mit zugehörigem Hörbuch mit Liedern aus der Wirklichkeit entstanden. Beides sind kleine Schätze. Der Titel des Buches ist _Der große und der kleine Gott_. Pit liebt dieses Buch. Der wunderschöne, Engelselementale erzeugende Nebeneffekt ist, dass der gesamte Reinerlös dieses Kinder- beziehungsweise Hörbuches dem Waisenheimprojekt des Fördervereins _Kinder-Indiens_ zufließt. Mehr dazu lesen Sie unter www.kinder-indiens.at beziehungsweise www.kinder-indiens.com.

Pit über den Sinn des Lebens

Pit: »Unsere Aufgabe im Leben ist es, dass wir den Menschen und allen Wesen Liebe geben. Allen Wesen und allem Leben. Wir kommen immer wieder. Wir kommen, bis wir allen Menschen und jedem Wesen Liebe geben.

Ob den Großen oder den Kleinen, ob den Schönen oder den nicht so Schönen, ob den lieben Menschen oder denen, die nicht lieb sind. Was immer zum Beispiel einen Menschen klein macht [Anmerkung: Pit meint damit, was immer einen Menschen handicapt], was immer ihn von Gott trennt, es muss uns egal sein. Wir geben allen Menschen Liebe! Gott hat alle Menschen gleich lieb, und unsere Aufgabe ist es, wie Gott alle Menschen lieb zu haben: die lieben Menschen und die Diebe, die Freunde und die ›Nichtfreunde‹. Das ist eine schwierige Aufgabe, weil wir immer wieder vergessen, dass wir nur darum hier sind. Wir sind alles. Alles ist WIR.«

Anatol: »Vor jeder Inkarnation erwählt das Hohe Selbst zur Erfüllung der jeweiligen Lebensaufgabe verschiedene astrale Seelenbewusstseine aus unterschiedlichen Frequenzstrahlen. Aus dem mannigfachen Seelenbewusstsein formt sich eine Art Matrize. Es ist die jeweilige Matrix des Menschen – eine Blaupause, die einen Abriss des zeitweiligen Lebensplans für die zugeordnete Inkarnation in die Astralsphäre wirft.

> Die Dualität ist ein Raum, den das höhere Bewusstsein
> über den Spiegel der Erfahrung in die Welten der Ge-
> trenntheit wirft, um darin zu spielen. Die Illusion ist eine
> Projektion aus eben diesem Raum. Eine Projektion der
> Dualität – eine Projektion der Seele. Nur wenn die Illusion

gelebt wird, also erfahren wird, löst sie sich auf, da sie
den Blick Richtung Himmel hebt und die Tore der Seele,
die Spiegel offenbart. Hinter den Spiegeln sind die
Wahrheit und die Wirklichkeit.

Hinter den Spiegeln ist das ungebündelte Licht – die
reinste Form der Liebe.

Dieser Matrix übergeordnet ist die kosmische Matrix in der
Astralsphäre, in der jedes einzelne Hohe Selbst als eigenes Orna-
ment im ewigen Bauplan der Schöpfung verankert ist.

Die kosmische Matrix wiederum ist ihrerseits ein Teil des
Göttlichen. Je höher das Bewusstsein eines Menschen
entwickelt ist, je weiter die Seele schwingt, umso mehr
entspricht es der göttlichen Matrix, bis es schließlich zu
einem Abbild des Göttlichen, zu einem reinen Abbild der
Liebe wird.

Dieses Vorgehen findet Entsprechung auf allen Ebenen:

Das menschliche Bewusstsein verschmilzt mit dem göttlichen Bewusstsein und wird dadurch göttlich.

Göttlich im Denken, im Handeln und im SEIN.

Das göttliche Selbst ist reine Liebe und Licht in der höchsten
Reinheit, in der höchsten Form. Das Göttliche ist frei von Urteil,
frei von Erwartung, es ist ALLES liebend und ALLES einschließend,
so wie es ist.

Nur um dies zu erfahren und schließlich zum göttlichen Ursprung zurückzukehren (indem sich das Bewusstsein entwickelt),
tritt der Mensch die Reise in die Welten der Getrenntheit an. (› Un-
sere Aufgabe im Leben ist es, dass wir den Menschen und allen
Wesen Liebe geben. Allen Wesen und allem Leben.‹)

Die über die Matrize festgelegten und in die jeweilige Inkarnation mitgebrachten Seelenbewusstseine bleiben in den Astralkörpern (= ätherisches Doppel) der Menschen aktiv. Dort entwickeln sie sich, und zeitgleich entwickelt sich die derzeitige Persönlichkeit des Menschen, der sie zugeordnet sind, durch sie.

Das ätherische Doppel (Astralkörper) ist also der Träger der mitgebrachten Seelenbewusstseins-Einheiten.

Jede einzelne dieser Einheiten ist ein magnetisches Feld und zieht beständig ihr ähnlich Gedankenstrukturen (= Elementale) an.

Auf diese Weise macht sich einerseits der Bewusstseinsstand eines Menschen nach außen sichtbar, und andererseits formen sich dadurch dessen Verstandesbewusstsein und die Persönlichkeit.

Die Lebensaufgabe des Menschen ist die Verwirklichung des göttlichen Selbst im Selbst des geistigen Wesens ›Mensch‹.

(›*Was immer zum Beispiel einen Menschen klein macht, was immer ihn von Gott trennt, es muss uns egal sein. [...] Wir sind alles. Alles ist WIR.*‹)«

Pit über das Nichts

Pit: »_Der heiligste Ort ist das Nichts. Es ist wie ein großer, wundervoll leerer Raum. Dieser leere Raum ist in Gott drinnen. In Gott ist das Nichts. Gott selbst jedoch ist nicht das Nichts, er lenkt und liest es und sendet daraus seinen Atem._«

Anatol: »Das Göttliche arbeitet nach dem Sogprinzip. Wie ein großer Magnet zieht es das Leben, die Zustände und Prozesse in sein inneres Vakuum (das Nichts), befüllt sie mit Göttlichkeit und sendet diese Impulse wieder in die Unendlichkeit, atmet also weiter.

(›_In Gott ist das Nichts. Gott selbst jedoch ist nicht das Nichts, er lenkt und liest es und sendet daraus seinen Atem._‹)

Im Nichts, in der Leere ist alles enthalten, jeder Ton, jedes Wort. Das Nichts kann mit allem gefüllt werden und ist deshalb der heiligste aller Zustände. Das Nichts ist ebenfalls ein Seinszustand. Tiefe Meditation ist ein Weg, um in das Nichts einzutauchen.

Das Nichts lässt sich für euer Verständnis auch gleichsetzen mit einem überdimensionalen Hauptserver, der jede beliebige Software besitzt und mit dessen Hilfe man alle möglichen Programme downloaden kann. Der Hauptserver ist mit allen existierenden Arbeitsplätzen verbunden, ohne selbst dieser Arbeitsplatz zu sein.

Das Nichts beinhaltet also programmierbaren Hyperspace, quasi ein Feld im Feld Gottes. Ein Vakuum im Nichts, das ihr nutzen beziehungsweise programmieren könnt, indem ihr sozusagen eine gedankliche Kopie dieses Feldes in eurem innersten Zentrum visualisiert. Da alles Materielle immer auch ein Spiegelbild zum Universum ist, existiert der Hyperspace aus dem Nichts als identisches

Vakuumfeld zeitgleich im Herzen von Mutter Erde und kann somit auch in den Herzen der Menschen wirksam werden.

Das Kollektiv und dessen Bewusstseinshöhe programmieren diese sich ständig erneuernden Felder. Doch es ist das Göttliche, das den Menschen das Sogprinzip lehrt. Wann immer ein neues Feld, ein Hyperspace im Nichts entsteht, bewirkt dies einen Quantensprung im Bewusstsein, der alle Menschen trifft – jeden auf die für ihn vorgesehene Art und Weise. Die Entstehung eines neuen Hyperspaces bewirkt ein Aufheben der linearen Zeitstruktur, und dies ermöglicht den Zugang zu hohen Bewusstseinsebenen für alle.

Wichtig ist nur die eine Frage: Wie programmiert ihr das Vakuum im Feld der Erde? Welche Energie sendet ihr in das Vakuum im Nichts? Wie wollt ihr das Vakuum in euch programmieren? Das Sogprinzip ist das göttliche Prinzip, und der Wille Gottes trägt die Absicht, dass das, was eurer Bestimmung dient, euch findet. Ihr müsst es nicht suchen. Wenn der Mensch in das Fühlen geht, dann ist es wie das Sprechen eines Gebets. Es ist wie ein Gespräch mit dem Göttlichen.

Geht also in den Zustand dessen, WAS ihr sucht. Seid die Liebe, seid das Licht. Fühlt die Liebe und was sie in euch auslöst. Fühlt euch als Licht. So tretet ihr in Kontakt mit Gott. So erzeugt ihr ein kleines Nichts in eurem Inneren. So formt ihr ein programmierbares Vakuumfeld direkt in euch selbst. Durch Gefühl und Absicht, ja durch Gebet lässt sich all jenes im göttlichen Netz verankern, was der ›Magnet‹ in die Bewusstseinsstruktur des Menschen ziehen soll. Gott wird euch alles senden, was ihr sucht. Und das Gesuchte wird euch finden.«

KAPITEL 4

Das Diamantkind und die Tiere

Das im Grunde einzige existierende Bewusstsein ist das göttliche Bewusstsein. Auf dem Gebiet des allumfassenden, absoluten und unendlichen Bewusstseins hat sich der Mensch ein kleines Feld abgesteckt und so sein begrenztes »ICH« konstruiert.

Diamantkinder jedoch identifizieren sich als mit dem Göttlichen verwobenes Bewusstsein, und sie wissen, dass das göttliche Bewusstsein ganzheitlich ist und daher natürlich auch das Mineral-, das Pflanzen- und das Tierreich umfasst.

Dieses ganzheitliche Bewusstsein ist kein Geheimnis für die Diamantkinder. Sie sind Teil davon und erkennen sich als solchen. Sie haben ihr Bewusstseinsfeld Stück für Stück wieder erweitert und dadurch schließlich viele Grenzen aufgehoben. So haben sie Zugang zur Sprache der Tiere und der Pflanzen. Ja, sie können sogar mit der Steinwelt kommunizieren.

Pit deklarierte bereits im Alter von zwei Jahren die Steine als »Augen Gottes« und weihte sie, indem er mit ihren Kräften Heilsalben herstellte, deren Wirkung freigesetzt wurde, sobald man den geweihten Stein in die Hand nahm.

Er liebte es, Steine zu bemalen. Durch das Bemalen der Steine wird die Heilsalbe sichtbar für andere, hat er erklärt. Dabei hat er mit jedem einzelnen Stein gesprochen. Es gab für ihn keinen Unterschied, ob es sich um einen Kiesel- oder um einen Edelstein handelte. Jeder Stein ist eine sichtbar gewordene Ausdrucksform des Göttlichen. Jeder Stein erzählt eine Geschichte.

Genauso wie er mit den Pflanzen und den Steinen spricht, kommuniziert und befasst er sich auch mit den Tieren.

Pit unterteilt die Tiere dabei in drei Kategorien:

➤ **Die Freundtiere**
   Hund, Katze, Hamster, Ziege, Kühe ...

➤ **Die Tiere für das Gleichgewicht**
   Wale, Delphine, Bienen, die meisten Tiere des Waldes, die im Verbund leben ...

➤ **Die niederen Tiere**
   Stechmücken, Zecken, Parasiten, auch Viren, Bakterien und Keime ...

Die Freundtiere

Pit: »Die Freundtiere, das sind alle Tiere, die dem Menschen helfen. Sie dienen ihm, und sie erfreuen ihn. Meistens sind das die Haustiere, es können aber auch andere Tiere sein. Freundtiere können viele verschiedene Größen haben.

Manche Freundtiere haben eine ziemlich unsichtbare Hülle, und gar nicht alle Menschen können sie sehen. Die meisten kleinen Kinder sehen sie aber trotzdem, weil sie mit den unsichtbaren Augen schauen können.

Die Freundtiere mit den unsichtbaren Kleidern können sich in verschiedenen Welten aufhalten. Sie leben nicht auf der Erde. Doch in den Träumen kann man sie oft sehen. Sie sehen immer sehr schön aus. Zauberpferde (= Einhörner) leben zum Beispiel nur in anderen Welten, und trotzdem sind sie ganz liebe Freunde für die Menschen und helfen, wenn man sie ruft. Es gibt einen schönen Film, ›Yakari‹. Der Junge aus dem Film hat auch einen großen Zauberadler als Freundtier.

Neben den unsichtbaren Freundtieren gibt es aber noch die normalen Freundtiere. Also die normalen Freundtiere, die Haustiere oder wie man da meistens sagt, haben einen ganz normalen Tierkörper, und sie wohnen auch bei den Menschen, also auf der Erde. Diese Freundtiere sind mit den Menschen sehr eng verbunden und haben auch eigene Schutzgeister. (Pit lacht.)

Manche von ihnen sind sogar selbst so etwas wie ein Schutzgeist, ein Schutzgeist für irgendeinen Menschen. Dann sind sie aber meist nur ganz kurz auf der Erde. Sie leihen sich einfach eine Tierhülle aus. Sie helfen einem Menschen, und dann fliegen sie wieder zu Gott. Ich hab schon zwei Mal, vielleicht auch öfter, so einen Tier-Schutzgeist getroffen. Das war aber in einem anderen Leben.

Freundtiere können aber keine Menschenhülle haben. Sie waren nie ein Mensch und können auch nie ein Mensch werden, obwohl das manche Leute glauben. Doch so ist das nicht. Das geht nämlich nicht. Tiere kommen aus einer anderen Idee vom lieben Gott als der Mensch. Darum haben sie ja auch eine Tierhülle und keinen Menschenkörper.

Freundtiere sind einfach Freunde für die Menschen. Sie helfen ihnen und schenken ihnen ihre Liebe. Die Liebe der Freundtiere ist eine sehr warme und tiefe Liebe, die auch nicht ausgeht, wenn ein Tier stirbt. Diese Liebe kann man sehen. Es ist ein schimmerndes, zartes Licht mit ganz kleinen Mustern. Das Licht ist dann immer bei dem Menschen und aber auch bei dem Tier. Dann weiß man, wer zu wem gehört. (Pit grinst.)

In der geistigen Welt gibt es einen speziellen Ort (= ein eigenes Plateau) für die Freundtiere. Von dort aus können die Tiere, wenn sie wollen, ganz leicht Kontakt aufnehmen zu ihren ›Besitzer-Menschen‹ auf der Erde (zu ihren Lieben auf der Erde).

Sehr oft springen die Freundtiere (über dieses Plateau) und werden so wieder neu geboren. Dann kommen sie als ›neues Haustier‹ wieder zum alten Besitzer zurück. Dann ist es egal, ob sie vorher eine Hund- oder eine Katzenhülle hatten. Sie sind wieder mit dem Menschen, den sie auf der Erde lieb haben, vereint. Das ist aber nicht immer so. Es geht nur unter bestimmten Vorraussetzungen, die ich mir aber nicht gemerkt habe.

Manche Freundtiere dienen den Menschen sogar dadurch, dass sie kommen, damit die Menschen etwas zu essen haben. Die meisten Menschen verstehen nicht, was für ein Geschehen das in Wahrheit ist. Sie gehen achtlos mit den Tieren um und bedanken sich nicht für das Geschenk, das die Freundtiere bringen. Man darf Tiere nicht einfach nur so töten. Wenn der Mensch achtlos mit den Tieren ist, dann ist er auch achtlos mit der Erde. Er ist achtlos mit Gott. Man sollte lieber nicht achtlos sein.

Wenn ich mit meiner Mama einkaufen gehe, dann bin ich oft sehr traurig, wenn ich die vielen, vielen toten Fische sehe, die da in den komischen Schränken liegen. Die Fische sollten eigentlich schwimmen, die gehören gar nicht in diese Schränke hinein. Das ist gar nicht liebevoll von den Menschen.«

Die Tiere für das Gleichgewicht

Pit: »Die Tiere für das Gleichgewicht, das sind alle Tiere, die Gott in die Welt gesetzt hat, um das Gleichgewicht zu halten. Sie sind wie eine Geschichte, die den Menschen erzählt, wie es um die Welt steht. Die Bienen und die Schmetterlinge und auch die schönen Libellen, das sind Tiere des Gleichgewichts.

Wenn die Tiere des Gleichgewichts aus dem Gleichgewicht fallen, dann bedeutet das, dass auch die Menschen aus dem Gleichgewicht gefallen sind. Gott zeigt den Menschen durch diese Tiere, was los ist.

Doch die meisten Menschen verstehen diese Geschichte nicht. Sie hören gar nicht zu. Sie sehen nicht einmal hin. Man darf die großen Fische im Meer nicht töten. Die ganz, ganz großen Fische im Meer, die Wale, sind ja eigentlich gar keine Tiere. Sie sind ja eigentlich ganz liebe Engel, die im Wasser nach dem Rechten schauen. Sie singen ganz schöne Lieder, damit Gott sich freut und weiß, was da so los ist. Die Lieder geben dem Wasser die Kraft. Die Lieder der Wale sind für die kleine Erde wie der Atem vom lieben Gott für die große Welt. Wenn Gott atmet, sagt er der Welt ganz viele Sachen. Er erzeugt eine Kraft und sendet sie. Diese Kraft kommt dann in das Wasser, und die Wale wandeln diese Kraft mit den Liedern um. Es ist ungefähr so, wie wenn Gott etwas sagt, und die Melodie im Wasser, die die Wale machen, ist dann die Antwort an Gott.

Wenn das Wasser sehr schmutzig ist, weil die Menschen sehr lieblos sind, dann fehlt die Musik im Wasser. Die großen Fische können die Kraft, die Gott sendet, nicht mehr richtig umwandeln, und es geht so einiges verloren. Nicht in der großen Welt, aber auf der kleinen Erde. Die Engelfische können dann nur noch ein paar Töne summen, aber keine schöne Melodie mehr machen. Das macht das Wasser noch schwächer. Die Töne, die die Engelfische singen können, lösen nämlich die dunklen Nebelflecken im Wasser auf. Dann kann das Wasser wieder tanzen. Wenn das Wasser krank ist, dann soll man ihm ein schönes Lied vorsingen, damit wieder

Musik im Wasser ist. Ein Wasser ohne Musik ist kein Heilwasser. Heilwasser hat ganz viele verschiedene Töne, die sehr lustig springen können und tanzen, wenn man mit den unsichtbaren Augen schaut.

Die Menschen wissen das glaub ich gar nicht. Jeder einzelne Ton im Wasser gehört zu einem Engel oder einer Weisheit im Himmel und schenkt dem Wasser eine andere Kraft. Das Wasser ist eigentlich das Buch der Engel, in das sie ihre Lieder hineinschreiben. Wenn das Wasser krank ist, dann können die Engel nicht mit dem Wasser arbeiten, weil es sich die Informationen der Engel nicht mehr merken kann. Das ist ein bisschen verzwickt, aber eigentlich ist es babyleicht.

Wenn im großen Wasser, dort, wo die Wale wohnen, nur noch wenig Musik im Wasser ist, dann können die Engelwale keine starke Heilmelodie mehr daraus zaubern. Dann werden sie auch schwächer und können nicht mehr in der Tierhülle bleiben. Sie müssen dann zum lieben Gott fliegen und sich dort wieder mit den schönen Tönen aufladen.

Man darf keine Tiere quälen. Wenn der Mensch durch sein dummes Verhalten etwas ändert, dann hat das immer Folgen. Die Änderung ist so etwas wie die Zerstörung. Gott ändert nie, er verwandelt. Verwandeln ist wie zaubern, es funktioniert nur mit Liebe. Ändern ist lieblos, es geschieht ohne Rücksicht auf das Drumherum. Darum möchte ich, wenn ich groß bin, gerne Zauberer sein. Es gibt Zauberer. Ich habe schon drei Mal einen getroffen. Das war aber in einem anderen Leben.«

Die niederen Tiere

Pit: »Die niederen Tiere, das sind die Tiere der Schatten. Sie entstehen aus den schlechten Gedanken den Menschen, und unter bestimmten Voraussetzungen, wenn sie also Glück haben, dann kommen sie auf die Erde oder auf eine andere feste Straße. Sie können Krankheiten übertragen, die den Menschen sogar töten können. Viele solche Schattentiere verstecken sich im Körper eines Menschen. Wenn der Mensch selbst viele dunkle Gedanken hat, dann sind die Schattentiere auch ziemlich dunkel. Sie haben umso mehr Kraft und sind umso fieser, je schlechter die Gedanken des Menschen sind. Sie verletzen Menschen einfach nur so, und sie können auch Menschen töten.

Es gibt aber auch liebe Menschen, die Schattentiere in sich aufnehmen, damit sie den anderen Menschen nichts mehr tun können oder damit sie ein Heilmittel machen können. Diese Menschen lösen die Schattentiere dann mit ganz viel Liebe auf und bekommen dann einen goldenen Stern oder so in ihr Buch des Lebens. Jeder Mensch hat so ein Lebensbuch. Da steht ganz viel Interessantes drinnen. Ich glaube, ich hab schon ziemlich viele goldene Sterne in meinem Buch. (Pit grinst.)

Zum Beispiel die giftigen Zecken, das sind niedere Tiere. Immer wenn wir eine gute Zeit haben und viele gute Gedanken aussenden, dann gibt es nur ganz wenige giftige Zecken. Wenn diese Tiere lernen (lichtvoller werden), dann übertragen sie keine Krankheiten mehr. Sie sind auch ein Beispiel für die Menschen. Wenn die Menschen besser werden (in der Schwingung steigen), dann werden sie zwar auch noch lernen, aber auf einem besseren Stand (höherem Niveau).

Wenn es viele freche Mücken gibt, die so stechen, dann weiß ich, dass viele freche Menschen der Grund dafür sind. Die Menschen stechen dann auch auf irgendeine Art irgendwo herum und ärgern und quälen andere Menschen durch ihr Tun. Wenn man also ganz viele ›Gössei-Stiche‹ (= Gelsenstiche, Stiche von Stechmücken) hat, dann kann es sein, dass es viele Menschen rundherum gibt, die auf einen ›einstechen‹.

Wenn ein Tier sich wehrt, dann bedeutet das nicht, dass es immer ein niederes Tier ist. Dann wehrt es sich halt nur, das macht es ja ganz automatisch. Darum kann es schon einmal passieren, dass eine giftige Schlange oder eine Spinne einen Menschen beißt. Normal stechen die Bienen oder die Wespen ja auch nicht.

Wenn sie aber einmal ziemlich gemein sind und einfach so stechen, dann hat das halt auch wieder mit den gemeinen Gedanken der Leute zu tun. (...) Wenn Zecken Gift in den Menschen geben, dann geben sie eigentlich halt nur ganz böse Gedanken weiter. Wenn sich diese Gedanken im Körper des Menschen aber nicht ausbreiten können, weil der Mensch viel Licht und viele gute Gedanken in sich hat, dann geht es immer gut aus.

Es kann auch sein, dass andere Menschen den Körper von einem Menschen mit schlechten Gedanken vergiften, weil sie sehr viel Angst haben. Dann haben die schlechten Zeckengedanken auch viel Kraft. Das ist ziemlich kompliziert – eigentlich aber babyleicht.«

Mit Tieren sprechen

Wie bereits erwähnt, haben die Diamantkinder Zugang zum ganzheitlichen Bewusstsein, und dadurch haben sie auch Zugang zur Sprache der Tiere.

Als Pit drei Jahre alt war, blieb er einmal minutenlang vor einem Gartengrundstück stehen. Hinter dem Zaun trottete eine Hundedame auf und ab. Sie sah sehr müde, traurig und armselig aus. Es schien, als vermisse sie etwas. Plötzlich blieb sie ganz dicht vor Pit stehen und blickte ihm lange in die Augen – nur der Maschendrahtzaun trennte die beiden. Pit bewegte sich nicht, und die Hundedame bewegte sich nicht. Es war tatsächlich spürbar, dass die beiden miteinander sprachen. Schließlich, nach etlichen Minuten erklärte Pit: »Das ist eine Hundemama. Sie sucht ihre Babys. Man darf einer Mama nicht einfach die Babys wegnehmen, ohne mit ihr darüber zu sprechen. Sie ist sehr, sehr traurig. Mein unsichtbarer Freund hat mir erzählt, dass man ihr die Babys genommen hat. Ich habe ihr jetzt gesagt, dass die Menschen ihre Babys weggegeben haben. Ich habe ihr ein paar grüne Heilkugeln in das Herz geschickt. Mama, warum haben die Menschen das gemacht?«

Tatsächlich bestätigte ein Blick auf die hervortretenden Zitzen Pits Aussage. Die Hundedame musste Welpen gesäugt haben. Ihre Zitzen waren vergrößert und angeschwollen, so wie es eben der Fall ist, wenn ein Hund Welpen säugt. Die Augen des Tieres sprachen zudem Bände ...

Die Diamantkinder zeigen uns, wie selbstverständlich es ist, mit Tieren sprechen zu können. Ich versuche, diese Leichtigkeit im Umgang mit Tieren in mein Leben zu integrieren. Es macht Spaß, wenn man merkt, dass ein Tier auf gedankliche Signale reagiert. Inzwischen habe ich es mir aus Jux sogar angewöhnt, lästige Stechmücken und Co. kurz zu warnen, bevor ich mich gezwungen sehe, zu drastischeren Mitteln zu greifen. Ich gebe den Quälgeistern gedanklich ganz klar zu verstehen, dass sie lieber schnell das Weite suchen und mich nicht ärgern sollen. Manchmal klappt das erstaunlich gut.

Falls nicht, na dann, dann hatten sie ihre Chance ... Gegebenenfalls greife ich zum blauen oder schwarzen Energie-Würfel*. Auch das funktioniert erstaunlich gut.

---

* Der schwarze oder der blaue Energie-Würfel ist ein Baustein aus der Schöpfersprache – Lichtkommunikation.

KAPITEL 5

TRÄUME – ALPTRÄUME UND IHRE BEDEUTUNG

Etwa ab dem dritten Lebensjahr wird ein Kind relativ bewusst und fängt damit an, über sein nächtliches Traumerleben zu berichten. Das innere Traumgeschehen ist allerdings noch nicht exakt abgegrenzt vom Tageserleben, da das Kind ja noch in magischer Verbundenheit mit der wahren Welt seiner Seelenherkunft steht.

So malt ihm nachts das Traumbild quasi ein Gleichnis seines »derzeitigen, künftigen« Lebens. Das Kind nimmt das Leben seiner »derzeitigen Persönlichkeit« daher richtigerweise selbst wie einen Traum wahr. Beim Diamantkind hält die Wahrnehmung dessen, was in den verschiedenen Welten schwingt und existiert, über das Baby- und Kleinkindalter hinweg an. (*»Alles, was wir erleben, ist nur ein Traum ...«*)

Tatsächlich existieren Träume nicht wirklich, es sind lediglich die seligen oder auch warnenden Bilder, die wir, wenn wir des Nachts die psychischen Welten betreten, gezeigt bekommen. Die nächtliche Traumerfahrung ist eine Vorbereitung auf das tägliche Erleben im »Traumbild« unseres derzeitigen Lebens. (Siehe auch das Kapitel »Pit über die Unsterblichkeit – permanente und derzeitige Persönlichkeit«.)

Während wir schlafen, treten wir ganz einfach in die psychischen Welten ein. Die Bilder, die uns am folgenden Morgen in Erinnerung bleiben, hängen davon ab, inwieweit wir die innere Bereitschaft haben, mit dem Traumerleben auch im Tagesbewusstsein weiterzuarbeiten. Im folgenden Kapitel greife ich aufgrund der Komplexität des Themas nur zwei Traumthemen auf und weise darauf hin, dass es lohnend ist, sich mit Träumen auseinanderzusetzen. Ein tieferes Einsteigen in die Themenstellung der nächtlichen Bilder würde allerdings den Rahmen dieses Buches sprengen. Allein die Psychologie des Kindes führt zur Erwägung des Gedankens, dass jedes neugeborene Kind als uraltes, menschliches Wesen einerseits und ewige, unpersönliche Vergangenheit andererseits eben erst beginnt, sich in einen »derzeitigen« Lebensablauf hinein zu verwirklichen.

Gerne möchte ich an dieser Stelle darauf hinweisen, dass gerade Kinder, die sehr behütet aufwachsen, oft von Alpräumen heimgesucht werden. In der psychischen Welt werden sie quasi vorsichtig darauf vorbereitet, dass das menschliche Dasein auch ein mit Tränen und Schmerzen verbundenes sein kann. Kindliche Angstträume sind daher unbedingt und immer ernst zu nehmen, denn sie enthalten in Form von Symbolen oft einen Umriss und Plan über das künftige Leben des Kindes. Die Aufgabe des Erwachsenen ist es, das Kind in sich selbst und im Gemüt zu stärken. Die nächtlichen Reisen in die psychische Welt bereiten das Kind quasi auf den »Traum des Lebens« vor, und so kann es sich anhand der Traumbilder für das kommende Leben stärken und üben, auch mit schwierigen Situationen umzugehen.

Wichtig erscheint mir auch der Hinweis darauf, dass es möglich ist, auf das »nächtliche Traumgeschehen« Einfluss zu nehmen. Ermutigen Sie also das Kind, im Traum die Schutzengel zu rufen und sich dem »Monster« furchtlos gegenüberzustellen. Es kann ihm nichts geschehen, das Monster wird, je öfter das Kind sich ihm entgegenstellt, schließlich sein wahres Gesicht zeigen, oder es wird sich einfach auflösen. Das Kind hat dann durch den Traum gelernt, dass es wichtig ist, sich den eigenen Ängsten mutig zu stellen. Wir können ihnen nicht entrinnen, sie verfolgen uns so lange, bis wir uns ihnen stellen – das heißt, durch sie hindurchgehen –, so dass die Ängste somit ihren Schrecken und die Macht über uns endgültig verlieren.

Der böse Wolf, das Monster

Oft erzählen Kinder von Träumen, in denen Monster oder Wölfe auftauchen. (Siehe auch das Kapitel »Pit über die Wölfe« auf Seite 85ff.) Es erscheint mir sehr wichtig, an dieser Stelle anzuführen, dass feinfühlige Kinder für schwierige Situationen ebenso wie für einschüchternde Menschen »Platzhalter« erzeugen können, um mit der Problemsituation angemessen umgehen und letztlich weitergehen zu können.

Wenn zum Beispiel nach einer Trennung der Eltern eine dem Kind lieb gewordene Person (ein Freund der Familie, eine Oma, ein Opa, eine Tante ...) plötzlich schlecht von einer anderen engen Herzensperson (etwa von der Mutter oder dem Vater) denkt oder sogar spricht, dann kann es sein, dass das Kind die betroffene Person in solchen Situationen nicht mehr als die ehemals geliebte erkennen mag. Genauer gesagt: Um zum Beispiel das Bild von »der liebevollen Oma« aufrechterhalten zu können, muss die Person (Oma) vorerst ersetzt werden durch eine Symbolik oder ein Fabelwesen, wie etwa eine böse Königin, welches durchaus auf der nächtlichen Traumbühne auftauchen kann.

Aus demselben Grund kann, wenn das kleine Menschenwesen während einer Trennungsphase den eigenen Vater als den Feind der Mutter erlebt, ein Monster im Tag- und Nachttraum auftauchen, das auf den Schultern des Vaters sitzt. Um Mutter und Vater gleichermaßen zu schützen, kann es geschehen, dass das Kind den Vater symbolhaft als »den bösen Wolf« (also eine Bedrohung für die Mutter) wahrnimmt. Das Bild des Vaters wird somit nicht zerstört, sondern nur für eine gewisse Zeit durch das Bild des bösen Wolfs überlagert. Ebenso könnte die Schwester in die Rolle der »guten Fee« schlüpfen.

Gerade Diamantkinder erkennen sehr genau, wo der berühmte »Haken« liegt, versuchen Sie also erst gar nicht, irgendwelche Geschichten zu erfinden, um das Kind zu manipulieren und ihm Ihre Sichtweise nahezulegen.

Diamantkinder lassen sich keine Haltung vorschreiben.

Eher zerbrechen sie, als dass sie sich eine Meinung auf-diktieren lassen.

Der Wolf ist zudem, wie bereits erwähnt, ein Hinweis auf Ängste. Es lohnt sich also zu hinterfragen, welche Augen der Wolf hat. Ist er grau oder schwarz? (Siehe auch das Kapitel »Pit über die Wölfe – rationale und eingebildete Ängste«.)

Der Fall, das Abstürzen

Träumt ein Kind vom Fallen und Stürzen, so ist dies, gerade wenn es sich um ein sehr feinfühliges Kind handelt, ein Hinweis darauf, wie schmerzhaft es für das Kind ist, von der Leichtigkeit des Geistigen in die Schwere der Materie zu fallen.

Als für Pit die Kindergartenzeit begann und sein geistiges Wesen mit der »rauen Realität«, die teils leider wenig Platz zum Träumen, zum Meditieren oder einfach nur zum mit sich selbst Sein bietet, konfrontiert wurde, hat er oft von einem Traum berichtet, in dem er irgendwo abgestürzt und tief hinuntergefallen ist. Egal was er als Halt verwenden wollte (ob der Berg, der Baum, das Haus), alles ist eingebrochen, abgebrochen, umgefallen. Nichts hat ihn getragen.

Immer wieder hat er im Traumerleben versucht, sich festzuklammern. Doch nirgends konnte er Halt finden, und seine Mutter war nicht da, um ihn zu halten. (Sie kann es nicht, wenn es darum geht, dass er sich konfrontiert sieht mit einem Umfeld, einer gesellschaftlichen Struktur, wie etwa dem Kindergarten oder später der Schule, in der Regeln gelten, die für Ordnung, jedoch nicht unbedingt immer auch für seelisches Wohlbefinden und Wachstum sorgen.) Wenn die Mutter in der Arbeit ist, ist das Kind in schwierigen Alltagssituationen, wie Kindergarten oder Schule, auf sich alleine gestellt und kann den Schutz der Mutter nicht zeitnah suchen. Die oft schmerzhaftesten Verletzungen entstehen in der Kindergarten- beziehungsweise Schulzeit. Ich bin nicht sicher, ob eine Lehrperson versteht, was es für eine Kinderseele bedeutet, wenn zur Faschingszeit alle geschminkt werden, außer es selbst. (Weil die Zeit nicht mehr gereicht hat oder weil man ja noch andere Spiele spielen wollte.) Solche oder andere »Kleinigkeiten« sind pures Leid für eine zarte Kinderseele.

Immer wieder möchte ich betonen, wie wichtig es ist, dass wir den Kindern das Gefühl von Sicherheit und Geborgenheit vermitteln. Es ist wichtig, jedes Kind als ein Kind Gottes zu sehen und es dort abzuholen, wo es steht. Eine Lehr- oder Erziehungsperson, die ein Kind, egal mit welchen Worten, öffentlich vor der Gruppe kränkt, begeht einen Vertrauensbruch, einen Verrat, der schwerste Kränkung und Demütigung bedeutet und das weitere Leben des Kindes prägen wird. Auch wenn sie hundert Mal Recht hat, so sollte sie sich selbst erlauben, dass die Liebe in ihr das betreffende Kind in einer ruhigen Minute liebevoll zur Seite nimmt und einmal nachforscht, warum es sich verhält, wie es sich verhält. Wer Salz in Wunden streut, darf sich nicht wundern, wenn die Kinder schreien. Wer vorhandene Verletzungen ignoriert, dem sollte klar sein, dass die Wunden tiefer werden und zu eitern beginnen könnten.

Ein Traum über einen Absturz spiegelt das Gefühl des »Ausgeliefertseins« sehr gut wider.

> Die Materie trägt den Menschen nicht. Noch weniger trägt sie das spirituelle Kind, das so innig mit dem Geistigen verbunden ist.

Sehr bezeichnend ist Pits Erzählung darüber, wie er sich an einer Lampe festhalten wollte:

»Der Ast ist abgebrochen, dann bin ich weiter gefallen. Da wollte ich mich an einer Lampe festhalten, Mama. Nicht an deiner Lampe, es war eine andere. Aber die ist auch abgerissen, und ich bin hinuntergestürzt ...«

Pit wollte sich also an einem »Licht« festhalten. Etwas, das ihn trägt und hält. Er suchte die Liebe, er suchte DAS LICHT. Aber er konnte kein »Licht« finden, das standhielt - oder das den ganzen Tag über da ist und brennt. In dem Umfeld, in dem er sich während der Kindergartenzeit bewegt, gibt es kein »den ganzen Tag über brennendes Licht«, an dem er sich festhalten könnte. Die Lichter, die da sind, sind eben nicht den ganzen Tag verfügbar.

Bestimmt gibt es diese Lichter überall! Bestimmt auch in allen gesellschaftlichen Strukturen, wie Schulen, Kindergärten und Horten.

Vielleicht sind die Lichter zeitweise einfach nur nicht angeknipst oder eben nicht jeden Tag verfügbar?

> Vielleicht vergessen wir manchmal, unser inneres Licht nach außen strahlen zu lassen?
>
> Ich weiß um die Kraft der Liebe und dass sie alles heilen kann. Ich weiß um die Kraft der Liebe und dass sie diese Welt in einen lichteren Ort verwandeln kann.
>
> Diese Liebe gibt es. Sie ist in dir und in mir …

Kunstlicht (schöne Räume, kluge Regeln und Strukturen) ersetzen die Liebe nicht.

Es braucht Menschen, die das Licht der Liebe aus sich herausstrahlen lassen. Kein künstlich beleuchteter Ort, und sei er noch so schillernd, kann das Licht, das aus einem Menschen herausströmt, und die damit verbundene Liebe ersetzen.

Der Absturztraum stimmt mich immer sehr nachdenklich, wenn Pit ihn erzählt. Ich frage mich, wie viele Kinder von solchen oder ähnlichen Träumen heimgesucht werden? In jedem von uns steckt jenes Licht, nach dem sich das ewige spirituelle Bewusstsein der Kinder sehnt. Haben Sie Lust, es gemeinsam mit Anatol und Pit zu entfachen?

KAPITEL 6

ARBEITEN MIT DIAMANTKINDERN

Die Mitte finden durch Meditation

Im Wesen der Meditation wird das Unsichtbare sichtbar, das Scheinbare nimmt Gestalt an und die Illusion verliert an Glaubwürdigkeit.

Die Meditation ist der Gang durch die Welten der Getrenntheit, um mithilfe der STILLE für einen zeitlosen Moment durch das Tor des SEINS in die Wirklichkeit einzutreten …

Anatol, Juli 2010

Die Meditation ist tatsächlich eines der schönsten Instrumente, um inneren Frieden zu finden, wenn es im Außen hektisch wird. Es ist falsch anzunehmen, dass Kinder die Hektik der Welt nicht bemerken.

Sie sind ihr mehr als sonst irgendjemand ausgeliefert, da sie dem Außen nicht entkommen und somit nicht flüchten können. Ein Erwachsener kann einfach gehen, wenn ihm etwas nicht passt. Er kann die Firma, die Familie oder die Frau verlassen. Ein Kind kann nicht so einfach aus der Schule oder aus der Familie ausbrechen. Gerade Diamantkinder flüchten sich daher gerne in ihr Inneres. Sie werden unausgeglichen, bockig, trotzig oder unnahbar. Dies kann man besonders dann feststellen, wenn sie überlastet sind und keine Möglichkeit mehr sehen, mit den äußeren Eindrücken umzugehen. Mithilfe der Meditation können wir den Kindern helfen, eine Oase der Ruhe und eine Rückzugsmöglichkeit für sich zu schaffen, wo sie geistig und körperlich auftanken und sich erholen können.

In der heutigen Zeit findet man immer mehr Angebote für Kinder, die mit Entspannung und/oder meditativen Übungen zu tun haben. Das finde ich sehr schön. Auf den folgenden Seiten finden Sie einige Meditationsvorschläge von mir für Kinder. Sie sind sehr entspannend und wirken heilsam.

Bitte achten Sie darauf, dass sich Kinder auch beim spirituellen Arbeiten wie Kinder verhalten. Sie meditieren auf ihre eigene Art und Weise. Versuchen Sie daher, das Kind »sein zu lassen«. Lernen Sie vom Kind.

Geben Sie Tipps, aber fordern Sie nichts. Sie wissen ja, unsere Kinder gehen mit ihren eigenen Schuhen. Wir wissen nicht, wie es sich auf ihren Füßen läuft. Wir sehen weder durch ihre Augen noch können wir ihre inneren Bilder schauen. Wir waren nicht dort, wo sie waren, haben die Töne der Welt nicht mit ihren Ohren gehört ...

Ein paar Tipps:

➤ Bevor Sie beginnen, fragen Sie Ihr Kind, ob es vorher auf die Toilette gehen möchte.

➤ Richten Sie gemeinsam mit dem Kind einen kuscheligen Platz her, falls es sich gerne hinlegen möchte, oder stellen Sie einen Stuhl so auf, wie das Kind es gerne möchte. Vielleicht bevorzugen Sie auch ein Sitzkissen auf dem Boden.

➤ Schalten Sie die Handys aus, denn laute Geräusche können sehr störend sein, wenn man gerade in der inneren Bilderwelt versinkt. Zudem stören die Handywellen die Energie.

➤ Oft ist eine Meditation für Kinder wie das Hören eines Märchens. Manchmal ist ein Märchen für Kinder wie eine tiefe Meditation ...

➤ Kindermeditationen sollten nicht zu lange dauern.

➤ Sprechen Sie mit fester, doch angenehmer Stimme und gerade so laut, dass man das Gesagte ganz leicht und ohne Anstrengung vernimmt.

➤ Geben Sie dem Kind vor Beginn der Meditation ein Glas Wasser, und sorgen Sie für eine angenehme Zimmerraumtemperatur.

➤ Erklären Sie dem Kind, dass jeder Mensch seine eigene Wahrnehmung, seine eigenen inneren Bilder, Töne oder Stimmungen hat. Etwas »zu sehen«, kann ganz viele verschiedene Bedeutungen haben. Es kann einfach nur eine Vorstellung sein, eine Phantasie oder eine Art inneres Wissen, wie etwas aussehen könnte. Es können aber auch tatsächliche Bilder sein oder sogar kleine Filmabschnitte. Jeder Mensch sieht anders, und alles ist richtig.

➤ Manchmal wirkt leise Hintergrundmusik sehr entspannend und hilft dem Kind dabei, die Gedanken weiterziehen zu lassen, damit sie quasi mit der Musik aus dem Bewusstsein getragen werden, so dass innere Ruhe einkehrt.

➤ Manchmal ist es gut, zuvor ein paar Turnübungen, Atem- oder Yogaübungen mit dem Kind zu machen. So werden Spannungen abgebaut, und die Meditation erinnert an ein Ritual. Kinder lieben Rituale, da sie ihnen Sicherheit schenken.

➤ Beim Meditieren ist bequeme Kleidung von Vorteil, und manchmal mag der Kuschelbär oder die Lieblingspuppe auch mitmeditieren. Es macht sogar Sinn, da besagtes Spielzeug künftig immer an das Gefühl von Ruhe und Entspannung gekoppelt ist, was für das Kind zu einem anderen Zeitpunkt (Schlafenszeit) sehr wertvoll sein kann.

➤ Nach einer kleinen Meditation kann man sich viel besser konzentrieren. Das Bewusstsein hat sich ausgedehnt, die innere Kammer der Weisheit ist geöffnet und wartet nur darauf, betreten zu werden. Dieser Effekt hilft dem Kind, das lernen soll.

MEDITATIONEN FÜR KINDER

Meditation zum Reinigen, Stärken und Heilen
Verbindung mit dem Göttlichen

Hilft sehr gut bei Unruhe, Unsicherheit und Nervosität, heilt und stärkt und aktiviert den göttlichen Kern; fördert die Wahrnehmung und die geistige Ausdehnung.

1) »Such dir einen kuscheligen Platz. Vielleicht möchtest du dich auf eine Decke setzen, vielleicht legst du dich hin. Achte darauf, dass dir schön warm ist, dann kannst du dich besser entspannen. Du kennst den Raum, in dem du dich befindest, sehr gut, so fühlst du dich sicher. **Das ist sehr gut!**

   Schließe, wenn du möchtest, ruhig deine Augen, und schau' nur noch mit deinen unsichtbaren Augen. Bitte deine Engel und deine Freunde, bei dir zu sein. Mit deinen unsichtbaren Augen kannst du sie dir sehr gut vorstellen. Vielleicht siehst du sie sogar mit deinen richtigen Augen.

2) Stell dir vor, dass deine Engel den ganzen Raum mit Licht erfüllen. Du liegst oder sitzt mitten in einem sehr großen hellen

Lichtstrahl. Dieser Lichtstrahl hat die gleiche Farbe wie ein wei-
ßer Kristall. Atme das Licht in dich hinein. **Sehr gut machst
du das! Sehr gut!**

3) Je mehr Licht du in dich hineinatmest, umso größer wirst du.
Dein unsichtbarer Körper dehnt sich richtig aus und wird groß
und immer größer, wie eine wunderschöne Sonne. **Gut machst
du das! Ganz toll!**

4) Spüre jetzt ganz genau in dich hinein, und fühle unendlich viel
Liebe in dir. Lass dir dabei so viel Zeit, wie du willst. Stell dir
vor, dass du selbst das Licht bist. Du bist jetzt diese Sonne! Ja
genau, du bist eine wunderschöne strahlende Sonne. **Prima
machst du das! Sehr gut.** Schenke dir jetzt selbst ein inneres
Lächeln. Und schwupp – jetzt befindest du dich mitten in dieser schönen Sonne. Dir wird ganz warm. Schenke dieser Sonne,
in der du bist, ein liebevolles Lächeln. **Das ist schön!**

5) Mit deinen unsichtbaren Augen siehst du nun, wie ein wunderschönes Wesen verschiedene Farbstrahlen in deine Sonne,
in der du bist, hineinzaubert. Goldschimmerndes Zauber-Vio-
lett. Es reinigt dich und tut dir sehr gut. Atme diese Farbe in
dich hinein. **Das machst du sehr gut!**

6) Jetzt zaubert das schöne Wesen ein leuchtendes Türkis in deinen Lichtstrahl. Du atmest es tief ein. Es hilft dir dabei, die
richtigen Worte zu finden, wenn du mit Erwachsenen oder
auch mit Kindern sprichst.

7) Das nächste Lichtgeschenk hat fast dieselbe Farbe wie ein Cent-
Stück. Sie glitzert sehr schön. Diese Farbe hilft dir beim Kontakt mit deinen Engeln.

8) Jetzt siehst du ein wunderschönes gelbgrünes Licht. Dieses
Licht wärmt deinen Körper und besitzt große Heilkraft. Du
kannst es jederzeit verwenden und weitergeben an Menschen,
die Heilung benötigen.

9) Erlebe jetzt die Wirkung von silbernem Perlmuttlicht. Es schimmert wie das innere einer besonders schönen Muschel. Dieses Licht hilft dir, dich liebevoll zu verhalten. **Du machst das wirklich sehr gut!**

10) Jetzt schenkt dir das wunderschöne Wesen einen Goldregen. Genieße ihn. Bade in zwölf verschiedenen Regenbogenfarben, so lange wie es dir guttut, und lade dir so viele neue Farben herunter, wie du möchtest. Gott hat viele Farben nur für dich gemacht. Jede Farbe hat ein anderes Talent und schenkt dir eine andere Begabung. Jede Farbe, die dir in den Sinn kommt, möchte gerne mit und für dich arbeiten. Die Regenbogenfarben sind liebevolle Energien, die nur für das Gute eingesetzt werden können. Welche Farben sind deine Lieblingsfarben? Stell sie dir einfach vor. **Du machst das prima!**

11) Spüre das ganze Farbspektrum in dir und um dich herum. Fühle, wie es dich heilt und verzaubert. Erkenne, dass du ein wundervoller Teil Gottes bist. Gott liebt dich unermesslich. **Merke dir, dass Gott auch durch dich wirkt.** Achte auf deine Gedanken, und bemühe dich, viele liebevolle Gedanken auf die Reise zu schicken. Habe gute Wünsche! Mit guten Wünschen kannst du alles verbessern und verwandeln, was du anders haben möchtest.

12) Schicke das wirbelnde Regenbogenlicht jetzt zu allen Menschen, Kindern und Tieren, die Hilfe brauchen, traurig, krank oder alleine sind. Mache das, indem du einfach daran denkst, dass all diese Lebewesen jetzt ebenfalls in einem wunderschönen Farbenmeer baden. Genau, du machst das sehr, sehr gut!

Du bist ein Kind des Lichts. Es ist wundervoll, dass du hier bist. **Gott hat dich sehr, sehr lieb!**

13) Wenn du fertig bist, bedanke dich bei deinen Engeln, und öffne dann langsam wieder deine Augen. Strecke dich und lache.«

Meditation zum Schützen
Verbindung mit Erzengel Michael

Hilft sehr gut bei Ängsten und Schlafproblemen

Bevor Sie beginnen, zeichnen Sie eine Pyramide auf ein Blatt Papier, um Ihrem Kind zu zeigen, wie eine Pyramide aussieht.

1) »Such dir einen kuscheligen Platz. Vielleicht möchtest du dich auf eine Decke setzen, vielleicht legst du dich hin. Achte darauf, dass dir schön warm ist, dann kannst du besser entspannen. Du kennst den Raum, in dem du dich befindest, sehr gut, so fühlst du dich sicher. **Das ist sehr gut!**

2) Schließe, wenn du möchtest, ruhig deine Augen, und schaue nur noch mit deinen unsichtbaren Augen. Bitte deine Engel und deine Freunde, bei dir zu sein. Mit deinen unsichtbaren Augen kannst du sie dir sehr gut vorstellen. Vielleicht siehst du sie sogar. Stell dir vor, dass deine Engel den ganzen Raum mit blauem, weißem, goldenem und rotem Licht erfüllen. Du liegst oder sitzt mitten in einer großen weißen Schutzkugel. Diese Kugel strahlt wundervoll, wie ein glitzernder Kristall. Atme das Licht in dich hinein. **Sehr gut machst du das! Sehr gut!**

3) Je mehr Licht du in dich hineinatmest, umso intensiver fühlst du deinen unsichtbaren Körper. **Gut machst du das! Ganz toll!** Jetzt kommt dein Schutzengel ganz nahe zu dir, und er zaubert eine wunderschöne Pyramide in deine Schutzkugel hinein. Du sitzt in der Pyramide, die aussieht wie ein spitzes Dach mit vier dreieckigen Seiten. Vor dir liegt eine kleine rote Lichtkugel. Du nimmst die rote Lichtkugel in die Hand, sie stammt aus dem Herzen von Erzengel Michael. **Sehr gut machst du das! Sehr gut!**

4) Plötzlich siehst du DEINEN Erzengel Michael rechts neben dir stehen. Er berührt deine Pyramide, und plötzlich wird die rechte Wand der Pyramide rot. Du siehst, wie auch dein

unsichtbarer Körper eine leuchtend rote Farbe annimmt. Dein Körper beginnt, sich innerlich zu erwärmen.

5) Du kannst genau fühlen, wie dein Blut von dieser Heil- und Schutzenergie erwärmt wird. Ja, es ist die Energie von Erzengel Michael, die du da spürst. Diese Energie fühlt sich wundervoll an. Sie schützt, und sie heilt von innen. Michael schenkt dir das blaue und das rote Schutzlicht. Es ist die Kraft des Feuers, die dir jetzt zur Seite steht. Das Feuerlicht von Michael brennt alles nieder, was dir Angst macht.

6) Du bist sicher und beschützt. Michael wacht bei dir in der Pyramide. Nichts und niemand kann dir schaden! **Fühlst du diese Kraft? Ja, das machst du toll!**

7) Wenn du fühlst, dass du fertig bist, bedanke dich bei Erzengel Michael und deinen Helfern, und öffne dann langsam wieder deine Augen. Strecke dich und lache.«

Meditation zum leichteren Lernen – Farbe GELB
Verbindung mit dem Strahl des Wissens
Hilft sehr gut beim Lernen und vor Schularbeiten und Prüfungen

Bevor Sie beginnen, zeichnen Sie eine Pyramide auf ein Blatt Papier, um Ihrem Kind zu zeigen, wie eine Pyramide aussieht.

1) »Such dir einen kuscheligen Platz. Vielleicht möchtest du dich auf eine Decke setzen, vielleicht legst du dich hin. Achte darauf, dass dir schön warm ist, dann kannst du besser entspannen. Du kennst den Raum, in dem du dich befindest, sehr gut, so fühlst du dich sicher. **Das ist sehr gut!**
Schließe, wenn du möchtest, ruhig deine Augen, und schaue nur noch mit deinen unsichtbaren Augen. Bitte deine Engel und deine Freunde, bei dir zu sein. Mit deinen unsichtbaren

Augen kannst du sie dir sehr gut vorstellen. Vielleicht siehst du sie sogar mit deinen richtigen Augen.

2) Stell dir vor, dass deine Engel den ganzen Raum mit gelbem Zauberlicht anfüllen. Du liegst oder sitzt mitten in einer wunderschönen gelben Pyramide. Diese Pyramide ist die Kammer des Wissens und der Weisheit, und sie hilft dir, dir alles, was du jemals gelernt hast, gut zu merken. Die Engel schenken dir nun eine kleine Schatzkiste. Sie enthält das Licht der Antworten auf alle Fragen. Atme das Licht in dich hinein. **Sehr gut machst du das! Sehr gut!**

3) Je mehr Licht du in dich hineinatmest, umso intensiver fühlst du die Kraft der Konzentration. **Gut machst du das! Ganz toll!**

4) Sei dir sicher, dass du nun den Strahl des Wissens und der Weisheit eingeatmet und somit bei dir hast. Bei deiner Prüfung und auch sonst in der Schule oder wann immer du die Kraft des Strahls der Weisheit benötigst, wird sein Licht dir helfen, dich an alle Antworten zu erinnern. Die Energie des gelben Lichts hilft dir beim Nachdenken, sie hilft dir beim Lernen und beim Konzentrieren. Mit dem gelben Licht lernt es sich viel einfacher und leichter. Du bist viel kreativer, und die Lösungen werden dich finden, wenn du sie brauchst.

5) Fühle, dass du jetzt völlig ruhig und konzentriert bist. Wenn du jetzt etwas lernst, wirst du es dir viel besser und leichter merken können. Deine Engel stehen hinter dir und helfen dir!

6) Wenn du fertig bist, bedanke dich bei deinen Engeln und öffne dann langsam wieder deine Augen. Strecke dich und lache.«

Schulung der geistigen Kräfte/ Schulung der Wahrnehmung

>»Für Erinnerungen sind Sinneseindrücke ein tieferer
>Nährboden als die besten Systeme und Denkmethoden.«

Hermann Hesse

Alles, was ein Kind mit seinen Sinnen erfahren hat, prägt
es sich ein. Es steht ihm als ewig während Erinnerung
und somit als Baustein seines Wissens fortwährend zur
Verfügung.

Wie unterscheiden sich die Diamantkinder von anderen Menschen? Sie verfügen über eine Fähigkeit, welche ich gerne als die zweite Wahrnehmung bezeichne. Doch was genau ist denn eigentlich »Wahrnehmung«? Ist es nur das Sehen an sich, das Hören oder Schmecken, das Spüren oder Riechen der äußeren Umwelt?

Wahrnehmung ist das, was all jenes,
das wahrgenommen wird, für wahr nimmt.

Die Diamantkinder lehren uns jedoch, dass die Dinge nicht immer so sind, wie sie scheinen. Dies ist ein wichtiger Grundsatz, den es zu verinnerlichen gilt.

>»Alles, was du ›wahrhaft‹ wahrnehmen möchtest,
>betrachte zwei Mal: einmal mit den Sinnen des
>Verstandes und einmal mit den weisen inneren
>Organen des Herzens!
>
>Das Phänomen des tiefen Blickes [eine Art 3-D-Blick]
>lenkt deine äußeren ›Wahrnehmungsmechanismen‹ ab
>und öffnet gleichsam über das ätherische Doppel die
>Tür zu deinen inneren Sinneswelten.

Der wahre Blick der Tiefe gelingt nur mit aufrichtiger Konzentration.

Konzentration ist eine Kraft des Herzens. Erlerne also das Werkzeug der aufrichtigen Konzentration, um zu allererst die Beschaffenheit jenes Stoffes, welchen du prägen und formen möchtest, vollkommen zu erkennen.

Erst wenn du die Dinge so sehen kannst, wie sie sind, und nicht so, wie du meinst, dass sie sind, bist du ein wahrer Krieger – ein Krieger des Lichts, der fähig ist, sein Lichtschwert zum höchsten Wohle aller einzusetzen.«

Anatol über die zweite Wahrnehmung

Lassen Sie mich in diesem Zusammenhang noch ein paar erklärende Worte über die Polarität der menschlichen Wirklichkeit an sich anfügen: Die menschliche Wirklichkeit wird durch die Wahrnehmung geprägt. Es gibt zwei Arten der Wahrnehmung (die erste und die zweite Wahrnehmung) und zwei Aspekte der ersten **Wahrnehmung.** (Siehe im Gegensatz dazu Anatol über die zweite Wahrnehmung.)

Der eine Aspekt der ersten Wahrnehmung setzt sich aus den von den äußeren Sinnen übermittelten Bildern zusammen. Dieser Aspekt ist daher materieller Natur und wissenschaftlich messbar. Der andere Aspekt der ersten Wahrnehmung, den ich als den geistigen Aspekt bezeichne, ist qualitativer Natur. Er hängt von der Bewertung jener Person ab, die diese einer bestimmten Sache oder einem Ereignis zuschreibt.

Mit anderen Worten:

Es gibt also einen Unterschied zwischen Inhalt und Form. Beide Aspekte sind jedoch gleichzeitig im Bewusstsein, so dass der Fokus einerseits im konkreten, äußeren Bereich (das heißt im objektiv vorhandenen Bereich) und andererseits im abstrakten, inneren Bereich (das heißt ohne unmittelbaren Bezug zur äußeren Wirklichkeit) liegt. Die unterschiedlichen Funktionen unserer beiden Gehirnhälften sowie die äußeren und inneren Sinne zur Erfassung der Wirklichkeit zeigen diesen Umstand ja auch sehr deutlich auf. Der zweite Aspekt der Wirklichkeit greift bereits in den Bereich der zweiten Wahrnehmung mit hinein, aber er stellt noch immer nicht die zweite Wahrnehmung an sich da.

Die zweite Wahrnehmung ist eine höhere Wahrnehmung der Wirklichkeit. Sie ist wie das Wahrnehmen der »scheinbaren« Wirklichkeit, aber auf einer höheren Ebene, in einer höheren Dimension. Diese Art der Wahrnehmung hebt die Polarität auf, und die scheinbare Wirklichkeit zeigt sich als das, was sie ist – nicht als das, was sie zu sein scheint.

> DIAMANTKINDER verfügen über eine HÖHERE WAHR-
> NEHMUNG. Diese Wahrnehmung kann trainiert werden.
> Sie ist eine geistige Kraft, ein Phänomen des ätherischen
> Doppels – und keine Erscheinung des physischen Körpers.
> Das ist ein wichtiger Unterschied.

Betrachten wir die Wahrnehmung von Kindern allgemein, so wird schnell klar, dass sich diese signifikant von der Wahrnehmung der Erwachsenenwelt unterscheidet. Für viele Erwachsene ist es schwer nachzuempfinden, dass Kinder ihre Umwelt auf ganz andere Weise wahrnehmen als sie selbst. Was Kinder mit den Augen wahrnehmen, unterscheidet sich von dem, was Erwachsene sehen. Das Detail oder eine sich aus der Wahrnehmung des Details ergebende Fragestellung wird für das Kind bedeutsamer als das Gesamtbild an sich.

Dies zeigt sich besonders, wenn man Kinder auffordert, etwas Bestimmtes zu beschreiben. Kinder richten ihr Augenmerk auf ganz andere Dinge als große Leute. Sie erkunden gerne das Rundherum. Der Erwachsene degradiert diese Art der Wahrnehmung. Er spricht vom »sich im Detail verlieren«. Doch ist es nicht gerade das Detail, das die Würze des Lebens eigentlich ausmacht? Nun, angesichts der

Flut an Informationen und der rasenden Entwicklung bleibt heutzutage weder Raum noch Zeit für Details. Das Leben ist zu hektisch geworden. Also hat sich der Erwachsene zwangsläufig eine reduzierte Wahrnehmung antrainiert. Er sieht nur noch das Wichtigste und versucht krampfhaft, augenblicklich die Essenz einer Sache zu erkennen. Wenn ein Mann eine Wiese beschreibt, dann wird er vermutlich sagen: »Das ist eine ca. 25 Quadratmeter große Wiese in Hanglage.« Eine Frau mag dieselbe Wiese wie folgt beschreiben: »Oh, das ist eine ziemlich große Wiese, die dringend wieder einmal gemäht werden müsste. Ziemlich schattiges Plätzchen hier.« Die Kinder, deren Wahrnehmung sich noch von der »antrainierten, reduzierten Wahrnehmung« der Erwachsenen unterscheidet, würden die Schmetterlinge, den Wind, den Duft, die Blumen und die Farben beschreiben. Auf der einen Seite haben wir also eine hohe Bereitschaft der Kinder, Details wahrzunehmen, auf der anderen Seite werden die Kleinen durch unsere Gesellschaft allerdings mit einer wahren Flut an unwichtigen Inputs überschwemmt.

Ganz allgemein betrachtet, müssen wir uns eingestehen, dass unsere Kinder, die Details im Grunde lieben, viel zu viel zu sehen bekommen. Es ist ein Übermaß an Information vorhanden, ein Zuviel an Gegenständen und Verhaltensweisen im Außen. All dies verwirrt.

In unserer Gesellschaft gibt es also, um es zusammenzufassen, ein absolutes Zuviel an Ereignissen aus der Erwachsenenwelt, die die Kinder (mit dem Geist des Kindes) weder richtig verstehen noch zuordnen können.

In diesem Zusammenhang ist es wichtig zu verstehen, dass alles, was ein Kind in der frühen Kindheit umgibt, einen bleibenden Eindruck hinterlässt und fortan sein ästhetisches Empfinden prägt. Schöne Gegenstände und Möbelstücke, harmonische Farbkompositionen, erste Begegnungen mit der Kunst, alles beeinflusst die visuelle Wahrnehmung.

Doch nicht nur das, das Kind nimmt die Eindrücke in sich auf und reflektiert das Gesehene – unabhängig davon, ob es sich verbal dazu äußert oder nicht (oder noch nicht äußern kann).

Kinder sehen mit anderen Augen. Sie schauen anders und wählen aus, was sie sehen wollen und was »bewusst oder unbewusst« außerhalb des Blickfeldes bleibt und nicht erinnert wird. Die Interessensschwerpunkte der Kinder weichen wesentlich von jenen der Erwachsenen ab. Kinder interessieren sich für das Kleine im Großen. Sie fokussieren sich auf das Detail und zeigen Begeisterung für scheinbar wertlose, nebensächliche Dinge. Das ist sehr bedeutsam und wichtig zu wissen!

Die Natürlichkeit in der kindlichen Wahrnehmung legt bereits die Basis für die Entwicklung der zweiten Wahrnehmung. Daher ist es erforderlich, die natürliche Wahrnehmung der Kinder zu fördern. So kann sich daraus gegebenenfalls sanft, einfach und leicht die zweite Wahrnehmung entwickeln.

> Aus einer gut entwickelten, weitreichenden ersten
> Wahrnehmung entwickelt sich eine hervorragende
> und weitreichende zweite Wahrnehmung.

Kinder sehen anders – Kinder sehen alles.
Auch wenn wir es oft nicht verstehen: Kinder sehen anders, sie sehen alles und noch mehr.

➤ Sie sehen der Mutter an, wenn sie traurig ist.

➤ Sie sehen die Unfreundlichkeit einer Lehrerin gegenüber einem anderem Kind, die ihr nicht gut zu Gesicht steht.

➤ Sie sehen die Fröhlichkeit in den Augen der gehbehinderten Susanne.

➤ Sie sehen die Hektik jenes Vaters, der seine Tochter mal eben schnell durch die Kindergartentür schiebt.

➤ Sie sehen den Schmutz unter den Fingernägeln von Klaus und den Faden, der am Pullover von Melanie herunterhängt.

➤ Sie sehen das graue Haar in der sonst makellosen Frisur von Tante Gerda.

➤ Sie sehen die Lieblosigkeit, mit der die Mutter das Abendbrot für den Vater zubereitet.

➤ Sie sehen die neuen Schuhe von Hans.

➤ Sie sehen das Blumenarrangement, das im Klassenzimmer einen feinen Duft verbreitet.

➤ Sie sehen die kleinen Rosinen im Hefekuchenteig.

➤ Sie sehen, wie Paul ein hinuntergefallenes Schokoladenstück aufhebt und sich verstohlen in den Mund schiebt.

➤ Sie sehen das Bild von Jesus im flackernden Kerzenlicht.

➤ Sie sehen, dass der Bauch der Mutter seit dem letzten Sommer ein wenig runder geworden ist.

➤ Sie sehen Schatten und Lichter am Tag und in der Nacht. Sie sehen, wie sich Farbe auf nassem Papier verändert.

➤ Sie sehen die kleinen Fischlein im Teich.

➤ Sie sehen und sehen ...

Kinder entdecken eine ganze Welt in der Welt. Die Erwachsenenwelt jedoch versucht, den Kindern (leider meist nur im Außen) vorzugeben, was wichtig ist. »Schau auf die Straße, nicht auf den Wegrand.« »Diese Blume hier ist aber viel schöner!« »Lass das liegen, das hat irgendjemand weggeworfen!« Der große Mensch erhebt sich über den kleinen und definiert, was wesentlich, was wichtig ist. Dem Kind wird nicht zugestanden, seine eigene Entscheidung darüber, was es sehen will, zu treffen. Die Erwachsenenwelt versucht, den Kleinen den Stempel der Großen aufzudrücken und vergisst dabei, dass Sehen eben nicht gleich SEHEN ist.

Die kindliche Wahrnehmungsfähigkeit wird durch die gemachten Erfahrungen geprägt. Sie hängt stark damit zusammen, ob der junge Mensch im Kindesalter Impulse erhalten hat, die in der Lage waren, den kindlichen Forscherdrang und die natürliche Neugier anzuregen.

Ein Kind, das man lässt, überprüft alle Dinge und begnügt sich dabei nicht mit reinem Anschauen. Es erforscht einen Gegenstand mit allen Sinnen. Es steckt ein unbekanntes Objekt in den Mund, mustert es und befühlt es mit seinen Händchen. Instinktiv spielen Kinder seit dem ersten Tag ihrer Geburt mit dem sogenannten sechsten Sinn. Indem sie auf jede denkbare Art und Weise alle Sinne einsetzen und trainieren, schärfen sie auf einer dahinter liegenden Ebene instinktiv den sechsten Sinn. Sie tun das so lange, bis die Erwachsenenwelt sie mit Gewalt aus ihrem instinktiven Verhalten herausreißt.

Ziel dieses Kapitels ist es also, den natürlichen Instinkt des Kindes – der die Tür zum sechsten Sinn öffnet – (wieder) zu aktivieren und zu bewahren.

Von sich aus überprüft ein Kind jeden Gegenstand mit sämtlichen Sinnen. Erst dann eignet es sich die sprachlichen Bezeichnungen für die Gegenstände (Objektbezeichnungen) an. Sobald ein Kind weiß, was es in den Händen hat, möchte es in Erfahrung bringen, welche Eigenschaften der jeweilige Gegenstand hat und was man damit anstellen kann.

Kinder haben tausend Fragen. Es ist ihr natürlicher Drang, die unsichtbaren Welten zu erforschen und sämtliche Hintergründe je eine Ebene nach vorn zu holen. Doch der wahre Forschergeist eines Kindes gibt sich nicht mit dem »In-Erkenntnis-Gebrachten« zufrieden. Er ist jetzt erst recht geweckt und geht auch weiter auf Entdeckungsreise.

Ein Diamantkind dringt tiefer in die Materie ein, um sich mit dem Hintergrund hinter dem Hintergrund zu befassen, der wieder einen neuen Hintergrund hervorbringt und so fort. Dies ist der Grund dafür, weshalb die Kleinen niemals zufrieden sind mit den Antworten, die wir ihnen üblicherweise geben.

Noch während der Erwachsene hofft, die perfekte Antwort gegeben zu haben, stellt das Kind bereits die nächste Frage, die noch eine Schicht tiefer geht. Es ist die natürliche Kreativität des Kindes, die es veranlasst, sich immer neue Fragen auszudenken. Übersteigt das Maß an natürlicher Kreativität noch das normale, kann man von einem Diamantkind sprechen:

»Warum ist der Himmel blau?«
»Weil Gott ihn blau gemacht hat.«

»Warum hat Gott keine andere Farbe genommen?«
»Weil er den Himmel in der gleichen Farbe wie das Wasser gemacht hat.«

»Warum hat er das Wasser nicht in einer anderen Farbe gemacht?«
»Weil das Licht, das sich auf der Oberfläche des Wassers bricht, die blauen Farbaspekte für unsere Augen sichtbar macht.«

»Wieso bricht sich das Licht nicht andersherum?« ...

Sie sehen, der Forscherinstinkt eines Kindes kann mit oberflächlichen Aussagen nicht zufrieden gestellt werden. Das Kind geht von sich aus in die Tiefe.

Mit Übungen, die die Wahrnehmung trainieren, bleibt dieser natürliche Instinkt erhalten. Die kreative Kraft und damit verbunden das zweite Chakra werden so nachhaltig gestärkt und gefördert.

Im folgenden Kapitel stelle ich Ihnen ein paar Übungen vor, die helfen, die Wahrnehmung zu trainieren und den sogenannten sechsten Sinn selbst in den konsequenten »Schläfern« wachzukitzeln.

Viele dieser Übungen lassen sich ganz einfach in den Alltag integrieren und bereiten zudem Groß und Klein Spaß.

Übung 1: Mit unsichtbaren Augen sehen lernen

Neben der visuellen Wahrnehmung über die physischen Augen gibt es als, wie bereits erwähnt, auch noch die zweite Wahrnehmung über das ätherische Doppel.

Indem Kinder die Dinge des Alltags intensiv mit allen Sinnen beobachten und erforschen, schärfen sie – meist unbemerkt von der Erwachsenenwelt – immer auch zugleich die inneren Impressionen.

Sie verfolgen jede Bewegung mit den Augen, nehmen dabei feinste Geruchsnuancen wahr und beobachten die Gefühle, die auftauchen. Sie drücken diese auch aus, indem sie das Engelslachen lächeln, quietschen oder weinen – je nach Anlass. Gerade in den ersten Lebenswochen, sagt man, sind die physischen Augen eines Säuglings noch nicht »fein« eingestellt. Das Blickfeld eines Babys hat andere Fokusschärfen als jenes eines Kleinkindes. Weshalb ist das so? Das Baby verfügt ganz einfach über die zweite Wahrnehmung. Es beherrscht also den tiefen Blick. Je größer ein Kind wird, umso mehr wird die zweite Wahrnehmung zugunsten der normalen Wahrnehmung abgelegt. Je älter das Kind wird, je mehr es in eine gesellschaftliche Struktur eingebettet (beziehungsweise ausgebettet aus dem SEIN) wird, umso höher ist die Wahrscheinlichkeit, dass das Kind den Zugang zum ätherischen Doppel und somit die erweiterte Wahrnehmung verliert.

Hat das Kleinkind sich für jede noch so winzige farbenfrohe Blume begeistert und sich davon angezogen gefühlt, ist das frühe Schulkind oft nur mehr mühsam für Neues zu begeistern. Der ehemalige Spaß am Spiel mit Fingerfarben, die sich auf dem Papier vermischen, verbinden und Neues entstehen lassen, weicht einem zögerlichen »Malenmüssen«. Der Grund dafür ist die Abstumpfung der äußeren UND inneren Sinne, was zu Desinteresse führt und den Zugang zum ätherischen Doppel noch mehr blockiert.

Diamantkinder verlieren den Zugang zum ätherischen Doppel jedoch nicht. Sie arbeiten ganz selbstverständlich und voller Freude damit. Vielleicht haben sie auch schon einmal eine Aussage gehört wie: »Ich hab das mit meinen unsichtbaren Augen gesehen.« Oder:

»Meine unsichtbaren Ohren haben das genau gehört.« Und: »Meine unsichtbaren Hände können das ganz einfach.«

Solche Aussagen beziehen sich immer auf das ätherische Doppel, und es wäre ein sehr guter Ansatz, mit Interesse auf solche Äußerungen einzugehen. Vielleicht machen Sie in diesem Zusammenhang versuchsweise ein paar Übungen mit Ihrem Kind. Ich persönlich baue mit meinem Spross solche Übungen manchmal in Spiele mit ein. Eine unserer Lieblingsübungen heißt **Tiere erraten**.

Mit unsichtbaren Augen sehen lernen mithilfe des Spieles »Tiere raten«

Dazu benötigt man verschiede kleine Spielzeugtiere aus Holz oder Kunststoff. Entweder das Kind oder der Erwachsene schließt die Augen und muss mit den »unsichtbaren Augen« versuchen zu erkennen, welches Spielzeugtier in welcher Farbe ihm das Gegenüber vor die Nase hält. Der Ratende trainiert so seine Wahrnehmung für Farbschwingungen einerseits und für die verschiedenen Formen andererseits.

Diese Übung ist generell eine äußerst spannende Übung, da sie den Bildschirmeffekt aufgreift. Die Nebenchakren in den Händen fungieren wie eine Mini-Kamera und senden Bilder, Frequenzen und Impulse über die Nervenbahnen direkt ins Gehirn. Die so empfangenen Daten werden über das ätherische Doppel (mithilfe des sechsten Sinns) auf einen imaginären inneren Bildschirm weitergeleitet. Dort kann das so verfügbare Material ausgewertet werden. Wir sehen, obwohl die Augen geschlossen sind. Immer wenn wir unsere physischen Augen schließen, intensivieren sich die geistigen Sinne, und das Dritte Auge öffnet sich.

Je besser der Mensch lernt, sich als Wesen nicht mit dem physischen Körper zu identifizieren, umso intensiver findet er Zugang zu seinem wahren Selbst.

Er kommt mehr und mehr in Kontakt mit der göttlichen Kraft, die ALLZEIT wirksam ist.

Das »Gegenstand-Ratespiel« ist zudem auch eine hervorragende Möglichkeit, um gezielt mit den **Nebenchakren** zu arbeiten.

In den Handflächen befinden sich die kleinen Chakren. Diese Nebenchakren sind hochsensitive Nervenzentren, über die (bei entsprechender Übung) sogar die Energieausschüttung aus dem All wahr- und aufgenommen, gebündelt und weitergeleitet werden kann. Mithilfe der Übung ist es möglich, diese Nervenzentren gezielt zu stimulieren.

Gedanklich versucht man, eine Art »Kamera« in den Handflächen zu aktivieren. Die Aktivierung erfolgt durch Absicht und Wille, und es genügt, wenn Sie Ihrem Kind sagen, dass es möglich ist, mit den »unsichtbaren« Händen zu schauen. So wie eine Kamera ein Foto machen kann, kann auch die Kamera in den Händen Fotos machen, die in Form von inneren Bildern, Gefühlen oder Gedanken sichtbar gemacht werden können. Geben Sie dem Kind einen roten Gegenstand in die Hand, und fragen Sie Ihr Kind, wie sich diese Farbe anfühlt. Wenn das Kind ein Gefühl für die Farbe und den Gegenstand hat, gehen Sie dazu über, den Gegenstand ohne direkte Berührung nur mit der Kamera in den Händen wahrzunehmen und zu fühlen. Durch dieses Vorgehen nimmt man Kontakt zu den Handflächenchakren auf.

Die so »installierte« Kamera ist in der Lage, alle Bilder und Eindrücke, die vor die »Linse« gelangen, auf einen inneren Bildschirm zu projizieren und somit für den Übenden sichtbar zu machen. Indem man mit der Handfläche über einen Gegenstand oder ein Foto fährt, ohne das Objekt zu berühren, entsteht eine »innere Idee« von dem, wie der Gegenstand aussieht.

Die ätherischen Augen sehen besser, wenn das »gesuchte Objekt« gedanklich auf eine visualisierte Bühne projiziert wird. Jede Übung, die das Element der Meditation, der Konzentration oder Visualisierung aufgreift, ist ein Arbeiten mit dem ätherischen Doppel.

Solche Übungen könnten auch sehr gut im Kindergarten durchgeführt werden. Am besten lässt sich das Phänomen, dass man lernen kann, mit den »unsichtbaren Händen« zu sehen, am Beispiel eines blinden Menschen beschreiben. Wenn man etwa ein blindes Kind beim Spielen beobachtet, wird ganz schnell klar, dass wir mehr als nur unsere Augen zum Sehen haben. Ein blindes Kind ist in der Lage, aus verschiedenen kleinen Holzfiguren zum Beispiel ganz gezielt nur alle Holzpferdchen herauszusuchen und vor sich auf den Tisch zu stellen. Indem die verschiedenen Holzobjekte mit den Fingerspitzen untersucht – quasi gescannt – werden, können die gesuchten Figuren von den anderen unterschieden werden – auch wenn dieses Kind nie zuvor gesehen hat, also keine »visuell begründete« innere Idee von dem betroffenen Objekt haben kann.

Blinde Kinder sehen also »auch« mit den Händen. Bei sehenden Kindern kann eine Augenbinde die Konzentration auf die innere Wahrnehmung schärfen. Solche Tastspiele sind meiner Meinung nach sehr gute Möglichkeiten, um eine höhere Art des Sehens zu üben. Die Kinder lernen so, eine innere Vorstellung dessen zu entwickeln, was sie im Außen umgibt. Diese Technik kommt zugleich dem Visualisieren zugute.

Visualisieren ist ein sehr wichtiges Werkzeug für die Kreation von kraftvollen Engelselementalen. Das Visualisieren ist die höhere Form für »Bestellungen beim Universum«, weil es die Kraft des Betens, die Kraft des Bildes, die Kraft der Elementale in Verbindung mit Gefühlen aufgreift und zugleich das »Hindurchgehen« durch vorhandene Blockaden ermöglicht. In dem Kapitel »Über das Beten« sind Elemente des Visualisierens eingebaut.

Übung 2: Mit unsichtbaren Ohren hören lernen

Ich sehe etwas, was du nicht siehst ...

Ein anderes Spiel, das bei Kindern allgemein sehr beliebt ist, ist: »Ich sehe etwas, was du nicht siehst.« Mit diesem Spiel kann man hervorragend das Gedankenlesen üben.

Gedanken sind Energien mit eigener Intelligenz (Elementale), und man kann lernen, sie wahrzunehmen. Spielen Sie sooft wie möglich dieses hervorragende Spiel aus der Kinderzeit. Es lässt sich ganz einfach in den Alltag einbauen. Beim Autofahren, beim Spazierengehen, sogar wenn die Mutter nebenbei den Haushalt führen muss und vielleicht gerade am Herd steht, ist dieses Spiel möglich.

Versuchen Sie dabei, auch herauszufinden, ob Ihr Spross Sie vielleicht gerade anflunkert, und testen Sie umgekehrt, ob es Ihr Kind bemerkt, wenn Sie plötzlich heimlich einen anderen Gegenstand wählen, sobald das Kind den richtigen erraten hat. Dies schult die Hellfühligkeit. (Wenn Sie allerdings so einen Test einbauen, dann sollten Sie unmittelbar, nachdem das Kind den eigentlichen Gegenstand erraten hat, aber ganz ehrlich auflösen und sagen, dass Sie gerade getrickst haben. Sonst verliert das Kind die Freude am Spiel und ist irritiert, was seine Fähigkeiten angeht.)

Übung 3: Hellfühligkeit trainieren

Mit der inneren Wahrnehmung fühlen lernen

Die Entwicklung der sogenannten zweiten Wahrnehmung erfordert eine gute Ausbildung aller Sinne. Es wäre also erstrebenswert, bereits im Kindergartenalter die Sinnesschulung zu einem festen Bestandteil des alltäglichen Spielrituals zu machen. Gerüche, Geräusche, Geschmacksrichtungen und verschiedene Materialstrukturen – alles steht in Bezug zueinander und führt zu Vorstellungen und inneren Bildern.

Genau auf diese Art und Weise lässt sich auch Hellfühligkeit trainieren.

Wenn wir einem Kind eine Zitrone in die Hand geben und ihm dazu erklären »Schau mal, das ist eine Zitrone. Sie ist gelb und fühlt sich ein wenig rau an. Sie riecht wunderbar frisch und nach Zitrone. Sie hat ganz feine Fruchtwachsperlen und ätherische Öle in der Schale. Sie schmeckt sauer.«, dann kreieren wir ein genaues Bild UND ein GEFÜHL von der Zitrone innerhalb der Wahrnehmung des Kindes. Dies schult die Hellfühligkeit. Zudem lernt das Kind die Zitrone mit den Sinnen des ätherischen Doppels und mit den Sinnen des Körpers kennen, was ihm später beim Visualisieren (wie bereits erwähnt, ein sehr kraftvolles Werkzeug) helfen wird.

Das Kind lernt also, die Zitrone zu fühlen. Wie fühlt sich »sauer« als Geschmacksrichtung im inneren Erleben an? Wie fühlt sich die Farbe Gelb an?

Eine weitere Methode, um Hellfühligkeit zu trainieren, ist natürlich die Meditation, mit deren Hilfe das Kind Kontakt zu seinem Schutzengel und seinen Lehrern aufnimmt.

Die geistige Welt arbeitet sehr oft über das Gefühl. Daher ist es wichtig, über das innere Gefühl, Kontakt aufzunehmen zum Schutzengel, zu den geistigen Lehrern.

Wie fühlt es sich an, wenn mich der Schutzengel umarmt?

Es ist auch sehr wertvoll, wenn Kinder lernen, wie sich ein gutes Gefühl von einem Gefühl des Widerstands unterscheidet. Auch dies kann trainiert werden, indem man in der Vorstellung eine schöne Situation (Geburtstagsfeier) mit einem schönen Gefühl in Verbindung bringt und dieses Gefühl mit einem weniger guten Gefühl (Aufregung vor einer Schularbeit) vergleicht. Zudem helfen verschiedene Atemübungen, um mögliche negative Gefühle durch ein gutes Gefühl zu ersetzen: »Wenn man eine schlechte Note schreibt, hat man immer noch die Möglichkeit, die Note auszubessern und so weiter. Alles ist okay.«

Zusammenfassung:

Mit allen Sinnen wahrzunehmen, hilft unseren Kindern, ihre Umwelt zu erfassen, zu differenzieren und alles schließlich in Bildern zu ordnen.

Kinder lernen und entwickeln sich, indem sie die verschiedensten Bilder speichern. Kinder speichern Tastbilder, Geruchsbilder, Klang- und Geschmacksbilder. Je größer die ihnen zur Verfügung stehende Auswahl ist, umso lebendiger wird sich ihre Wahrnehmung gestalten.

Alle Übungen aus diesem Kapitel schulen die geistigen Kräfte, weil durch diese Übungen die Sinneseindrücke in der Tiefe aktiviert und stimuliert werden. Die geistige Welt arbeitet mit den Menschen über die Sinneseindrücke. Daher spricht man landläufig vom sogenannten sechsten Sinn. Im Grunde sind es aber immer nur die Sinneseindrücke, die geschult und auf Empfang für die feinstoffliche Welt gestellt sind.

MERKE jedoch:

Alles hat seine Zeit.

Übungen mit Kindern sollen nur durchgeführt werden, wenn die Kinder es gerne und aus freien Stücken heraus tun möchten.

Es ist unklug, wenn wir versuchen, ihnen unsere eigenen Überzeugungen überzustülpen. Alle Kinder tragen »ihren Schatz« in sich, der zum richtigen Zeitpunkt nach außen strahlen, uns verzaubern und überraschen wird.

Kinder müssen also aus sich selbst heraus aufnehmen, wahrnehmen und sehen. Nur dann können sie individuell in ihrer Entwicklung voranschreiten.

Das Tempo ist von Kind zu Kind unterschiedlich. Besser und schlechter gibt es nur in der Erwachsenenwelt. Unsere Kinder, und ganz speziell die Diamantkinder, sind frei von Bewertung – so lange bis wir sie in unsere Schubladen hineinzwängen und ihnen dadurch ganz brutal die zarten Flügel stutzen.

Ich weiß nicht, ob wir uns darüber im Klaren sind, wie sehr Verletzungen, die durch Bewertung entstehen, das weitere Leben prägen. Oft genügt ein einziges abschätziges Wort einer Lehrperson - vor der versammelten Klassengemeinschaft -, und eine Kinderseele zerbricht. So wird auch die Schule oder der Kindergarten zum Tatort, wo mit Kälte und Gleichgültigkeit leider immer wieder sensible Kinderherzen zur Schlachtbank geführt werden.

Durch die Kränkungen und den Vertrauensbruch entstehen jene Muster, über die sich die Gesellschaft beschwert. In den Medien hören wir dann von einer neuen Krankheit der Kinder: psychische Störung. So macht man die Kinder verantwortlich für das, was die Erwachsenenwelt anrichtet. Die Kinder seien die Kranken. Sie seien schwierig und wüssten nichts zu schätzen. Doch in Wahrheit werden sie krank gemacht.

Wie gesagt, wenn wir ihnen gestatten, dass sie ihr eigenes Tempo haben, ohne gleich zu sagen: »Du bist zu schlecht, du darfst nicht in die nächste Klasse aufsteigen«, werden wir manche Überraschung erleben. In jedem Kind steckt ein Wunder. Es wartet nur darauf, erkannt zu werden.

Maria Montessori spricht von sogenannten sensitiven Perioden. Dabei handelt es sich quasi um schubartige besondere Entwicklungsphasen. Erzieher sind gefordert, diese beim Kind zu erkennen, entsprechend auf die Bedürfnisse der Kinder zu reagieren und deren Umwelt zu gestalten.

Arbeiten mit Farbschwingungen

Arbeiten mit den Chakrenfarben: Eine sehr wichtige Übung in diesem Zusammenhang ist das Fühlen und Kennenlernen von Farben und das damit verbundene »In-Kontakt-Kommen« mit deren Heilschwingung und den zugeordneten Chakren.

Nach der hinduistischen, aber auch nach der buddhistischen Lehre sind die Chakren die feinstofflichen Energiezentren im Astralkörper des Menschen. Sie alle haben Entsprechungen auf der körperlichen Ebene. Sie stehen in Beziehung zum vegetativen Nervensystem, zu den drüsigen Organen sowie zu Akupunkturmeridianen. Es gibt sieben Hauptchakren und verschiedene Nebenchakren. Über die Nebenchakren haben wir bereits im Zusammenhang mit dem Bildschirmeffekt gesprochen.

Jetzt möchte ich Ihnen gerne noch eine Übung vorstellen, die sich mit den Hauptchakren und mit Licht-, Engels- und Farbschwingungen befasst. Jedem der sieben Hauptenergiezentren ist eine Farbschwingung zugeordnet, beginnend in aufsteigender Folge mit Rot über Orange, Gelb, Grün, Blau, Indigo bis hin zu Violett.

Die Reihenfolge entspricht den Farben des Regenbogens von außen nach innen. Es ist naheliegend, bei körperlichen Beschwerden, je nach Bereich oder Zone, die zugeordnete Chakrafarbe zur Harmonisierung einzusetzen. Im Grunde ist dies wohl eines der schlichtesten und einfachsten Mittel, wobei es als Anwender natürlich hilfreich ist, die Farbschwingung und ihre Qualität selbst zu kennen. Dies gelingt mit der Übung: Farben fühlen.

Dazu brauchen Sie verschiedenfarbige Bonbons. Der Spaß am Üben wird natürlich erhöht, wenn derjenige, der eine Farbe richtig bestimmen kann, das Bonbon bekommt. Um den Zuckerkonsum niedriger zu halten, könnte man auch eine kleine Regel ausmachen, wie etwa: 3 richtige Treffer = 1 Bonbon als Gewinn, oder man verwendet statt Bonbons Blumen, kleine Bauklötze oder anderes.

➤ _Farben fühlen lernen mit der Bonbon-Übung:_

Das Kind aktiviert den inneren Bildschirm in den Händen. Zusätzlich konzentriert es sich auf das Bauchgefühl. Nun darf es ein Bonbon (es darf sich die Farbe selbst aussuchen) in die Hand nehmen. Die erste Übung besteht darin, mit geöffneten Augen Kontakt zur Farbe aufzunehmen. Wenn das Kind mit geöffneten Augen ein Gefühl zur Farbe wahrnehmen kann, werden die Augen geschlossen, und das Gefühl wird erneut wahrgenommen.

Mögliche unterstützende Fragen sind:
Wie fühlt sich das rote Bonbon an? Wo fühle ich die Farbe? Wie schwer ist diese Farbe? Riecht diese Farbe? Hinterlässt sie einen Geschmack in meinem Mund? Bringt diese Farbe eine Stelle meines unsichtbaren Körpers in Vibration? Welches Chakra (Energiezentrum) spricht am intensivsten auf diese Farbe an?

Beginnen Sie zuerst immer nur mit einer Farbe. Die Farbe kann man natürlich auch mit Früchten üben. So üben Sie die Farbe Rot mit einer Erdbeere. Die Farbe Orange mit einer Orange ...

➤ _Farb-Fühl-Übung für Fortgeschrittene unter Einbeziehung der Chakren, der Heil- und einer Engelschwingung am Beispiel der Farbe ROT_

Das Kind fühlt die Farbe mit geöffneten Augen.
Das Kind fühlt die Farbe mit geschlossenen Augen.
Jetzt wird zur Farbe ROT die entsprechende »Heilschwingung« mit dazu genommen. Das geschieht durch Absicht und Wille. Sie erklären dem Kind: »So, und jetzt fühl ganz einfach mal die Heilkraft der Farbe Rot. Jede Farbe hat eine magische Wirkung. Rot wärmt und aktiviert. Wie fühlt sich diese Heilschwingung an? Wo genau fühlst du diese Farbkraft? Fühlst du sie in den Händen, im Herzen oder in den Beinen?«

Erklären Sie dem Kind, dass jede Farbe auch eine Engelsschwingung hat. Engel sind reine Energiewesen, Energiefelder. Die Farbe Rot ist zugleich auch die Lichtschwingung von Erzengel Michael. (Blau ist die Farbe, mit der Michael meist dargestellt wird, doch seine Lichtschwingung ist rot – als Synonym für die Feuerkraft, mit der Erzengel Michael arbeitet. Michael ist der Erzengel von Licht und Feuer. Er versorgt den Körper mit frischem, warmem Blut.)

Sagen Sie dem Kind, dass es sich vorstellen soll, dass Erzengel Michael ihm eine rote Heilkugel gibt. Die rote Heilkugel färbt den unsichtbaren Körper (das ätherische Doppel) des Kindes rot ein. Jetzt kann das Kind versuchen, eine rote Lichtkugel mit den ätherischen Händen (den unsichtbaren Händen) zu formen. Genau so, wie man einen Knödel formt, kann man auch die Lichtkugel bearbeiten, kneten und formen. Man kann die Kugel in den Händen fühlen, sie kleiner oder größer machen. Man kann die Kugel in die Luft werfen und wieder auffangen wie einen Ball. Fragen Sie das Kind, wie sich die rote Lichtkugel anfühlt.

Rot ist eine aktivierende Energie. Auf der emotionalen Ebene erzeugt sie Aktion und Tatendrang. Auf der körperlichen Ebene stärkt sie. Die rote Lichtkugel gibt einem Menschen, der schlechtes Blut hat, viel Kraft und kann das Blut verbessern. Das Kind kann die Lichtkugel gedanklich an einen Menschen senden, der diese Energie braucht. Die Vorstellung und die Liebe zu dem Menschen genügen, und das Geschenk wird ankommen. Kinder machen diese Dinge, ohne groß darüber nachzudenken. Sie wissen und fühlen, dass es ganz einfach funktioniert.

Arbeiten mit Lichtformen
Heilige Geometrie als kraftvolles Werkzeug

Wer mit heiliger Geometrie arbeitet, spricht die Sprache
der Schöpfung.

Die Schöpfersprache zu sprechen bedeutet, bewusst in
Kontakt zu sein mit den Wesen des Lichts und mit der
Schöpfung selbst.

Die Sprache der Schöpfung ist die Sprache des Lichts.
Die Sprache des Lichts ist die Grundlage aller Gedanken,
die aus dem universellen Bewusstsein aufsteigen.

Mit jedem Gedanken, der gedacht wird, strahlt eine
bestimmte Abfolge farbiger Geometrie in die Weite
und kreiert so ein Gebet an die Schöpfung.

Diamantkinder beherrschen die Sprache des Lichts. Es ist die
wichtigste Sprache überhaupt. Wie kraftvoll sie ist, beginnen wir zu
erahnen, wenn wir anfangen, mit einzelnen Elementen dieser Sprache
zu arbeiten. Das bedeutet, in dem Moment, in dem wir heilige, geometrische Formen und Farbschwingungen bewusst einsetzen, werden
wir erleben, dass wir selbst Schöpfer sind. Die Sprache des Lichts
bildet die Basisstruktur von ALLEM, was ist, da es jene Sprache ist,
die jedes Wesen, ja jedes Bewusstsein von Anbeginn an »spricht«.

Alles, was ist, ist aufgebaut auf geometrischen Ordnungen – heiligen Geometrien – und schwingt somit entsprechend dieser Geometrie und seiner jeweiligen Farbfrequenz auch durch die
Grundschwingung der Schöpfung.

Für das Arbeiten mit Diamantkindern greife ich im Folgenden
ein paar wesentliche Aspekte heraus und stelle Ihnen neben der
Lichtkugel, die ja bereits erwähnt wurde, noch zwei weitere für Kinder sehr wichtige Formen vor: **den blauen Würfel** zum Schutz und
die gelbe Pyramide zum Lernen und damit sich das Kind besser
konzentrieren kann.

Kinder arbeiten sehr gerne mit geometrischen Formen. Sie tun es ganz automatisch, schon immer. Erst wenn der Schleier des Vergessens fällt, verlieren sie den bewussten Zugang zur Sprache der Schöpfung. Diamantkinder erhalten sich diesen Zugang. Lernen wir von ihnen, üben wir mit ihnen.

Bedenken Sie: Um eine Form und Farbe auszustrahlen, genügen Absicht und Wille. Das unterbewusste Erschaffen/Kreieren der entsprechenden Form und Farbe geschieht schneller, als man denken kann. Alles, was getan werden muss, ist, die bestimmte Farbe und Form zu denken, und schon strahlt man sie aus. Kinder wissen das.

Es ist für sie eine Selbstverständlichkeit.

Wir sind es, die von Ihnen lernen, dennoch dürfen Sie einem Kind niemals etwas aufzwingen. Alle Methoden in diesem Buch sind als Vorschläge gedacht, doch es gilt, den eigenständigen Willen der Kinder zu achten. Zeigen Sie Interesse, dann können Sie spielerisch mit ihnen arbeiten. Wenn die Kinder keine Lust haben, dann gilt es, auch dies zu akzeptieren.

Sie werden allerdings schnell feststellen, wie viel Spaß diese Übungen den Kindern bereiten. Kinder sind kreativ. Sie lieben die Geometrie. Sie lieben das Spiel mit Farben, Formen und sind gerne bereit zu fühlen. Sie lieben den Kontakt zu dem scheinbar Unsichtbaren, da sie die Kraft des Herzens auf natürliche Art und Weise einsetzen. Machen Sie Phantasiereisen in die Zauberwelten hinter unserer Welt. Aktivieren Sie wieder das eigene Kind in Ihnen selbst, und lernen Sie von ihm.

Der blaue Würfel*

Der Würfel ist ein sechsseitiger Körper, und jede seiner Seiten bildet ein Quadrat. Der Würfel ist eine einschränkende und begrenzende, aber auch eine stabilisierende Kraft. Er baut Stabilität zwischen der körperlichen und der spirituellen Ebene auf. Durch die spirituelle Ebene als Erdgrenze und die physische Ebene als Grenze nach oben wird eine starke Realität erzeugt. Der Würfel funktioniert wie ein Baustein, der alle Energie und Aufmerksamkeit in seiner Mitte halten kann.

➤ Alles, was im Würfel aufbewahrt wird, bleibt ungestört.

➤ Der Würfel kann tatsächlich andere Energien fernhalten.

➤ Der Würfel hilft dabei, sich zu konzentrieren.

Wirkungsweise des blauen Würfels:

Schutz: Im blauen Würfel ist man geschützt, geborgen und sicher.

Heilung: Sehr gut am Ende einer Heilung, damit die heilende Wirkung erhalten bleibt.

Beim Lernen: Kinder fühlen sich im blauen Würfel gut aufgehoben, sie bleiben ungestört von vielerlei Einflüssen von außen und können sich im Würfel besser konzentrieren.

Schutz vor Insekten: Fliegen hören auf, lautstark durch die Gegend zu brummen, wenn man sie in einen blauen Würfel »hineinschnipst«.

---

* Siehe hierzu auch mein Buch *Dein Lichtgewand*, Seite 172: Blauer Ruhepolwürfel – eine wundervolle Karte und Form für Kinder.

Wie verwende ich den blauen Würfel?

> ➤ Ich stelle ihn mir ganz einfach vor und denke mich oder einen Gegenstand hinein.
>
> ➤ Ich sende ihn aus, indem ich denke, dass ich ihn aussende.

Die gelbe Pyramide*

Die Pyramide ist eine Form, die die Erhaltung von Energie bewirkt.

In allen Epochen wussten die Menschen, dass die Pyramide einen besonderen Einfluss auf Menschen und Dinge ausübt, wenn sie sich in ihrem Inneren befinden. So liegt für mich die wahre Bedeutung der ägyptischen Pyramiden im Erlangen eines erhöhten Bewusstseinszustandes.

Eine Pyramide schärft, integriert, kultiviert und konserviert: Lebendiges altert in der Pyramide nicht. Die Pyramide fördert das Verlangen nach mehr Information und schärft die Gedanken. Das eigene Bewusstsein ist sich der Essenz aller Dinge bewusst. Wenn ein Gegenstand oder eine Idee verloren gegangen ist, dann ist es hilfreich, »das Vermisste« gedanklich ein paar Tage in eine gelbe Pyramide zu setzen. Die Dinge werden dann meist genau zu dem Zeitpunkt wieder auftauchen, zu dem wir uns auch um sie kümmern »sollten«.

Wirkungsweise der gelben Pyramide:

Beim Lernen:	Hilft beim Aufnehmen von Wissen.
Bei Prüfungen:	Verbindet mit dem Strahl der Weisheit; hilft, Gelerntes abzurufen.
Wenn wir etwas suchen:	Die Pyramide hilft, das, was wir verloren oder vergessen haben, wieder in unser Bewusstsein zu ziehen.

---

* Siehe hierzu auch mein Buch *Dein Lichtgewand*, Seite 120: Goldene Lichtkristallpyramide.

Zum Konservieren: Über dem Obstkorb oder über dem Kühlschrank, damit die Lebensmittel länger frisch bleiben.

Wie verwende ich die gelbe Pyramide?

➤ Ich stelle sie mir ganz einfach vor und denke mich oder einen Gegenstand hinein.

➤ Ich sende sie aus, indem ich denke, dass ich sie aussende.

Über das Beten

Das Beten gehört zu den ältesten, den persönlichsten und mystischsten Erfahrungen des Menschen.

Selbst die ältesten aller Traditionen wussten schon immer um eine mystische, höhere Existenz. Sie wussten um die Existenz einer Kraft oder Wesenheit, der man schon seit jeher verschiedenste Namen gegeben hat. Bezeichnungen wie Brahma, Allvater, Geist Gottes, All-Seele, Allweiser, Absolute SEINSheit oder das Netz der Schöpfung – alles meint dasselbe: nämlich eine alles einende und alles tragende Wesenheit, die in Verbindung zu allem Leben steht.

Die ehrwürdigsten der Weisen wussten um das Wirken dieser höchsten Kraft, und sie waren in der Lage, diese in ihrem Leben anzuwenden. Ihr Bemühen, der Nachkommenschaft Hinweise zu hinterlassen, die besagen, wie man diese unsichtbare, alles ins Leben rufende Kraft einsetzt, um Gemüt, Körper und Beziehungen zu heilen und um Frieden in die Welt zu bringen, findet sich als Niederschrift auf den verschiedensten Tafeln, Felswänden oder Schriftrollen dieser Welt. Die Smaragdtafel (der Stein der Weisen) oder die Schriftrollen von Qumran sind nur zwei Beispiele.

Es gibt eine Art des Betens, die dem höchsten Gesetz und den darin verankerten vier Wahrheiten entspricht. Diese Art des Betens bedient sich weder der Worte noch fordert sie eine bestimmte körperliche Haltung. Ihre Essenz und höchste Kraft erkeimen aus der stillen Sprache des Fühlens und fordern uns auf, tiefste Dankbarkeit in der Gegenwart zu empfinden.

Die Qualität und Reinheit des Fühlens legt fest, inwieweit der Mensch direkten Zugriff auf den Geist Gottes erhält.

Alle Meister wussten um die Kraft, die freigesetzt wird, wenn der Dank mit den Worten »**Danke, dass es vollbracht IST**« ausgesandt wird, noch bevor das, worum man bittet, eingetroffen ist.

Gott als ein Feld oder eine Form von Weisheit, von Energie und Intelligenz zu sehen, ist der Versuch der modernen Wissenschaft, etwas so Großes, das sich jeder Analyse entzieht, mit dem Verstand fassen zu können. Doch das Göttliche lässt sich weder mit dem Verstand fassen noch muss es sich beweisen.

Anatol

Fest steht, es existiert eine höhere Macht, eine Art großer Magnet, eine Kraft, die auf menschliche Gefühle reagiert.

Wir wissen, dass es diese Wesenheit – ich nenne sie »die ABSOLUTE Seinsheit«, ich nenne sie »Gott« – gibt.

Es ist also leicht nachvollziehbar, wie wertvoll das Wissen darüber ist, wie wir bestmöglich mit dieser Kraft, die für das Leben so bedeutsam ist, kommunizieren können.

Pit schließt oft seine Augen und ist ganz still. Wenige Minuten, manchmal auch nur wenige Augenblicke später öffnet er die Augen wieder und nimmt seine zuvor ausgeübte Tätigkeit übergangslos wieder auf. Fragt man ihn, was er denn mache, wenn er die Augen schließt, so antwortet er stets:

»Psst, ich spreche mit Gott. Wenn alles still ist und wenn in meinem Kopf keine Worte mehr sind, dann beginnt Gott zu sprechen. Wenn ich mit Gott sprechen möchte, lasse ich mein Herz ganz groß werden ...«

Es liegt mir ganz besonders am Herzen, jenen Weg aufzuzeigen, der Kindern hilft, den Kontakt zu »Gott« auf jene Art und Weise aufrechtzuerhalten, wie es uns schon die alten Traditionen lehren:

Botschaft aus dem Licht 2010 von Daskalos

Das tiefe Gebet:

> ➤ Empfinde mit deinem wahren Herzen tiefste Dankbarkeit, während du betest (die Schöpfung um etwas bittest), so als sei dein Gebet bereits erhört worden!
> Somit kreierst du ein Engelselemental mit enormer Schöpferkraft!

> ➤ Während sich dein Geist in die Seinsheit, in Gott, in die Schöpfung versenkt, will der Fokus aus reinster Absicht uneingeschränkt im inneren Geschehen liegen.

> ➤ Lehre die Kinder, die dich umgeben, wieder den Zauber des Gebetes – ein Gebet nach der Schwingungsfrequenz der Liebe und in tiefster DANKBARKEIT darüber, dass das, worum gebeten wird, bereits Gehör gefunden hat.

> ➤ Erkläre den Kindern, dass sich die Gebete verstärken lassen, wenn sie zeitgleich ein Gefühl in sich entstehen lassen, das den Eindruck weckt, als ob ihre Wünsche bereits wahr geworden wären.

> ➤ Die Sprache, die mit Gott verbindet, ist in einem Erleben, einer bestimmten Qualität von Gefühlen im Herzen zu finden. Beten ist fühlen. Fühlen mit dem richtigen Herzen.

> ➤ Bitte ohne hintergründige Motive, und SEI umgeben von deiner Antwort. SEI umgeben von Gottes Antwort IN dir!

> ➤ Wenn genau jener Zweifel, der meist das positive Wesen der Wünsche umgibt, transzendiert wird, ist die Basis geschaffen, dass das Gebet erhört wird.

> ➤ Fühlst du den Berg und die göttliche Kraft in dir, während du ausrufst: »Berg weiche zurück!«, dann WIRD der Berg weichen. DEIN Berg.

Wenn Mönche stundenlang chanten und tönen und sich dabei in ein tiefes Gebet versenken, dann tun sie das ausschließlich, um damit ein Gefühl in ihrem Körper zu erzeugen.

Ein Gebet kann nicht »gesehen« werden, denn ein echtes Gebet entstammt dem Gefühl.

Das Fühlen erlaubt es erst, wahrhaftig mit der höheren Macht zu kommunizieren, und zeichnet im Inneren auf, wie hoch der eigene, aktive Beitrag am gewünschten Ergebnis ist.

Gefühle tiefer Dankbarkeit vollenden das Gebet wie das »Amen«. Sie segnen die Elementale, die der Mensch zuvor mit Gedanken, Gefühlen und all seinen Sinnen erschaffen und mit der übrigen Welt verbunden hat. Sei und bleibe dankbar!

Anatol 2010

Die Dankbarkeit bindet sich an die Möglichkeit, am Schöpfungsprozess beteiligt sein zu können, nicht an das, was durch den Prozess des Betens erschaffen wird.

Das echte Gebet ist wie eine Geburt: Durch das wahrhaftige Danken ehrt der Betende alle Möglichkeiten und bringt gleichzeitig das Erwünschte auf die Welt.

Echtes, reines Beten macht glücklich. Tiefe Dankbarkeit sorgt für die Ausschüttung von lebensbejahenden Hormonen. Durch die Sogwirkung jener mystischen Substanz, welche die gesamte Schöpfung vernetzt und miteinander verbindet, werden eben diese chemischen Prozesse weitergetragen und sorgen durch den Quanteneffekt für innere und äußere Sensationen. Wie oben, so unten, wie außen, so innen.

Die geistige Welt hält viele Geschenke für uns bereit.
Die Größe des Geschenkes erkennen wir nicht immer
sofort …

Ein sehr alter und weiser Mann – der Mann aus dem
Berg –, (m)ein Lehrer, lehrte mich einst, dass das,
WOFÜR man betet, NICHT in Erfüllung gehen kann.

Wenn man **um etwas** Bestimmtes **bittet,** dann gibt man jenen **Dingen Macht** und Stärke, an denen es **mangelt.** Ein Gebet **für** den Regen stärkt die Dürre. Ein Gebet **für** die Heilung stärkt die Krankheit. Ein Gebet **für** Essen mehrt den Hunger und so fort.

Wenn wir ständig um das bitten, was wir haben
möchten, geben wir ausschließlich den Zuständen,
die wir eigentlich verändern wollen, Macht.

Dies ist so, weil sich die materielle Welt in Gegensätzen
ausdrückt.

Von allem gibt es, der Dualität entsprechend, also zwei
Zustände: kalt und heiß, Frieden und Krieg, Heilung und
Krankheit, all dies sind zwei Seiten einer Medaille.

Wer um Heilung bittet und dabei an die Krankheit denkt,
die er loswerden möchte, gibt dem Zustand »Krankheit«
Kraft.

Wer für Weltfrieden betet und gleichzeitig Groll gegen die
Menschen hegt, die Kriege führen, der bildet Elementale,
die genau jene Voraussetzung für Krieg nähren.

Der alte Mann aus dem Berg kniete sich mit mir – dem Kind – auf den Boden, und er betete. Er betete – gemeinsam mit mir. **Er betete Heilung.** Er betete nicht FÜR Heilung – **er betete Heilung.** Er ging in das Gefühl der Heilung – **er ging mit mir** – dem Kind – **in den** SEINSZUSTAND **der Heilung,** und so geschah Heilung.

Der alte Mann lehrte mich, wie ich in mir das Gefühl der Gesundheit erwecke, indem ich Gesundheit und Vitalität in meinem Körper wahrnehme. Er lehrte mich, Gesundheit und Vitalität zu SEIN. Er zeigte mir, wie man Regen betet, indem man das Gefühl von Regen im Körper wahrnimmt. Indem man wahrnimmt, wie sich eine Pfütze mit nackten Füßen anfühlt. Indem man Regen riecht, ihn auf die Zunge tropfen lässt und ihn schmeckt. Er lehrte mich, tiefste Dankbarkeit zu empfinden und **Dankbarkeit** zu sein, noch bevor das, worum gebeten wird, Erfüllung findet.

Der alte Mann kam zu mir als kleiner Junge. Der alte Mann kam zu mir als Weiser. Er kam zu mir als Gelehrter und als Wanderer mit Stab. Er kam zu mir als Freund und Lehrer. Er kam in Liebe und in Makellosigkeit. Er kam und verweilte immer wieder in meinem Herzen, ohne sich vorzustellen. Er war ganz einfach nur da. Schließlich kam er zu mir als lebender Engel. Der alte Mann hat viele Namen, und einer davon ist »Pit«.

Die Liebe des Weisen, seine Makellosigkeit und seine Geduld lehrten mich eine völlig andere Form des Betens, sie lehrten mich die Technik des »**tiefen Gebets**«.

Das »tiefe Gebet« ist die kraftvollste und wundervollste Art, ein Gebet zu zelebrieren, die ich je erfahren durfte. Es bedarf keiner »stundenlangen, meditativen Versenkungen im heiligen Nichts«, es braucht lediglich die aufrichtige Entschlossenheit, mit dem wahren Herzen tief zu fühlen.

Seien auch Sie dieser alte Mann im Leben der Kinder, die Sie umgeben!

LEHREN SIE die KINDER das »TIEFE GEBET«!

Dieses gilt es, unsere Kinder zu lehren:

> ➤ Das Gefühl dessen in sich wahrnehmen, wonach sie sich sehnen:

> ➤ Wie fühlt es sich an, eine gute Note geschrieben zu haben?

> ➤ Wie fühlt es sich an, wenn alle Familienmitglieder in Harmonie miteinander sind?

> ➤ Wie fühlt es sich an, wenn der Papa die Mama wieder in die Arme nimmt?

> ➤ Und so fort.

Wenn bereits das Kind diese Form des Gebetes wieder kennenlernt, dann gelangt seine Schöpferkraft schon in jungen Jahren zur vollen Blüte. Das Kind bleibt in der Lage, wahrhaftige Gebete in der Schöpfung zu verankern, und hat ein kraftvolles Werkzeug zur Hand.

Diamantkinder leben uns diese Art des Betens vor.
Es liegt an uns, dieses Geschenk auszupacken und
dadurch die Kinder in ihrer ureigenen Art des Betens
wieder zu bestärken!

Wie Sie vorgehen können:

Etablieren Sie ein festes abendliches Ritual. Ziel des Rituals ist es, dem Kind jeden Abend wieder seinen Platz innerhalb der Schöpfung bewusst zu machen, damit es diesen Platz verantwortungsvoll einnehmen kann.

Anatol hat uns bereits wichtige Hinweise zum Wesen der Gedanken, zu den Elementalen gegeben. Lassen Sie mich noch einmal kurz zusammenfassen:

Mit jedem Gedanken und mit jeder Emotion erzeugen wir Elementale, die eine eigene Form und ein Eigenleben haben. Solche Elementale besitzen stets die Intelligenz des Menschen, der sie geschaffen hat.

Ein Gebet drückt also im weitesten Sinne ebenfalls die Gedanken, Emotionen und Wünsche eines Menschen aus.

Mit einem Gebet erzeugt man also ein Elemental, das im Normalfall die Form der Gottheit oder des Heiligen hat, an den es gerichtet ist.

Jedes einzelne Elemental hat daher seine eigene Qualität und Intelligenz.

Meine Schlussfolgerung daraus lautet daher:

Jeder Mensch, der im »Hier« stirbt, nimmt als ewige Persönlichkeit, die er ja auch ist, die Summe seiner eigenen Elementale mit auf die andere Seite und formt sich so seine eigene Hölle oder sein eigenes Paradies.

Ein Gebet ist ein spezielles Elemental, das direkt an die Gottheit oder Wesenheit, die man beim Beten im Kopf hat, geschickt wird. Ein Gebet an Jesus Christus wird also direkt zu Jesus Christus geschickt, ein Gebet an Krishna zu Krishna. Ein Gebet an Gott zu Gott – zu dem Gott Ihrer Vorstellung und zu dem Gott in Ihrem eigenen Inneren.

Die Kernaussage, die wir den Kindern vermitteln sollten, lautet daher:

»Gott hört alle deine Gebete. Wenn du weißt, wie ›tiefes, wahres‹ Beten funktioniert, dann werden deine Gebete auch erhört. Du trägst selbst dazu bei, dass deine Wünsche wahr werden.«

Am besten lesen Sie Ihrem Kind abends folgende Sätze vor:

Immer wenn du zu Gott sprichst, dann erschaffst du einen winzig kleinen Gott. Der winzig kleine Gott setzt sich ganz dicht an dein Herz und hört dir zu. Er nimmt alle deine Sorgen mit, und er hört dir sehr aufmerksam zu.

Wenn du mit deinem Gebet fertig bist, dann bläst er Zauberglitzersternenstaub in dein Herz, und du wirst wundervoll schlafen können.
Der klitzekleine Gott nimmt deine Sorgen mit und übergibt sie dem großen Gott.

Wenn du einen Wunsch hast, der richtig stark ist, und wenn du aufrichtig dankbar sein kannst, dann wird dieser Wunsch sogar aus deinem Herzen hüpfen. Gott freut sich sehr, wenn du tiefe Dankbarkeit fühlst. Der winzig kleine Gott auf deiner Brust kann Wünsche, die aus dem Herzen springen, auffangen. Solche Herzenswünsche bringt der kleine Gott immer direkt zum großen Gott. Wenn dein Glaube ganz stark ist und du ganz viel Liebe im Herz fühlst, dann wird sich dieser Wunsch erfüllen.

Es ist wichtig, dass du dich beobachtest, damit du lernst, deine Gedanken zu kontrollieren. Wenn du nämlich viele trübe und schwere Gedanken hast, dann fällt es den Wünschen sehr schwer, aus dem Herzen zu hüpfen, und der kleine Gott auf deiner Brust kann dann keine Wünsche auffangen.

Jeden Abend, bevor du einschläfst, erzählst du also dem winzig kleinen Gott auf deiner Brust die goldenen Geheimnisse des Tages, damit er die trüben Gedanken heilen kann:

- Was hast du heute alles gemacht, was du **nicht** hättest machen sollen?

- Was hast du heute alles **nicht** gemacht, was du hättest machen sollen?

- Was hast du heute alles gedacht, was du **nicht** hättest denken sollen?

- Was hast du heute alles **nicht** gedacht, was du hättest denken sollen?

- Was hast du heute alles gesagt, was du **nicht** hättest sagen sollen?

- Was hast du heute alles **nicht** gesagt, was du hättest sagen sollen?

Botschaft aus dem Licht:

»Versenke dich jeden Abend in die Seinsheit. Nimm Verbindung auf zu Gott.

Gibst du ihm jene Gedanken und Sorgen, die dich belasten, so ermöglichst du es jenen Bewusstseinsteilen, die deinen Körper beleben, des nächtens nach oben in die höchsten Dimensionen zu schwirren, um sich dort mit artgleichen, höheren Bewusstseinsteilen zu verbinden.

Werden die Bewusstseinsstrukturen während solcher nächtlicher Reisen mit neuer Schwingung und Informationen aufgeladen und geschult, bewirkt dies eine intensive Regeneration für Geist und Körper.

Behältst du hingegen deine Sorgen und Gedanken bei dir, so kreisen sie als Elementale rund um dich herum und führen dazu, dass diese Seelenaspekte, welche sich in den höheren Dimensionen regenerieren und aufladen möchten, an deinen physischen Körper gebunden bleiben.

Die Aspekte deiner Seele, die Bewusstseinsteile, die deinen Körper beleben, treten nur einige Zentimeter über deinen materiellen Leib hinaus und bewachen ihn von dort aus. Sie können sich nicht in die heimatlichen Gefilde begeben. Sie können sich nicht mit höheren Frequenzen verbinden oder aufladen, und sie können sich nicht regenerieren.

Das spürt der Mensch am folgenden Morgen, indem er sich unerholt und gerädert fühlt. Die Weisheit und Impulse seiner Seele bleiben ihm so verwehrt.

Wisse dies!«

Auflösen des Bettnäss-Elementals

Nachfolgend stelle ich Ihnen eine sehr kraftvolle Methode vor, die einem Kind helfen kann, destruktive Elementale aufzulösen. Mit dieser Übung ist es zum Beispiel möglich, gemeinsam mit dem betroffenen Kind das Bettnäss-Elemental und die damit verbundene Ursache aufzulösen beziehungsweise zu heilen. Ich habe diese Technik im Zuge meiner Arbeit in der Praxis entwickelt. Der Trick besteht darin, dass es in Wahrheit keinen »Weg zur Heilung« gibt, da Heilung kein Prozess ist. Heilung ist ein Zustand des Seins.

Bei der Thematik des Bettnässens gehen wir gemeinsam mit dem Kind demnach in den Seinszustand, in dem die Heilung IST. Es ist der Seinszustand, in dem die Ursache für das Einnässen aufgelöst ist, es ist also ein Zustand der Geborgenheit erreicht.

Es gibt viele Ursachen, weshalb Kinder sich einnässen. Doch letztlich laufen alle Ursachen (mit Ausnahme der karmisch bedingten), also auch die körperlich feststellbaren, auf die psychische Ebene hinaus. Bei meiner Methode arbeite ich mit der geistigen Kraft (spirituelles Heilen). Ich verbinde mich mit meinen Helfern und Meistern (mit meinen Lehrern aus der geistigen Welt) und trete über die Energie der Liebe in Kontakt mit dem Kind.

Ein schöner Einstieg ist die Organsprache. Mithilfe der Organsprache fällt es der höheren Weisheit des Kindes ganz leicht, dem Erwachsenen wichtige Informationen über psychische Hintergründe zu liefern. Dabei führt man das Kind in einen entspannten Zustand, so als leite man eine sanfte Meditation ein. Ich sage dem Kind, dass es heute einmal »sein Körper« sein darf. Der Körper weiß nämlich immer ganz genau, was los ist. Das Gespräch nach der einleitenden Meditation kann in etwa so aussehen:

Auflösen des Bettnäss-Elementals – Teil 1

> *»Immer, wenn ich ›Salvar‹ sage, dann kannst du mithilfe deines Schutzengels deinen Körper sprechen hören. Du weißt dann einfach ganz genau, wie es ihm geht und was*

er dir sagen möchte. Wenn ich ›Salvar‹ sage, dann bist du zum Beispiel dein Herz. SALVAR. Hallo Herz, wie geht es dir?« »Hallo, mir geht es gut. Ich bin nur gerade etwas aufgeregt, und darum klopfe ich ganz schnell.« »Du bist ja auch ein ganz besonderes Herz. Das habe ich gleich erkannt. Welche Farbe hast du denn?« »Jetzt gerade bin ich rosarot.« ... »Ich freue mich sehr, dass ich dich kennenlernen darf. Herz, weißt du denn, mit welchem Körperteil ich sprechen muss, damit ich herausfinde, warum Tom in der Nacht, wenn er auf die Toilette muss, nicht rechtzeitig munter wird?« ... »Hmm, ich glaube, ich kann dir das selbst sagen. Der Bauch und der Kopf haben damit nämlich gar nichts zu tun.« »Das ist aber toll. Was ist denn los? Wie können wir beide Tom helfen?« »Also, es ist ganz einfach so, dass ich furchtbar viel Angst habe. Ich klopfe dann ganz schnell und bin sehr traurig und schwer. Die Augen dürfen aber nicht immer weinen, weil ein großer Junge macht das nicht, sagen die in der Schule. Mich sieht leider niemand, darum hilft mir dann meine Freundin, die Blase. Die nimmt alle Tränen und sammelt sie für mich, damit sie nicht aus den Augen kullern. Das macht ein großer Junge eben nicht.«

Natürlich ist das nur ein sehr einfach gehaltenes Beispiel. In der Regel sind solche Gespräche sehr viel komplexer. Abhängig vom Einfühlungsvermögen und der Kreativität des Fragenden werden diese Gespräche viel Aufschluss geben.

Worauf die gesamte Methode allerdings hinaus möchte, ist das Auflösen der Ursache und das Auflösen des damit verbundenen Elementals. Was auch immer die Ursache für das Einnässen ist, das Einnässen ist die Folge eines Elementals, das im Grunde aussagt:

»Hallo Welt, (hallo Mama, hallo Tante, hallo Frau Lehrerin, hallo Herr Trainer ...) ich habe ein Problem, das niemand versteht. Auch wenn ich mir über das Problem selbst vielleicht nicht einmal bewusst sein sollte, es führt zu innerem Druck und Spannung. Das ›Ins-Bett-Nässen‹ bringt mich in den Babyzustand zurück. Ein Zustand des ›Angebundenseins an etwa Tragendes‹ (*das allerdings unabhängig von menschlicher Liebe oder Nichtliebe ist*). Ein Zustand der Zufriedenheit. Ein Zustand, der die Spannung und den Druck nimmt. Immer, wenn ich nachts ins Bett mache, dann erreiche ich diesen Zustand, der mich von der Spannung und dem Druck des Tages erlöst. Auch wenn ich dadurch viele Probleme bekomme, diese Probleme sind weniger schmerzhaft als der Druck und die Spannung, die ich sonst habe ...«

Gekoppelt an dieses Elemental (Gedanken) ist das Gefühl, wieder ein Baby zu sein. Ein Gefühl der Wohligkeit also. (Auch wenn im schlimmsten Fall die Wohligkeit in Bezug auf Menschen möglicherweise nur in der Tatsache bestanden hat, dass jemand sich Zeit nahm und eine nasse Windel wechselte und dem Baby so Aufmerksamkeit schenkte.) Über das Wesen der Elementale habe ich ja bereits geschrieben, und Anatol hat viel dazu erklärt. Elementale sind durch die eigenen Gedanken selbst erschaffene »geistige Lebewesen«. Ihre einzige Aufgabe ist es, auf Reisen zu gehen, immer wieder zum Schöpfer zurückzukehren und sich durch dessen erneute Energiefreigabe aufrechtzuerhalten. Elementale ziehen umher, suchen Schwingungen derselben Resonanz, also Personen, die ebenfalls solche Gedankengänge haben, oder auch frei schwebende Energien.

Immer wenn ein Elemental »gelebt wird« (wenn das Kind also einnässt), dann wird das Elemental genährt. Es wird stärker. Es wandert wieder weiter und kommt immer wieder zu seinem Schöpfer zurück, mit immer mehr Kraft und Einfluss auf ihn.

Es klopft beim Kind an und sagt: »Hallo, hier bin ich, dein Freund. Das supergute Gefühl der Entspannung, wenn du ins Bett machst.« Natürlich passiert das alles auf der unbewussten Ebene, aber genau dort hat es so viel Einfluss. Das Kind lernt, sich zu

entspannen, indem es ins Bett macht. Das ist bereits eine der ersten
Süchte, die ein Kind haben kann, die »Ins-Bett-mach-Sucht«. Wie
lösen wir solch ein Elemental nun also auf? Indem wir es dem Kind
bewusst machen.

Dazu verwende ich gerne **die Magnetkugeltechnik**: Zuerst finde
ich einen Verbündeten für das Kind, zum Beispiel den Schutzengel.
Dann baue ich ein Elemental der Liebe, das groß genug ist, um das
eigentliche Problem-Elemental aufzulösen.

Ich sage dann in etwa:

Auflösen des Bettnäss-Elementals – Teil 2

*»Ich habe jetzt gerade mit deinem Schutzengel gesprochen.
Er hat mir erzählt, dass er ganz aufgeregt ist vor lauter
Freude, weil er weiß, dass du inzwischen schon so groß geworden bist, dass du gar nicht mehr ins Bett machen
musst. Er schenkt dir heute nämlich einen Sternenglitzer-
staub/einen Stein/eine magische Zauberblume (was immer
Ihnen in den Sinn kommt), mit dem es ganz, ganz leicht
geht. Und ab sofort ist dein Bett nachts trocken. Falls du
auf die Toilette musst, dann wirst du ganz von selbst munter, und dein Schutzengel hüpft mit dir aufs Klo. Das wird
richtig toll. Damit die Zauberblume gleich ganz kraftvoll
funktioniert, arbeiten wir aber noch mit der Magnetkugel.
Das ist eine unsichtbare, magische Kugel aus der Engelwelt,
die alle Schmerzen, Traurigkeit und Gefühle, alle Kinder-
sorgen in sich aufnimmt. Die Engel bringen die Magnetkugel dann ins Elfen-/Feen-/Zauberland, wo alle dunklen
Gefühle aufgelöst werden. Zusätzlich schenken die Engel
allen Kindern, die morgens in einem trockenen Bett auf-
wachen, ein unsichtbares goldenes Lichtnetz. Dieses Lichtnetz hat ganz viel Kraft und beschützt dich. Es macht dich
sehr mutig. So mutig wie die Engel selbst. Dieses Lichtnetz
kann außerdem ganz viele Zauberkugeln machen, die du
an alle Menschen verteilen kannst.*

Die Zauberkugeln sind auch unsichtbar, und sie wissen genau, was du denkst, sie wissen, wozu du sie verwenden möchtest. Wenn du einem kranken Tier eine Heilkugel senden willst, dann denke einfach ›Zauber-Heilkugel‹ – und schwupp, schon schickst du eine Zauber-Heilkugel. Wenn es eine Mutkugel sein soll, dann wird es auch eine Mutkugel. Brauchst du eine Schutzkugel, dann hast du eine Schutzkugel. Soll es eine ›Lass-mich-in-Ruhe-Kugel‹ sein, dann erhältst du eine ›Lass-mich-in-Ruhe-Kugel‹. Was immer du gerade brauchst.

Die Lichtkugeln sind aber nur für liebevolle Angelegenheiten bestimmt. Sonst lösen sie sich sofort auf. So, jetzt sende also einfach alles, was dich traurig macht, in die Magnetkugel in meiner Hand.

Stellen wir uns vor, das Bettnässen ist ein doofes Krümelmonster (ein Elemental), das du jetzt gar nicht mehr brauchst. Wir schicken es jetzt für immer weg.«

Während Sie mit dem Kind sprechen und dabei Elementale der Liebe im Gedankenfeld des Kindes verankern, arbeiten Sie zugleich mit der geistigen Kraft. Verwenden Sie heilige Geometrien, die Kraft der Gedanken, bestimmte Schwingungsfrequenzen, die TDE-Technik oder Ähnliches, um negative Prägungen und Abdrücke zu entfernen.

Die schwarze Magnetkugel nimmt alle Ursachen und die damit verbundene Prägung in sich auf, und so ist Transformation möglich. Die Kraft des Feuers (Shiva) ist unbedingt notwendig, um das Elemental aufzulösen. Rufen Sie es an. Senden Sie das Elemental gedanklich durch eine Kerzenflamme, die Sie mit Ihrem Dritten Auge visualisieren. Schicken Sie es so lange hindurch, bis es verschwunden ist.

Nach dem Auflösen des Elementales bleibt ein Vakuum im Feld des Kindes zurück. Dieses muss unbedingt neu und positiv programmiert werden. Tun Sie das gemeinsam mit dem Kind.

Auflösen des Bettnäss-Elementals – Teil 3:
Programmieren des Vakuums

Fragen Sie das Kind, was es sich anstatt des »Krümelmons-
ters« jetzt von Gott wünscht. Erklären Sie dem Kind, dass
dort, wo das Krümelmonster gesessen hat, jetzt ein kleines
goldenes Loch ist, das wie ein Magnet alles Schöne und
Gute anziehen kann, was das Kind sich wünscht.

Legen Sie die rechte Hand auf das Herzchakra des Kindes
(oder lassen Sie es das Kind selbst machen), und beginnen
Sie mit schönen Wünschen.

»Statt des Krümelmonsters bekomme ich jetzt noch einen
zusätzlichen Wächter-Engelfreund, der auf mich aufpasst
und mich ganz lieb hat. Ich bekomme ganz viel Mut. Ich
habe Spaß beim Sport. Ich ...«

Alles Schöne, Bunte und Tolle darf jetzt gewünscht werden.

Danach sagen Sie:

»So, jetzt bist du ein Junge, der seine Blase vollkommen
im Griff hat. Jede Nacht schläfst du wundervoll und fried-
lich. Du hast ein Zauberlichtnetz und ... (wiederholen Sie
den Wunsch des Kindes, die Programmierung des Vaku-
ums). Ja, und morgen, wenn die erste Nacht schon um ist,
dann denke ich, werden deine Mama und dein Papa eine
kleine Feier mit dir machen. Dein Schutzengel ist mächtig
stolz auf dich, und er hilft dir dabei, dass alles ganz leicht
und schnell klappt. Hab keine Angst. Ich bin sicher, dass
es schon funktioniert hat, und sollten wir ein kleines Krü-
melmonsterstück übersehen haben, dann werden wir das
einfach ganz schnell auch noch auflösen. Das kannst du
sogar auch alleine machen, hat mir dein Schutzengel gerade
verraten. Er hilft dir gerne dabei. Du musst nur mit ihm
reden ...«

Dann geben Sie dem Kind den zuvor versprochenen Zauberstein, die Blume oder was auch immer es war und weisen die Eltern darauf hin, dass eine kleine Feier für das Gelingen eine richtig gute Idee ist.

Zusammenfassung der Heiltechnik:

➤ Energien (Elementale), die entfernt werden sollen, zusammenballen (Organsprache).

➤ Elemental entfernen (schwarze Magnetlichtkugel/Feuerkraft).

➤ Vakuum aufspüren (erfühlen oder sehen).

➤ Vakuum umprogrammieren – positive Engelselementale erzeugen.

KAPITEL 7

HERAUSFORDERUNGEN

Gesundheit

Es ist zuweilen eine große Herausforderung, den Spagat zwischen schulmedizinischer Versorgung einerseits und alternativen Heilweisen andererseits zu meistern, und es erfordert zuweilen ein gutes Gespür dafür, welche Maßnahme wann zu ergreifen ist. Der einfachste Ansatz ist der: Hören Sie Ihrem Kind zu. Es beschreibt meist sehr genau, was los ist. Gehen Sie zum Arzt, wann immer es erforderlich ist, aber unterstützen Sie Ihr Kind auch, indem Sie ihm zusätzlich alternative Heilansätze anbieten.

Mein Grundsatz lautet:

Die Gesundheit fördern und erhalten – anstatt Krankheiten zu bekämpfen.

> Wir kennen aktuell mehr als 40.000 Krankheiten.
> Für diese 40.000 Krankheiten stehen uns mindestens
> 58.000 verschiedene Medikamente zur Verfügung, und
> es gibt ungefähr 1.200 verschiedene schulmedizinische
> Fachrichtungen, die sich mit diesen Krankheiten befassen!

Im Gegensatz dazu gibt es nur EINE Gesundheit –
nämlich die, die man hat!

Natürlich steht hinter allen Phänomenen des Lebens immer eine Botschaft, so auch hinter jedem Unwohlsein oder jeder »Krankheit«. In diesem Zusammenhang lege ich Ihnen Bücher wie *Was dir deine Krankheit sagen will* (Kurt Tepperwein) oder *Krankheit als Weg* (Thorwald Detlefsen) ans Herz.

Um den Rahmen des Buches nicht zu sprengen, dient dieses Kapitel mehr der Beleuchtung jener Umstände, wie der Erwachsene in den Kindern das Bewusstsein wecken kann, dass das Handeln und Tun, ja das Denken selbst, das Ausmaß des eigenen Wohlbefindens und somit auch das Maß an Gesundheit mit bestimmt.

Dieses Denken spiegelt sich im Essen wider. Es hat Einfluss auf das, was wir trinken. Und das wiederum beeinflusst unser Handeln und führt letztlich zu Gesundheit - oder zu »Nichtgesundheit«. Ein Kreislauf, den es zu verstehen gilt.

Das Kapitel »Über das Beten« liefert in diesem Zusammenhang auch eine wertvolle Hilfe. Tiefes Beten, wie etwa bei Tisch, ist wirklich sehr kraftvoll und förderlich. Gerne möchte ich Sie wieder dazu ermuntern, denn die Sprache des Gebets umzusetzen, erfordert keine Anstrengung. Es ist eine Leichtigkeit. Versuchen Sie es ganz einfach. Ist das tiefe Tischgebet zur Routine geworden, lernt das Kind das wichtigste Werkzeug überhaupt schon früh ganz selbstverständlich anzuwenden.

Im Kindesalter werden die Grundsteine für die Gesundheit im späteren Leben gelegt. Daher richten wir nun gemeinsam unser Augenmerk auf das gesunde Aufwachsen von Kindern.

In den ersten Lebensjahren werden die Bausteine für die Verhaltensweisen der kleinen »Erwachsenen von morgen« gelegt.

Die Beschaffenheit dieser Bausteine prägt die spätere Gesundheit wesentlich und nachhaltig.

Was genau fördert das gesunde Aufwachsen unserer Kinder?

Um diese Frage zu beantworten, fokussiere ich mich auf die Bereiche **Ernährung, Bewegung** und **seelische Gesundheit.** Ein gesunder Geist in einem gesunden Körper. Dieser Grundsatz gilt für uns alle, natürlich auch für die Kinder. Viele Diamantkinder fordern uns zudem regelrecht dazu auf, »hinzuschauen« und die Verbindung von adäquater Lebensweise und Gesundheit zu erkennen.

Rein biologisch gesehen ist der menschliche Körper eine geniale und außergewöhnliche Schöpfung der Natur. Er ist mit Selbstheilungskräften und Regulierungsmechanismen ausgestattet, die das natürliche Gleichgewicht der Körperfunktionen aufrechterhalten und bei Bedarf auch wiederherstellen können. Es ist also niemals der Arzt oder das Heilmittel, der oder das Gesundheit bringt, sondern es ist stets der eigene natürliche Regulationsmechanismus und somit der innere Arzt oder die eigene Göttlichkeit, die Heilung bringt. Doch der Körper ist viel mehr als nur Materie.

Werfen wir zuallererst einen Blick auf das Thema Ernährung.

Wie bereits erwähnt, haben gerade Diamantkinder große Schwierigkeiten mit allem, das »aus der Lebendigkeit genommen wurde«. Veränderte und behandelte Lebensmittel können Allergien und allerlei andere körperliche Symptome hervorrufen. Die hohe Schwingung der Kinder fordert hochschwingende Lebensmittel.

> Lebensmittel sind Nahrungsmittel, die die Schwingung
> des Lebendigen und die Kraft der Photonen in sich
> tragen.

Der menschliche Körper und unser Stoffwechsel sind auf den Verzehr von frisch zubereiteter Nahrung aus (idealerweise Bio-) Obst und Gemüse, Wurzeln und Samen ausgelegt.

Der Körper ist natürlich noch viel mehr als nur Materie. Mithilfe der Urelemente, wie Wasser und Salz mit den darin enthaltenen

Photonen (= göttliche Informationen), ist der Organismus in der Lage, seinen ursprünglichen Ordnungszustand wiederherzustellen, wenn er in Chaos geraten ist.

➤ Wichtig dabei ist die natürliche Ganzheitlichkeit!

➤ Speise- oder Tafelsalz sind KEINE LEBENS-Mittel, sondern TOTE Mittel (= chemisch gereinigtes Salz ist reduziert auf die Verbindung Natriumchlorid).

➤ Mineral- und kohlensäurehaltiges Wasser ist Wasser, welches seiner lebendigen Kraft beraubt wurde. Es hat keine Spülfunktion mehr, und weil es bereits gesättigt ist, kann es Giftstoffe nicht mehr aufnehmen.

➤ Lebendiges Salz ist naturbelassenes, reines Kristallsalz. Lebendiges Wasser ist naturbelassenes, reines Quellwasser.

➤ VERBANNEN Sie Tafel- und Speisesalz sowie Mineral- und kohlensäurehaltiges Wasser von Ihrem Speiseplan! Greifen Sie zu reinem Kristallsalz und zu reinem, natürlichem, lebendigem, unverändertem, mineralarmem Quellwasser.

➤ Aktuelle Informationen und Empfehlungen hierzu finden Sie unter **www.wasser-und-salz.org**, siehe Anhang 3 auf Seite 271.

Wasser und Salz sind **in natürlicher Ganzheitlichkeit** in allen **durch die Natur hervorgebrachten LEBENS-Mitteln** enthalten. Alles, was nicht gekocht, gewürzt oder in irgendeiner Art und Weise verändert werden muss, um mit Freude verzehrt werden zu können, ist ein LEBENSMITTEL – so **wie die Schöpfung es** für den Menschen **vorgesehen hat.**

Ein normaler Mensch würde niemals in ein blutiges Stück rohes Fleisch beißen. Allein der Geruch von rohem, blutendem Fleisch wird Ekel im Menschen hervorrufen. Auch rohe Körner wird der

Mensch kaum zu sich nehmen, da sie zu hart sind. Anders verhält es sich mit Früchten, Samen und Nüssen. Sie wecken Lust auf Genuss!

Es gibt auf dem Markt eine Vielzahl von sehr guten Ernährungsbüchern mit tollen Vorschlägen und Rezepten. Stöbern Sie ruhig ein wenig darin herum, und lassen Sie sich inspirieren.

Jedes Nahrungsmittel ist durch irgendeine Form von Flüssigkeit geprägt. Im Obst ist es natürlicherweise das Fruchtwasser, im Gemüse das Zellwasser. Der göttlichen, perfekten Urmatrix entsprechend ist die Prägung in natürlichem, lebendigem Frucht- oder Zellwasser grundsätzlich positiv. Was passiert nun, wenn wir den Salat in ein Wasserbad legen, um ihm die Bitterstoffe zu entziehen? Was geschieht, wenn ein Apfelbaum mit saurem Regen in Kontakt kommt? Wie steht es um die Birnen, die nur ganz kurz im heißen Wasser blanchiert wurden?

Egal in welcher Phase ein Nahrungsmittel mit Flüssigkeit in Kontakt gekommen ist, die darin enthaltenen Informationen (gute sowie schädliche) haben einen Abdruck hinterlassen. Grundsätzlich können wir sogar davon ausgehen, dass alles, was in irgendeiner Form durch menschliche Hand »verändert« wurde, aus der Lebendigkeit und somit aus der Ganzheitlichkeit genommen wurde und dadurch schädliche Informationen in sich gespeichert hat.

> Der Mensch (seine derzeitige Persönlichkeit) besteht aus der Summe seiner Elementale – also aus der Summe seiner Gedanken.
>
> DU (deine derzeitige Persönlichkeit!) bist, was du DENKST!
>
> Gedanken sind Informationen. Daher werden umgekehrt auch »fremde« Informationen (Profitgedanken der Industrie, Manipulationsgedanken und Konzepte), die der Mensch durch Nahrung zu sich nimmt, Einfluss auf seine Persönlichkeit (Einfluss auf sein Denken) haben.

So gesehen stimmt der Ausspruch:

DU bist, was du ISST! Du bist, was du TRINKST!

In diesem Zusammenhang sagt Pit Folgendes:

Pit: »Die Menschen schauen gar nicht, was sie essen. Im Essen sind aber viele Dinge versteckt. Manche Sachen sind gar nicht gut für die Menschen. Sie erzeugen im Menschen falsche Gedanken. Eigentlich sollten wir lieber nur Dinge mit ganz viel Lichtkraft essen. Gott spricht mit uns über die Lichtkraft. Die Lichtkraft wohnt im Wasser, das ja auch im Essen ist. Die Lichtkraft gibt uns Kraft. Manchmal hole ich mir die Lichtkraft einfach so aus der Luft. Dann brauche ich eigentlich nichts mehr zum Essen. Meine Mama mag das aber nicht sehr gerne, weil sie das nicht wirklich versteht. Die Großen brauchen noch ein wenig länger, damit sie das verstehen. Darum esse ich dann halt auch andere Sachen. Mein Körper hat aber viele Probleme mit Essen. Wenn im Essen so ›komische Töne‹ sind, dann streiten sich die mit der Musik in meinem Blut. Dann bekomme ich Bauchweh. Da bläst sich dann ganz viel Luft in meinen Bauch, damit alles ein bisschen geschüttelt wird und wieder eine Musik entsteht, die zu mir passt. Es gibt auch Essen, das einen schlimm verzaubern kann. Dann merkt man gar nicht mehr, dass dieses Essen ziemlich ungesund ist. Gummibärlis sind so was. Ich mag sie ziemlich gerne, aber der liebe Gott hat sie sich bestimmt nicht ausgedacht. Sie wachsen ja auf keinem Baum ...«

Anatol: »Pit bezieht sich hier auf die Photonen im Essen, die den Menschen im eigentlichen Sinne nähren. Der Grund für die Übergewichtigkeit vieler Menschen ist, dass diese Menschen ständig hungern. Sie hungern nach dem Licht. Sie hungern nach der Liebe, die in diesem Licht schwingt. Sie glauben, wenn sie viel essen, dann verschwindet dieser Hunger, doch ist es kein Hunger nach Substanzen, sondern ein Hunger nach Lebendigkeit in Form von Licht.

*Dieses Licht ist die Information des Göttlichen, der Atem Gottes,
der alles am Leben erhält. In der Nahrung ist er in allen Flüssigkeiten gespeichert. Es ist eine geometrische Formel, die die Schöpfung
in der lebendigen Nahrung gespeichert hat. Diese geometrische Formel entspricht den Geometrien in euren Zellen und bringt diese
harmonisch zum Schwingen. Essen ohne Lichtphotonen ist künst-
liches Essen. Es verursacht Disharmonie in eurem Körper, da die
Schwingung (die Töne) chaotisch ist. Wer das Essen segnet, kann
sehr viel Ordnung in das Chaos bringen und tut sich damit Gutes.
In eurer Nahrung sind vielerlei Elementale enthalten. Göttliche,
heilsame Elementale in der lebendigen Nahrung, so wie die Natur
sie hervorbringt – und auch zerstörerische, niedere Elementale, die
durch eine profitgierige Industrie in das Essen hineingeprägt werden.
Dieses Essen versorgt euch mit falschen Informationen. Weder
nährt es euch noch dient es euch ...«*

Was können Sie also tun? Gehen Sie Ihren Kindern mit gutem
Beispiel voran, und achten Sie darauf, was Sie essen. Liebevolle Gedanken bei der Nahrungszubereitung sind dabei ebenso entscheidend wie die Lebensmittelauswahl an sich.

> *Über das gute alte Tischgebet:*
>
> Was früher gang und gäbe war, verschwindet mehr und
> mehr von den Esstischen.
>
> Lassen Sie ein uraltes Heilritual wieder aufleben: Segnen
> Sie Mahlzeiten und Getränke, indem Sie sie mit Engels-
> elementalen beschallen. Bitten Sie das Göttliche um
> Segen für Ihre Mahlzeiten und Getränke.

Üben Sie **die Technik der POSITIVEN BESCHALLUNG** mit
Ihren Kindern. Positives Beschallen bedeutet: Engelselementale (eine
bestimmte, kraftvolle Abfolge an farbiger, heiliger Geometrie) kreieren und diese im göttlichem System verankern.

Wenn Sie so wollen, dann schreiben wir täglich neue Programme auf der eigenen Festplatte. Jedes Programm steht in Verbindung mit dem Zentralcomputer (dem Göttlichen, dem Quantencomputer). Das Universum ist quasi wie eine kleine Server-Konfiguration. Auf dem Server stehen die meisten, die wichtigsten Daten, und auf dem persönlichen Computer stehen nur die persönlichen Daten. Das Göttliche kontrolliert und wacht über sämtliche Daten unserer Programme. Schädliche oder fehlerhafte Programme werden zuweilen wie Viren gelöscht, oder sie führen zu Fehlern auf unserem Lebensplan (unserer Festplatte), die wir dann mit viel Geduld, Können und Geschick wieder korrigieren dürfen.

Wenn Sie jetzt also positiv arbeiten, sprich in den eigenen Programmen etwas umschreiben (Engelselementale kreieren), dann ist es wichtig, diese Daten auch an den Server, also an den Quantencomputer zu übertragen. Alles ist miteinander verbunden, alles ist eins. Jede einzelne Handlung ist eine Aufbereitung von Datensätzen. Somit ist auch das positive Beschallen von Nahrung eine Art »virtuelle Handlung«.

Wenn Sie also ein tolles neues Programm geschrieben haben (zum Beispiel ein Heilgebet sprechen für das Wasser, das Sie und Ihre Lieben trinken) und die Daten umgehend an den Quantencomputer übertragen, dann wird auch das Kollektiv an der Heilung partizipieren. Engelselementale sind der direkte Weg zur Festplatte des Zentralcomputers, also zum Quantencomputer. So funktioniert das Prinzip des kollektiven Heilens:

> Menschen, die sich durch die Kraft des Geistes vereinen und die Heilung der Gewässer der Erde oder verseuchter Gebiete visualisieren, senden folgende Information an den Quantencomputer:
>
> »Die Gewässer SIND heil; die Gebiete SIND in Harmonie und Gesundheit« und Ähnliches.

Dadurch können jene Programme überschrieben werden, die andere Menschen im Kollektiv schreiben und welche aussagen:

»Die Gewässer SIND verseucht und krank. Gemüse und Getreide sind unwiderruflich verseucht.«

Sie sehen, unsere Verantwortung ist sehr groß.

Die Diamantkinder schenken uns das Wissen über die Kraft der positiven Umprogrammierung. Sie erklären uns das göttliche Prinzip, indem sie es uns vorleben: das Sog-Prinzip, das selbst ein Magnet der Liebe ist und alles, was in Resonanz dazu ist, auf sich zukommen lässt.

Doch was bedeutet dies genau für die Gesundheit? Der oben beschriebene Mechanismus greift bei sämtlichen Strukturen, bei sämtlichen Verhaltensweisen.

Wir haben immer die Wahl, wie wir unsere Programme schreiben, indem wir ganz einfach lernen, unsere Gedanken zu kontrollieren. Wir denken und denken. Wir denken, während wir essen. Wir denken, während wir das Essen zubereiten. Die Menschen denken, wenn sie einkaufen gehen. Die Menschen denken bei der Ernte, beim Transport der Lebensmittel. Dadurch ist alles millionenfach beschallt und beinhaltet die verschiedensten Prägungen.

Es ist also enorm wichtig, vorhandene Prägungen in den Lebensmitteln und im Wasser zu löschen und sie neu zu beschallen, bevor wir essen oder trinken.

Botschaft 1: Du bist, was du trinkst.

Gutes, reines Wasser zu trinken, ist ein MUSS, das du DARFST, weil es GUT ist, wenn du es TUST! Es heilt, und es verbindet das Wasser in dir und das Wasser in mir!

Es ist der Stoff, der die Materie in Kontakt bringt mit dem Geistigen und der die Informationen aus der Quelle in die irdischen Ebenen transportiert.

Wir bestehen zu einem Gros aus Wasser. Das Wasser der Erde ist der Verbindungskanal zum Göttlichen. So wie es um die Gewässer der Erde steht, so steht es auch mit der Verbindung zum Göttlichen. Sie können es überprüfen: Je reiner und klarer das Wasser, das der Mensch trinkt, umso gesünder (in göttlicher Ordnung) ist das System Mensch.

Es ist wichtig, den Kindern schon sehr früh den Wert von frischem, klarem Wasser beizubringen. Ein sehr wertvolles Buch in diesem Zusammenhang ist *Die Botschaft des Wassers* von Masaru Emoto, das auf vielen Bildern die Kristallstruktur von mit unterschiedlichen Schwingungen beschalltem Wasser zeigt. Mit den Karten aus meinem Werk »Dein Lichtgewand« habe ich sehr gute Erfahrungen gemacht, was die Energetisierung von reinem Quellwasser betrifft.

Sie können mit Ihrem Kind zum Beispiel zwei Gläser mit Wasser füllen. Mit zwei Abbildungen aus dem Buch von Emoto können Sie Ihrem Kind nun zeigen, wie das Wasser aus der Leitung oft aussieht – und wie es sich wandelt, wenn man es mit liebevollen Worten oder Musik beschallt ...

Unter diesem Gesichtspunkt ist es auch einleuchtend, dass Heilung geschehen kann, indem man bildhaft die Regenerierung des Zellwassers visualisiert. Mit Kindern kann man sehr gut mit den Kristallabbildungen arbeiten.

Machen Sie mit Ihrem Kind häufiger eine meditative Heil-SEIN-Übung, indem Sie folgende Sätze in eine Meditation einbauen:

Die HEIL-SEIN-Übung

»Die Engel der Heilung fliegen jetzt mit dem Wunderkristall der Heilung in unseren Körper. Sie berühren alle verletzten, traurigen oder verwundeten Kristalle im Zellwasser und in der Blutbahn. Alle so berührten Kristalle werden augenblicklich heil und verwandeln sich in perfekte, gesunde, wunderschöne und heile Kristalle.«

Botschaft 2: Du bist, was du isst.

Wenn alles Schwingung und Energie ist, dann ist es logisch,
dass chaotische Schwingung in der Nahrung zu chaotischer
Schwingung im Körper führt.

➤ Wählen Sie also LEBENSmittel für Ihre Familie aus. Treffen Sie die Einkaufsentscheidungen unter diesem Aspekt:
Wir sind lebendige Geschöpfe, die lebendige Nahrung zu
sich nehmen, um vom Leben gespeist zu sein.

➤ Greifen Sie zu biologischem, naturbelassenem Obst und
Gemüse. Ersetzen Sie Gutes durch Besseres!

➤ Bereiten Sie auch das Pausenbrot für die Schule unter diesem Gesichtspunkt zu.

➤ So nehmen Ihre Kinder das lebendige Brot Gottes in sich
auf.

Botschaft 3: Es ist entscheidend für das Wohlbefinden, wie du isst.

Auch das »Wie« ist eine Form der Schwingung und eine
Form der Energie.
WIE können Sie demnach das gesunde Aufwachsen Ihrer
Kinder fördern?
Indem Sie folgende Überlegungen berücksichtigen:

➤ Das gemeinsame Frühstück ist ein wichtiger Start in den Tag.

➤ Eine gemeinsame Mahlzeit schafft einen schönen Rahmen, in
dem sich möglichst die ganze Familie sieht und miteinander
kommuniziert – miteinander SEIN (kein Fernseher, kein Radio).

➤ Die Mahlzeiten finden immer in einer angenehmen Atmosphäre
statt. Das gemeinsame »tiefe Gebet« vor Beginn der Mahlzeit
kreiert heilsame Engelselementale, die sich positiv auf Körper,
Geist und Gemüt auswirken.

➤ Diskussionen und Streitgespräche am Tisch sollten Sie unterbinden, da sie niedere Elementale erzeugen, die das Essen negativ beschallen.

➤ Versuchen Sie, möglichst oft das auf den Tisch zu bringen, was die Kinder auch gerne mögen. Binden Sie die Kinder ein wenig in die Essensplanung mit ein.

➤ Geben Sie Ihren Kindern Süßigkeiten nur rationiert und kontrolliert. Auch hier gilt: Ersetzen Sie Gutes durch Besseres. Vermeiden Sie gehärtete Fette (Transfette), wie sie in Schokolade, Croissants, Back- und Süßwaren vorkommen. Es sind dies sogenannte Killerfette, die die Zellwände versiegeln und dadurch die Zellkommunikation, die Osmose- und die Entgiftungsmechanismen der Zelle zerstören. Setzen Sie stattdessen mehr auf bunte Früchte, nett angerichtet auf einem kleinen Teller. Kinder essen mit allen Sinnen – behalten Sie dies im Hinterkopf.

Lassen Sie uns nun einen Blick auf das Thema »Bewegung« werfen:

»Ein gesunder Geist in einem gesunden Körper«, dieser Grundsatz hat immer absolute Gültigkeit. Bewegung ist alleine deshalb schon so wertvoll, weil sich das Kind so automatisch an der frischen Luft, also in der Natur aufhält.

Kinder haben von sich aus einen natürlichen Bewegungsdrang. Im Grunde braucht man diesen nur aufrechtzuerhalten, beziehungsweise man sollte versuchen, ihn, falls das Kind zu einem Stubenhocker mutiert ist, wiederzuerwecken.

Bewegung macht glücklich. Diamantkinder haben oft sehr lange Schwierigkeiten, im eigenen Körper »anzukommen«. Die Materie sagt ihnen einfach zu wenig. Umso wichtiger ist es, diesen Kindern Spaß und Freude an der Bewegung zu vermitteln.

Wenn Diamantkinder Spaß an der Bewegung finden, dann werden sie auch einen besseren Zugang zum eigenen Körper entwickeln. Immerhin ist der Körper im Jetzt jener Tempel, in dem die

Seele verweilt. Wird dieser Aspekt nicht bereits in jungen Jahren genügend gefördert, werden Diamantkinder auch noch als Erwachsene Schwierigkeiten haben, sich richtig im Körper zu fühlen. Zeigen Sie Ihren Kindern daher, dass »man« Spaß und Freude im Körper haben kann, indem Sie ihnen genau das vorleben. Denn gerade das brauchen Diamantkinder dringend. Sie brauchen Sport, Tanz und ein gesundes Maß an Bewegung, um sich auf Erden und im Körper lebendig zu fühlen.

Ein paar positive Ansätze finden Sie in folgenden Überlegungen:

➤ Eltern sind Vorbilder im Bewegungsverhalten der Kinder. Wenn die Eltern gerne körperlich aktiv sind, werden es Ihnen die Kinder gleichtun.

➤ In der Familie werden die Basis und die Gelegenheit für gemeinsame körperliche Aktivitäten geschaffen. Die gemeinsamen Unternehmungen sollten allen Beteiligten Spaß machen.

➤ Durch Regelung und Einschränkung des Medienkonsums einschließlich Videospielen wird den Kindern mehr Gelegenheit gegeben, sich in Bewegung spielerisch zu betätigen.

➤ Ersetzen Sie Sicherheitsbedenken durch positive Impulse: Das bedeutet, anstelle von Befürchtungen (»Pass auf, dass du nicht runterfällst!«) äußern Sie unterstützende und fördernde Ermutigungen (»Ich finde, du kannst ausgezeichnet klettern. Es gefällt mir besonders, dass du vorsichtig vorgehst und auf deine Sicherheit achtest. Das machst du toll!«).

➤ In ungünstigen Wohngebieten mit wenig Bewegungsraum und hohem Sicherheitsrisiko für die Kinder können Familien gemeinsame Bewegungsmöglichkeiten durch Zusammenarbeit (Netzwerkbildung) mit anderen Familien finden.

Gerne möchte ich nun noch einen Blick auf das Thema
»seelisches Wohlergehen« werfen.

Wir alle tragen Verantwortung. Ganz besonders tragen wir Verantwortung für die Kinder dieser Welt. So lange es auf der Welt noch
ein einziges Kind gibt, das durch die Welt der Erwachsenen leidet,
ist diese Welt kein heiler Ort. Solange wir dies nicht verstehen, bleibt
diese Erde ein Planet des Karmas. Alles ist wandelbar. Es liegt an
uns, neue Programme zu schreiben und sie in den großen Quantencomputer der Schöpfung zu laden ...
Unser notwendiges Feld des Wirkens beginnt innerhalb der Familie
und im eigenen Umfeld, doch es endet nicht dort! Unser Feld des
heilsamen Wirkens muss sich ausdehnen, bis es die Erde, den Kosmos, ja die gesamte Schöpfung umspannt. Erst dann werden Frieden und Harmonie herrschen.
Ich konzentriere meine Vorschläge im Folgenden zwar auf die Familie und auf die direkte und indirekte Umgebung, möchte Ihnen
jedoch die Notwendigkeit, »überall« positiv tätig zu sein, zeitgleich
mit ans Herz legen.
Gottes Wirken kennt keine Grenzen, weil es keine Grenzen gibt.
Gott wirkt ALLZEIT durch jedes einzelne Bewusstsein. Er wirkt
durch Sie und durch mich.

Innerhalb der Familie möchte ich Ihnen ein paar Grundsätze auf-
zeigen, die zum seelischen Wohlergehen der Kinder beitragen:

➤ Geregelte Tagesabläufe und Routine, die Kindern Sicherheit und
   Beständigkeit vermitteln.

➤ Mit täglichen Ritualen, etwa beim Zubettgehen oder beim
   Essen, schenken wir den Kindern ungeteilte Aufmerksamkeit
   und Zuneigung. Es finden liebevolle Gespräche und gemeinsame Tätigkeiten statt.

➤ Durch körperliche Nähe wird den Kindern Zuneigung, Wert-
   schätzung und Geborgenheit vermittelt.

➤ Durch klare Regeln, die ausgehandelt und transparent sind und deren Einhaltung konsequent durchgesetzt wird, werden den Kindern klare Verhaltensmaßstäbe gegeben. Rigidität wird jedoch vermieden.

➤ Kinder werden gelobt für positives und erwünschtes Verhalten, ohne das Lob parallel an Kritik oder Einschränkungen zu koppeln.

➤ Bereits kleinen Kindern werden die verschiedensten Zusammenhänge oder Problematiken und Erfordernisse liebevoll erklärt. Die Achtsamkeit steht dabei im Vordergrund.

➤ Konflikte mit oder unter den Kindern oder mit den Eltern werden immer zeitnah geklärt. Dabei sollten Sie nicht emotional reagieren. Versuchen Sie, einander den jeweils eigenen Standpunkt zu erklären. Stellt man eigenes Fehlverhalten fest, so sollte man sich dafür entschuldigen und den Kindern so ein liebevolles Verhalten lehren. Nach einem Streit ist es sehr wichtig, die Versöhnung ausdrücklich festzustellen (zum Beispiel durch ein Ritual; **denken Sie dabei an das Münzritual, das Pit ins Leben gerufen hat.**)

➤ Trauen Sie den Kindern mit zunehmendem Alter immer mehr Eigenverantwortung für ihre Angelegenheiten zu, und erlauben Sie ihnen auch, ihre eigenen Entscheidungen zu treffen. Sie als Elternteil fungieren lediglich als liebevolle Berater und greifen nur dann ein, wenn wirklich etwas danebengeht oder wenn Hilfe notwendig ist.

➤ Vergessen Sie nicht, Eltern sind mit einer positiven Lebenseinstellung und einem gesunden Selbstwert stets Vorbilder für ihre Kinder.

➤ Schützen Sie Ihre Kinder bereits früh und konsequent vor übermäßigem Medienkonsum. Es ist wirklich sehr wichtig, den Kindern einen gesunden Umgang mit Medien vorzuleben. Hilfreich dabei sind klare Regelungen des Fernsehkonsums (Begrenzung der Zeit und Auswahl bestimmter Sendungen). So verhindern Sie, dass Kinder Computerspiele und TV-Geräte als Mittel zur Flucht vor dem Alltag benutzen. Zudem ist es besser, gemeinsam fernzusehen, da somit das Gesehene bei Bedarf anschließend besprochen werden kann und eine gute gute Verarbeitung der Inhalte sichergestellt ist. Denken Sie dabei aber unbedingt daran, dass Fernsehen und Computerspiele keinesfalls als Belohnung oder Bestrafung genutzt werden sollten.

➤ Trauen Sie Ihren Kindern (bestimmte Sicherheitsvorkehrungen vorausgesetzt) ab einem gewissen Alter ruhig eine bestimmte Zeit lang zu, auf sich selbst gestellt zu sein. Vergessen Sie aber nicht, das Kind zu loben, wenn es sich selbst ein Brot geschmiert und seine Hausaufgaben ganz alleine gemacht hat, während Sie sich im oberen Stock um die Wäsche gekümmert haben. Das führt zu Selbstvertrauen.

➤ Wenn die Eltern darauf achten, dass ein gutes Verhältnis zu Nachbarn und befreundeten Familien oder Verwandten herrscht, wird eine gute Integration in das soziale Umfeld unterstützt, was ebenfalls sehr positiv ist.

➤ Lassen sich die Eltern scheiden, sollten die Folgen der Scheidung für die Kinder durch eine gute Aushandlung von Regelungen unbedingt abgepuffert werden. Das Verhältnis zwischen den Partner sollte dringend geklärt sein, und es sollte eine respektvolle und sachliche Gesprächsebene und Basis bestehen.

Sensitivität und gesellschaftliche Integrität

Die Diamantkinder haben meist große, auffallend schöne Augen. Sie sind die Tore zur Seele und spiegeln ihre alles durchdringende Feinfühligkeit wider. Mit allen Sinnen nehmen diese Kinder Kontakt auf zur äußeren Welt.

Ihre Wahrnehmung ist höchst ausgeprägt, und ihre »inneren und äußeren« Sinnesorgane sind sehr empfindsam. Diamantkinder wirken auf ihr Umfeld »weise« und »verstehend«. Ihre ausgeprägte Sensitivität ist es, die sie so einfühlsam und verständnisvoll macht.

Die Diamantkinder schenken unentwegt Liebe. Sie tun es quasi im Vorbeigehen, und ihr Dilemma liegt darin, dass sie wie Mimosen sämtliche störenden Schwingungen auffangen. Die Schmerzen der Welt wollen durch ihr zartes Wesen Gehör finden und Wandlung erfahren.

> So lesen die Diamantkinder die Absicht hinter den Gedanken. Sie hören die Schwingungen hinter den Worten.
>
> Sie sehen die Auren und bemerken, wie sich diese in den Färbungen eintrüben, wenn die Menschen aus dem Gleichgewicht geraten.
>
> Sie wissen ganz einfach.
>
> Da sie mit allem so bewusst und intensiv verbunden sind, reagieren sie unweigerlich auf die Stimmung und die Schwingungen im Außen.

Ihre ausgeprägte Sensitivität macht diese Kinder leider auch sehr oft zur Zielscheibe für destruktive Mechanismen, egal wie diese geartet sind. Stehen Sie hinter Ihrem Kind. Helfen Sie ihm, Selbstbewusstsein aufzubauen, damit es sich besser behaupten kann. (Siehe auch Kapitel »Selbstbewusstsein stärken«.)

Wenn Sie Ihrem Kind vermitteln können, dass es perfekt ist, wie es ist, aber dass manche Menschen womöglich die ein oder andere Handlungsweise des Kindes nicht verstehen und sich nur deshalb ablehnend verhalten, dann sind Sie auf dem besten Wege. Sie geben dem Kind nämlich zu verstehen, dass sie es lieben, wie es ist.

Nicht die Kinder sind fehl am Platz, die Erwachsenen verstehen höchstens manche Handlungen nicht. Möglicherweise sind manche Handlungen oder Verhaltensweisen nicht förderlich, doch es geht nicht darum, dass diese Kinder lernen, sich anzupassen. Es geht darum, dass wir erkennen, dass die Systeme rund um die immer mehr erwachenden Kinder einfach nicht mehr passen. Die passenden Antworten auf die hohe Sensitivität der Diamantkinder sind Verständnis und Liebe. Ein sozial integrativer Erziehungsstil, der Zeit und Geduld aufbringt, ist am besten geeignet, um diese Kinder auf einen Weg zu führen, der sie zu selbstsicheren, verantwortungsvollen und sozial integrierten Jugendlichen beziehungsweise erwachsenen Menschen formt. Wie das geht? Ganz einfach:

➤ Der Erwachsene kommt den Kindern entgegen. Er weiß um ihre Bedürfnisse und reagiert adäquat darauf.

➤ Der Erwachsene zeigt seine Liebe und seine Zuneigung durch körperliche Zuwendung. Positive Gefühle (Freude) werden gezeigt (auch mit dem Gesichtsausdruck), und Gefühle werden mitgeteilt. Er schenkt dem Kind Aufmerksamkeit und achtsame Zärtlichkeit.

➤ Der Erwachsene weiß, was er dem jeweiligen Kind zutrauen kann und wann er angehalten ist, »stopp« zu sagen. Er fördert die Stärke, das Durchsetzungsvermögen und die Unabhängigkeit des Kindes, indem er es motiviert (»Du schaffst das schon ganz alleine!«) und Zeitdruck dabei vermeidet.

➤ Der Erwachsene teilt seine eigenen Interessen ebenso mit, wie er das Kind ermuntert, seine Interessen kundzutun. Er findet mit dem Kind Gemeinsamkeiten und Hobbys, die man teilen kann. Dann ist es auch in Ordnung, wenn von Zeit zu Zeit Unternehmungen stattfinden, die nicht alle gleich begeistern.

➤ Der Erwachsene ist verantwortlich für eine soziale und warme Familienatmosphäre, egal um welche Gruppe es sich handelt. Eine soziale, liebevolle und familiäre Atmosphäre ist ebenso in öffentlichen Einrichtungen, wie Krabbelstube, Hort, Kindergarten, Schulklasse oder Jugendtreff, unbedingt erforderlich. Es geht uns alle etwas an! Ein von Kindern umgebener Erwachsener vermittelt jedem einzelnen Kind eine Botschaft. Diese Botschaft sollte sein, dass er wahrhaftig eine Vertrauensperson ist und dass das Kind mit ihm über alles reden kann, weil es für jedes Problem eine Lösung gibt. **Ist eine Person, die mit Kindern zu tun hat, dazu nicht in der Lage, dann ist diese Person auch nicht in der Lage, mit Kindern im positiven Sinne zu SEIN, und sollte die Konsequenzen daraus ziehen. Es ist unsere Aufgabe und unsere Verpflichtung, die Kinder dieser Welt fröhlich zu machen, denn sie alle sind Kinder des Lebens. Sie sind das Leben selbst.**

➤ Der Erwachsene schafft genügend Freiraum, indem er festlegt, wann was gemacht wird, und den Kindern dabei ein gewisses Mitspracherecht zugesteht.

➤ Der Erwachsene stellt an das Kind gewisse Anforderungen, er überfordert es jedoch nicht. Er ist liebevoll, aber konsequent (ja = ja und nein = nein). Der Erwachsene ist aufgefordert, die Jas und Neins ganz genau zu überdenken, bevor er sie aufstellt. Der Erwachsene gewährleistet dem Kind ein gewisses Mitspracherecht, aber es gibt Angelegenheiten, über die nicht diskutiert wird. Beispiel: Bei »Rot« geht man nicht über die Straße (und aus!). Wenn angemessene Aufgaben durch das Kind zu erledigen sind, dann ermuntert der Erwachsene das Kind, indem er es fragt, ob es schon alles erledigt hat und ob es Unterstützung benötigt. Der Erwachsene nimmt dem Kind seine Aufgaben (Schule, Zimmer aufräumen o. Ä.) nicht ab, aber er bietet ihm gegebenenfalls Unterstützung an. Die Verantwortung, die einem Kind übertragen wird, muss seinem Alter entsprechen.

➤ Ebenso wenig, wie das Göttliche (die Urmutter/der Urvater) Bedingungen stellt oder gar droht, drohen auch wir nicht oder stellen Bedingungen im Sinne von »Wenn du nicht, dann ...« oder »Nur wenn du, dann ...«. Wenn der Erwachsene eine korrigierende Maßnahme für notwendig hält, dann hat diese gewaltfrei zu sein (Fernsehverbot). Besser ist es aber, wenn gemeinsam nach einer Lösung gesucht wird. Ebenso sind Bezugspersonen dazu angehalten, voreilige Vorschläge zu vermeiden und keine Problemlösungen vorwegzunehmen. So wird das Kind lernen, auch in schwierigen Situationen selbstständig und kreativ zu denken.

➤ Der Erwachsene schenkt den Kindern den Glauben an sich selbst. »Ich glaube an dich, also kannst du auch an dich glauben!« »Ich nehme deine Probleme ernst.«

➤ Ein Bestärken der Kinder ist motivierend, daher ist auch Lob sehr wichtig. Ebenso wie der Erwachsene das Kind lobt und motiviert, lehrt er das Kind auch, Verständnis für die Fehler von anderen aufzubringen.

➤ Der Erwachsene bietet dem Kinde eine seinem Alter entsprechende und umfassende Sexualerziehung, um es vor Missbrauch und Gewalt zu schützen. Nur wenn das Kind weiß, was Missbrauch und Gewalt überhaupt sind, kann es die verschiedenen Situationen richtig einschätzen und angemessen reagieren.

Der Mensch malt ein Porträt seiner selbst durch seine Spiritualität. Diese ist das Ursprungsrecht, welches jeder Seele, die ihre Reise durch die Welten antritt, gegeben ist. Allein die spirituelle Energie erlaubt dem Seelenbewusstsein jenes Wachstum und jene Erfahrung, die zu empfangen der alleinige Zweck der Reise ist.

Spiritualität ist der maßgebliche Faktor schlechthin im ewigen Entwicklungsprozess der Menschheit. Unsere Fähigkeit, in der materiellen Welt zu überleben und im positiven Sinn schöpferisch tätig zu sein, geht einher mit der Tiefe unseres spirituellen Verständnisses dessen, was das Leben an sich ist und wie wir in seinem Schoß sicher und glücklich als Mensch leben können.

Wir berauben unsere Kinder ihrer spirituellen Ursprungssprache, die sie in Kontakt bringt mit dem wahren Kern der Schöpfung, indem wir zwanghaft versuchen, ihnen die Sprache und die Systeme einer leidenden und degenerierten Welt überzustülpen. Unser Bemühen sollte darin liegen, in die entfernte Erinnerung unserer eigenen Kindheit Einsicht zu nehmen. Denn es ist jene Zeit unseres Lebens, in der auch wir die Sprache der Spiritualität beherrschten.

Die Welt unserer Kinder ist voller Klang und Farbe, voller Formen, Liebe und Gefühle. Sie steht in Verbindung und Beziehung zum Ganzen und ist nicht reduziert durch Systeme. So lange nicht, bis wir die kleinen Gotteswesen durch unsere Systeme und Regeln brechen, berauben und beschneiden. Es sind unsere Beschränkungen, die den Kindern das weise »Um-und-in-sich-Blicken« nehmen.

Ein Diamantkind blickt immer in alle Herzen und liest darin die Wahrheit. Wenn wir diesen Kindern nicht aufmerksam zuhören, werden wir die weisesten der weisen Worte niemals hören können.

Die Diamantkinder erkennen die Menschen an ihrer Aura, indem sie die elektromagnetischen Ströme und farbigen Lichtfrequenzen beobachten.

Helfen wir den Kindern, ihr kostbares Potenzial nicht zu verlieren, indem wir ihre Beobachtungen fördern und positive Verstärkung geben.

Wie traurig, dass die Gesellschaft die Kinder nicht als die keimenden Samen Gottes anerkennt. Schade, dass sie der Sprache des Kindes nicht mächtig ist und vergessen hat, wie man vorurteilsfrei zuhört.

In den vielen prophetischen Aussagen unserer Kinder wurzelt die Heilkraft und der göttliche Segen, die in der Lage sind, die unbewussten Erinnerungen des Kollektivs in tiefe, göttliche Erkenntnis zu wandeln und sie aus den Schichten des zellulären Gedächtnisses liebevoll an die greifbare Oberfläche des Bewusstsein zu heben.

Erinnert sich ein Kind an ein Mosaiksteinchen aus einem vergangenen Leben, eröffnet uns dies die Gelegenheit, im Lichte dieses Funkens vergangene Erfahrungen des Seelenbewusstseins zu schauen.

Aktuell sind wir Zeugen einer verwahrlosten Realität, die geprägt ist von Strukturen und gesellschaftlichen Systemen, die, ohne das wahre Wesen unserer Spiritualität berührt zu haben, entstanden sind.

Durch die Liebe unserer Kinder erfahren wir, wie wir unser spirituelles Wesen suchen und finden können, um somit die degenerierten Bereiche unsers Lebens zu wandeln und zu heilen.

Die Kinder helfen uns, unsere eigenen Grenzen der Wahrnehmung auszudehnen und neue Lösungen zu finden, weil sie aufzeigen, dass »das Alte« durch unsere eigene Überheblichkeit porös geworden ist. Wir glauben, wir haben die Weisheit in uns, doch in Wahrheit wissen wir nur sehr wenig. Unsere alten, einst »funktionierenden« Systeme passen einfach nicht mehr in die Zeit, doch wir halten immer noch daran fest. Atomkraftwerke platzen aus den Nähten, doch wir zögern, statt unsere Fehler einzusehen und augenblicklich zu handeln. Wir sind zu stolz, um jenes, was sich als nicht dienlich erweist, einsichtig loszulassen, und dabei riskieren wir rücksichtslos das Ganze.

Doch es besteht Hoffnung, wenn wir damit beginnen, uns für die Botschaft der Kinder zu öffnen. Unsere Kinder sind die wahren Lehrer, und sie werden uns helfen, die Sprache der Spiritualität als lebendige Energie und Kraft wieder in uns selbst wahrzunehmen.

Es ist eine einfache Aufgabe, die Thematik der Spiritualität in ein Lehrprogramm aufzunehmen, um so dem natürlichen Drang unserer Kinder, die in ihnen ruhende Göttlichkeit auszudrücken, nachzukommen.

KAPITEL 8

Erziehung als Heilansatz

Diamantkinder scheuen «klassische» autoritäre Erziehungsmuster ebenso wie eine vollkommen antiautoritäre Erziehung. Sie lehnen sich dagegen auf. Autoritäre Erziehungsmethoden können die Flügel dieser zarten Wesen brechen, nehmen ihrem inneren Licht den Glanz. Eine antiautoritäre Erziehung dagegen bietet den Kleinen keinen Rahmen, innerhalb dessen sie sich sicher entfalten könnten. Beide Erziehungsmuster sind ungeeignet und sind ein Grund dafür, warum diese Kinder nie ankommen und immer Sehnsucht nach »zu Hause« haben.

Autoritäre Erziehung: ☹ Überfordert und geht nicht auf kindliche Gefühle oder auf Emotionen ein. »Du ›musst‹« das schaffen«; «du ›musst‹« das machen, sonst gibt es eine Strafe.«

Antiautoritäre Erziehung: ☹ Setzt keine Grenzen und akzeptiert alles. (Kinder brauchen Grenzen!) Es gibt keine positive Verstärkung und auch keine oder kaum Anforderungen.

> Finden Sie zwischen autoritärem und antiautoritärem Erziehungsstil den Weg der Liebe, und gehen Sie diesen. Er ist der rechte.

Diamantkinder können mit dem Konzept einer Gruppe (in Schulklassen, Religionen ...) wenig anfangen, weil sie spüren, dass es ein gespieltes Konzept ist und jeder Teil einer Gruppe für sich die Verbindung zum Gesamten nicht wahrhaftig integriert hat. Konstellationen, die nicht wahrhaftig sind, können diese Kinder nicht tragen. Solche Systeme verunsichern sie, weil die inneren Fühler alle mangelhaften Programme entlarven. Solche Programme führen zu »sich nach außen abzeichnenden Mustern«, die erneut Situationen des Schmerzes hervorrufen.

Gruppen, die die Energie der Angst – in welcher Form auch immer – in sich bergen, sind keine Anker für die Liebe. Leider haben unsere Gesellschaftsstrukturen und ihre Gruppierungen viel mit Angst zu tun. Wir müssen etwa dem Bürgerrechtsverein angehören, um unsere Rechte als Bürger zu wahren. Wir sollten in eine Frauenrechtsorganisation eintreten, um zu zeigen, dass wir auch als Frauen Rechte haben. Wir benötigen Zusammenschlüsse für oder gegen Impfungen, um nicht allein dazustehen mit einer Entscheidung für oder gegen eine sinnvolle beziehungsweise sinnlose Impfung. Das alles ganz einfach aus dem einen Grund: weil es Angst macht, einfach nein zu sagen zu etwas, zu dem viele andere ja sagen.

Verstehen Sie das Dilemma? Uns sind all diese kaputten Systeme zudem bisher nicht aufgefallen, und ich glaube, dass jedes System, das ein »Gegensystem« hat, grundsätzlich nicht »harmonisch« – also in der Mitte – ist. Diese Kinder aber sind die Mitte – und genau diese Plätze in der Mitte zwischen zwei Polen gibt es bei uns scheinbar nicht. Doch genau diese Plätze zu schaffen, das ist die große Herausforderung, der wir uns als Gesellschaft in den nächsten Jahren werden stellen dürfen.

Zeit zum Reden, Zeit zum Sein

Die Welt dreht sich immer schneller, sagt man. Vielleicht ist es aber auch so, dass wir uns ganz einfach nicht harmonisch mit ihr mit drehen. Wir kreieren Stress, wir machen ihn selbst! Wir hechten durch das Leben, wir sprinten und laufen, die Luft geht uns aus. Burn-out ist das Ergebnis. Doch es trifft die Gesellschaft an sich, also nicht nur den erwachsenen Menschen, sondern auch die Kinder, die mit uns auf der Reise zu sich selbst sind.

> Wir nehmen den Raum der Unendlichkeit, teilen ihn, spalten ihn, zerlegen und begrenzen ihn.
>
> So entsteht Zeit.
>
> Den heiligen Raum, den wir beschneiden, um einengende, ordnende Systeme der Orientierung für das niedere Bewusstsein entstehen zu lassen, nennen wir Zeit.
>
> Zeit, die wir – wie wir auch sagen – nie haben. Und doch ist sie da!

Kennen Sie das? Der eigene Vater, der nie »Zeit« hatte für die Kinder, ist, seit das erste Enkelkind da ist, plötzlich wie ausgetauscht. Völlig aus dem Häuschen und vernarrt in das Enkelkind, tut er Dinge, die er mit den eigenen Kindern nie gemacht hat. Plötzlich ist ihm bewusst geworden, dass er die »Zeit« mit seinen eigenen Kindern verpasst hat.

Zeit gibt es eigentlich nicht, und das, was der Mensch im Allgemeinen mit dem Begriff »Zeit« verbindet, ist etwas mit genau festgelegtem Beginn und Ende. Allein das vermittelt bereits das Gefühl von Stress. Sprechen wir daher lieber von »Nichtzeit«. Das Göttliche ist ohne Beginn und ohne Ende.

Das Diamantkind wird den Begriff »Zeit« viele Jahre lang gar nicht verwenden. Es wird dieses Wort bewusst vermeiden. Achten Sie einmal darauf ...

ZEIT ist eigentlich ein negatives Wort. Wenn wir dem Negativen die Verneinung hinzufügen, nehmen wir ihm die Spitze. Wenn wir es dann durch ein positives Wort wie SEIN ersetzen, schafft dies einen Atemzug an Freiheit.

Zeit – Nichtzeit – SEIN
Zeit – Nichtzeit – SEIN
Zeit – Nichtzeit – SEIN
Zeit – Nichtzeit – SEIN

Nehmen Sie einen Unterschied zwischen den drei Begriffen wahr?

Verpassen Sie nicht die Gelegenheit, mit Ihren Kindern SEIN zu dürfen.

Schaffen Sie sich »Nichtzeit-Fenster«. Rituale formen wunderbare »Nichtzeit-Fenster«. So entstehen Räume, um einfach nur zu SEIN mit Ihren Kindern, mit den Kindern Gottes. Wenn Sie sich keinen Raum für Ihre Kinder nehmen, nehmen Sie sich keinen Raum für das Göttliche, das sich durch die Kinder ausdrückt. Sie versäumen das größte Geschenk von allem: die bedingungslose Liebe, die uns die Kinder entgegenbringen, wenn wir sie nicht zerstören durch unsere Unachtsamkeit, durch unsere Machtansprüche und Erwartungen, durch unser »Null-Zeit-für-nichts-Denken«.

Haben Sie keine eigenen Kinder, so suchen Sie nach liebevollen Möglichkeiten, mit und durch Kinder »SEIN« zu dürfen. Es gibt unzählige Gelegenheiten. Es gibt unzählige Kinder, die nach Liebe und Geborgenheit suchen.

Es gibt unzählige Kinder, die »NICHTZEIT-Fenster« und »SEINS-Momente« erleben und erfahren möchten.

Eine wunderbare Möglichkeit, die »Nichtzeit-Fenster«, die wir mit Kindern teilen dürfen, wertvoll zu machen, ist es, ihnen Geschichten zu erzählen, die sie an ihre wahre Herkunft, an ihr wahres SEIN erinnern. Erleben Sie das Glitzern in den unschuldigen Augen der Liebe, in den Augen der Kinder, wenn Sie ihnen besondere Geschichten erzählen.

In diesem Zusammenhang noch ein wertvoller Tipp:

Egal, ob Sie Mutter oder Vater sind, ein heilsames, wahres und großes Geschenk ist es, wenn Sie für Ihr Kind (für jedes einzelne Ihrer Kinder) eine Geschichte auf Band sprechen und auf CD brennen. Schenken Sie Ihrem Kind in Form einer CD eine besonders schöne Geschichte, die Sie persönlich für das Kind »vorlesen und/oder erzählen«. Diese CD knüpft ein Band der Liebe von Ihnen zu Ihrem Kind, das immer greifbar ist, auch wenn Sie einmal räumlich getrennt sein sollten. Denn dann kann das Kind die CD anhören, und Sie sind ihm ganz nahe.

Gehen Sie in das Gefühl der Liebe, bevor Sie zu lesen beginnen. Denken Sie an Ihr Kind. Was lieben Sie an ihm, was verbindet Sie mit ihm? Lesen Sie die Geschichte, die Sie auf Band aufnehmen, in der Absicht, Ihrem Kind damit ein ganz besonderes Geschenk zu machen, das ihm auch noch in vielen Jahren – wenn es Sie vielleicht gar nicht mehr auf dieser Seite des Lebens gibt – an Sie (die Mutter oder den Vater) erinnert. Ist Ihr Sohn oder Ihre Tochter dann vielleicht gerade 50 Jahre alt und geht durch eine schwierige Phase seines oder ihres Lebens, wird ein HEILSZUSTAND eintreten, wenn er oder sie jene Geschichte hört, die einst die Mutter dem vierjährigen Kind vorlas. Dies geschieht ganz automatisch. Die Liebe überbrückt alle Grenzen, denn für die Liebe gibt es keine.

Auch vor einer Schulprüfung oder wenn Ihr Kind, durch welchen Umstand auch immer, emotional aufgewühlt oder von Ihnen getrennt ist, wird diese CD eine heilsame Wirkung haben – jene heilsame Wirkung, die schöne Geschichten, die uns von lieben Menschen erzählt werden, eben haben.

Eine wundervolle und sehr wertvolle Geschichte lesen Sie jetzt im folgenden Kapitel. Es ist eine Geschichte, die aus der geistigen Welt stammt, inspiriert durch Daskalos und Sri Yukteswar. Pit liebt diese Geschichte und erzählt sie sehr gerne weiter. Er teilt die Geschichte mit den Menschen, so wie er die Liebe Gottes mit ihnen teilt.

Suchen Sie sich mit Ihren Kindern ein kuscheliges Plätzchen, und tauchen Sie ein in eine Welt in der Welt. Eine Welt, die uns ganz nahe ist. Hören Sie, und lesen Sie die Worte aus der Einheit...

Lesezeit: Eine Geschichte für Diamantkinder

Der große und der kleine Gott

Hoch oben im Himmel gibt es eine Zauberglitzerstadt. Dort tummeln sich alle Gedanken, die aus dem Herzen vom lieben Gott kommen. Sie glänzen und funkeln in unzähligen Farben und sind wunderschön anzuschauen.

Manche von ihnen ähneln Diamantkristallen. Gott nennt sie die Seraphim, die Cherubim und die Throne. **Er hat sie alle ganz besonders lieb.** Andere sind vibrierende Töne aus Licht. Gott nennt sie seine Heerscharen. **Er hat sie ganz besonders lieb.** Wieder andere haben wunderschöne Lichtmäntel umgelegt. Gott nennt sie seine Fürsten und Erzengel. **Er hat sie ganz besonders lieb.**

Noch andere haben strahlende Lichtkugeln auf den Häuptern. Gott nennt sie die Engel und Lichtwesen im Dienst. **Er hat sie ganz besonders lieb.**

Da gibt es aber noch unzählige andere Gottgedanken. Alle sind einzigartig und wunderschön. Gott sagt: »Sie sind alle meine Kinder. **Ich habe sie ganz besonders lieb.**« Manchmal ist den Gedankenkindern langweilig. Sie möchten die unzähligen Gedankenwelten Gottes kennenlernen. Also gehen sie zu Gott und fragen ihn, ob sie eine Reise machen dürfen. Gott ist immer einverstanden. Er schickt sie in den siebten Himmelsstock zu einem großen Himmelstor. Dort ergießt sich ein farbenfroher Regenbogenwasserfall über die Gedankenkinder, und sie dürfen in den Spiegel »des Himmelsmenschen« sehen. Dadurch erhalten sie die Kleidungen, die sie benötigen, um schließlich als Mensch auf der Erde zu wohnen.

Es würde nämlich ziemlich lustig aussehen, wenn lauter glitzernde Lichter auf der Erde herumspringen würden. Aber das ist eine andere Geschichte. Wenn die Gedankenkinder also in den Spiegel des Himmelsmenschen blicken, erhalten Sie das Gewand zum Menschsein.

Damit die strahlenden Gotteskinder diese Kleider tragen können, müssen sie das göttliche Feuerlicht, aus dem ihre wunderschönen

Lichtformen gebaut sind, zurücklassen. Das göttliche Licht schwingt nämlich so hoch, dass es noch viel heißer ist als die Sonne. So würde die Kleidung für die Erdenreise augenblicklich verbrennen, und die Gedankenkinder könnten keine Erdenkinder werden.

Bestimmt kannst du dir vorstellen, dass das Sonnenlicht sehr heiß ist. So weit entfernt, wie die Sonne ist, kann sie uns hier auf Erden ja immer noch ziemlich einheizen. Du musst wissen, Jesus der Sohn Gottes, wohnt in der Sonne. Seine Liebesschwingung ist so hoch, dass uns mächtig heiß werden würde, wenn er auch nur in unsere Nähe kommen würde. Wenn Jesus die Menschen besucht, lässt er daher auch immer einen Teil seines göttlichen Lichtgewandes bei der Sonne zurück, damit es nicht zu heiß für die Erdenwesen wird.

Das Gotteslicht, aus dem die Gedankenkinder geformt sind, ist natürlich auch viel zu heiß für uns Menschen. Tja, das ist eine große Herausforderung für alle Gedankenkinder, die zur Erde reisen möchten. Durch das Zurücklassen des göttlichen Feuerlichts vergessen sie nämlich sehr viel von der schönen Zauberglitzerstadt im Himmel. Ja, manche vergessen sogar Gott.

Da der liebe Gott seine Gedankenkinder aber alle ganz besonders lieb hat, hat er lange nachgedacht und so ganz viele kleine Gottesfunken geboren. Die kleinen Gottesfunken, sagt Gott, **habe ich alle ganz besonders lieb.** Wenn nun also ein Gedankenkind unter dem wunderschönen Regenbogenwasserfall steht, verliert es zwar das große Gottesfeuer, dafür bekommt es aber einen klitzekleinen Gottesfunken, also einen winzig kleinen Gott in sein Herz.

»Das Herz«, sagt Gott, »ist das schönste Gewand, das man als Gedankenkind mit auf die Erde nimmt.« In ihm wohnt der kleine Gottesfunke, ein winzig kleiner Baby-Gott, der immer in Kontakt bleibt mit dem großen Gott.

Jedes Mal, wenn ein Gedankenwesen Gottes zur Erde aufbricht, kommt der große Wächterengel und legt ein wunderschönes, goldenes Buch an für das Gedankenwesen.

Zusätzlich wählt er einen strahlenden Lichtkugelengel aus, der hinter dem Gedankenkind steht, sobald es in den Spiegel blickt. Dadurch verschmilzt der Lichtkugelengel mit dem Gedankenkind. Der Lichtkugelengel ist der Schutzengel. Er hat sehr gute Ohren und kann auch noch auf der Erde die Stimme des Wächterengels hören. **Gott hat die Schutzengel ganz besonders lieb.**

Der große Wächterengel ist ein außergewöhnlich kraftvoller Gedanke aus dem Herzen Gottes. Es strahlt in den prächtigsten Goldschimmertönen, die es im Himmel gibt. **Gott hat ihn ganz besonders lieb.**

Der große Wächterengel kennt jedes einzelne Gedankenkind und überwacht es ganz genau während seiner Erdenreise. Über den Schutzengel hat er immer Kontakt zum Gedankenkind, das durch seine Reise ja ein Erdenkind geworden ist.

Hab ich dir eigentlich schon erzählt, dass **Gott jedes einzelne Erdenkind ganz besonders lieb hat?** Es stimmt! **Gott hat jedes Erdenkind ganz besonders lieb!**

Ach ja, ich wollte dir ja noch mehr vom großen Wächterengel verraten. Also, der Wächterengel schaut ganz genau, was die Gedankenkinder, die auf Erden ja Erdenkinder sind, so machen. So, wie der liebe Gott es macht, formen auch die Erdenkinder eigene Gedanken.

Alle Erdenkindergedanken, die mit dem Herzen geformt wurden, haben einen winzig kleinen Gottesfunken in sich. Das sind immer sehr liebevolle Gedanken. Leider machen die Erdenkinder aber auch noch schwere und dunkle Gedanken, doch dazu kommen wir ein wenig später.

Immer wenn ein Erdenkind viele liebevolle Erdengedanken macht, dann schließen sich all diese liebevollen Gedanken zusammen und werden so größer und stärker. Wenn sie dann schon sehr groß geworden sind und viel Kraft haben, dann werden daraus gute und große Taten zum Wohle aller. Am liebsten umarmen die guten Energien dann durch das Erdenkind einen Menschen, oder sie trösten ein Kind. Sehr gerne helfen sie auch einem Tier.

Sie machen viele schöne Dinge, weil sie ziemlich einfallsreich sind. Dazu benötigen sie aber immer das Erdenkind, das sie geschaffen hat. Also kehren sie zu ihm zurück und klopfen bei ihm an. Da die Tür für die eigenen Gedanken immer offen ist, sind sie schwuppdiwupp im Erdenkind und machen dann eben etwas Liebevolles. Natürlich können sie das immer nur durch das Erdenkind selbst tun.

Ihr müsst wissen, die Gedanken, die ein Erdenkind formt, haben weder Arme noch Beine, obwohl sie eine Art Form haben. Sie sehen aus wie kleine Schlangen und bewegen sich auch so. Da sie keine Menschenkleidung haben, können sie sich nur durch die Taten der Erdenkinder ausdrücken, und sie lieben es, das zu tun.

Jedes Mal, wenn der große Wächterengel sieht, dass viele liebevolle Gedanken von einem Erdenkind geformt wurden und das Erdenkind dadurch dann etwas sehr Liebevolles macht, malt er ein wunderschönes Herz in das goldene Buch des Erdenkindes.

Jedes Herz bedeutet ein Geschenk für das Erdenkind. Die Geschenke werden zu ganz unterschiedlichen Zeiten von den Lichtwesen aus dem Himmel verteilt.

Die Lichtwesen sind Helfer und Lehrer für die Menschen, also für die Erdenkinder. Sie helfen, wo sie nur können. Auch sie haben sehr gute Ohren und können die Stimme des Wächterengels auch auf der Erde hören. **Gott hat die Lichtwesen alle ganz besonders lieb.**

Was wir jetzt aber nicht vergessen dürfen, sind die dunklen und schweren Gedanken, die die Erdenkinder leider auch machen. Immer wenn ein Erdenkind wütend, habgierig oder rücksichtslos ist, immer wenn es lieblos ist, dann kann es den Kontakt zum Gottesfunken im Herzen nicht halten. Wenn ein Erdenmensch also in so einer Stimmung ist, dann formen sich ganz furchtbare, lieblose Gedanken. Die lieblosen Gedanken haben auch sehr viel Kraft, musst du wissen, und sie sind wirklich sehr hinterlistig. Die dunklen Gedanken zischen also durch die Gegend (übrigens, sie riechen gar nicht gut), und sie suchen sich weitere lieblose Gedanken. Auch die lieblosen, schweren Gedanken verbinden sich miteinander, damit sie noch viel, viel stärker werden.

Sind sie dann ganz furchtbar und stark geworden, kommen sie zu dem Erdenkind - zu dem Menschen -, das sie geschaffen hat, zurück. Sie klopfen an seine Tür und haben gar nichts Gutes im Sinn. Der arme Erdenmensch kann gar nicht anders, als sie hereinzulassen. Jetzt brodeln und spuken sie so lange um den Erdenmensch herum, bis der irgendwann explodiert und etwas ziemlich Liebloses sagt oder vielleicht sogar tut.

Wenn der Mensch, das Erdenkind, es schafft, die dunklen Gedanken (die er selbst geschaffen hat) wieder und wieder zur Seite zu schieben, dann kostet ihn das ziemlich viel Kraft. Die dunklen Gedanken sind nämlich sehr hartnäckig.

Zur selben Zeit, das weißt du ja, hat der große Wächterengel oben in der Zauberglitzerstadt im Himmel natürlich alles beobachtet. Leider muss er nun einen dunklen Fleck in das goldene Buch des Erdenkindes malen. Jeder dunkle Fleck, der im goldenen Buch erscheint, bedeutet für das Erdenkind, dass ganz genau der gleiche Umstand, weswegen es diesen Fleck bekommen hat, in sein Leben geschickt wird. Das ist sehr wichtig. Das Erdenkind kann nämlich mit ganz viel Liebe jeden Fleck wiedergutmachen. Das Erdenkind muss sich dazu ein goldenes Herz verdienen. Goldene Herzen löschen die dunklen Flecken aus.

So entstehen Prüfungen, die die Erdenkinder meistern dürfen. Das kennt ihr ja auch von der Schule her. Zum Glück haben alle Erdenkinder viele liebevolle Helfer. Das sind die Lichtwesen, von denen ich dir ja schon erzählt habe. Es können aber auch andere Erdenkinder sein. Solche Erdenkinder haben auch Gold im Herzen. Sie fühlen den Gottesfunken ganz stark in sich selbst. Ich glaube sogar, du bist auch so ein Kind! Fühl mal hinein in deinen Gottesfunken! Ist er nicht ganz besonders schön?

Jetzt erkläre ich dir das mit den Flecken und dem goldenen Herzen noch genauer. Lass mich dir eine kleine Geschichte erzählen. Im Dorf unten wohnt Paul. Paul ist der Nachbarsbub vom

Schrederhof, und er hat sich gerade über irgendetwas geärgert. Sein Bauch hat fast gezittert, so sehr hat er sich geärgert. Er hat nicht in sein Herz hineingespürt, und dadurch hat er schließlich ganz dunkle Gedankenformen gemacht. Die dunklen Ärgergedanken sind hinausgeschwirrt. Nachdem der Ärger also losgelassen war, hat sich Paul ein wenig besser gefühlt. Seine »fiesen Ärgerfreunde« waren ja nicht mehr in ihm. Tja, du weißt ja, die Ärgergedanken von Paul sind fies. Sie haben sich viele große Ärgerfreunde gesucht und sind so zu einem riesigen Ärgerbrocken geworden. Schließlich haben sie sich wieder auf den Weg zurück zu Paul gemacht. Das tun die Gedanken immer. Sie kehren zurück zu ihrem Schöpfer, mit noch mehr Kraft und Stärke.

Im selben Augenblick, in dem die dunklen Ärgergedanken mit verstärkter Kraft wieder zu Paul zurückgekommen sind, ist auf einmal wieder mächtig viel Ärger in Paul. Diesmal ist der Ärger aber, wie du weißt, noch viel, viel größer, als er ursprünglich eigentlich war. Obwohl Paul gerade noch gut gelaunt war, ist er plötzlich richtig wütend. Er ist sogar so wütend, dass er einfach ein anderes Erdenkind schubst und schlägt, um den Ärger wieder loszuwerden. Oh je, wie traurig! Jetzt hat Paul nämlich einen richtig hässlichen Fleck in seinem schönen goldenen Buch. Der große Wächterengel ist da sehr genau. Ihm entgeht nichts. Er hat wirklich ganz scharfe Augen.

Was passiert nun aber weiter? Nun, da der hässliche Fleck im goldenen Buch wirklich hässlich aussieht, bekommt Paul die Chance, sich ein goldenes Herz zu verdienen. Dieses goldene Herz kann den unschönen Fleck ausradieren. Paul erhält also eine Gelegenheit, sich ein goldenes Herz zu verdienen. Vielleicht ist es ein Mensch, der ebenfalls voller Ärger steckt, weil er auch einmal Ärgergedanken hatte.

Dieser Mensch wird nun sehr lieblos sein zu Paul. Wenn Paul jetzt mit dem Gottesfunken in seinem Herzen verbunden ist, wird er die Lehrer, die Meister und seinen Schutzengel wahrnehmen. Sie werden ihm ganz viel Liebe schicken.

Wenn Paul diese Liebe in sich aufnimmt und dem Menschen, der lieblos zu ihm ist, gute Gedanken und Liebe schickt, dann verdient er sich ein goldenes Herz. Der große Wächterengel wird den dunklen Fleck auslöschen und ein goldenes Herz in das Buch malen. Paul hat seine Lektion gelernt. Welch eine Freude!

Immer, wenn der Wächterengel ein goldenes Herz in ein Buch malt, gibt es ein Fest im Himmel. Es werden viele Lichter entzündet! Der Himmel sieht dann sehr farbenfroh und wunderschön aus. Manchmal ganz rosarot, dann wieder orange, manchmal wunderschön rot – je nachdem, welcher Engel das erste Licht anzündet. Ja, und manchmal leuchtet er sogar golden. Dann hat Gott selbst das erste Licht entzündet. Du weißt ja, jeder Engel, jedes Licht hat seine eigene Farbe. Die Farbe von Gott ist Gold.

Das bedeutet also, dass immer, wenn du in einer schwierigen Situation steckst, du auch die Gelegenheit hast, dir ein goldenes Herz zu verdienen. Ist das nicht schön? Wenn du liebevoll handelst, liebevoll denkst, liebevoll bist, wird der große Wächterengel viele Herzen in dein Buch malen. Jedes Herz ist ein Geschenk für dein Leben.

Vielleicht schenkt Gott dir liebe Menschen um dich herum? Vielleicht schenkt er dir eine Gabe? Vielleicht schenkt er dir innere Freude? Vielleicht immerwährende Leichtigkeit? Vielleicht einen hohen Intellekt, so dass du es in der Schule leicht hast? Ganz egal, was er dir schenkt, die Geschenke Gottes sind die allerschönsten. Gott wählt die Geschenke, die er den Menschen macht, nämlich mit ganz besonders viel Liebe aus.

Habe ich dir schon gesagt, **dass Gott dich ganz besonders lieb hat?**

GOTT hat DICH ganz BESONDERS LIEB!*

---

* Siehe Anhang 4

Selbstbewusstsein stärken

Selbstbewusste Kinder sind sicherere Kinder. Sie sind gefestigter und weniger anfällig für Rausch- und Suchtmittel während der Pubertät und danach, da sie ein besseres Selbstbild von sich haben. Sie wissen über ihre Stärken und Schwächen Bescheid. Sie wissen, was sie können und was nicht beziehungsweise noch nicht, und sie erkennen, dass man eben nicht alles gut können muss. Jedes Kind hat sein eigenes Talent, jedes Kind hat seine Gabe. Die Erwachsenen sollten den Kindern dabei helfen, ein positives Selbstbild und Selbstvertrauen aufzubauen. Selbstbewusste Kinder im Heute sind die Basis für eine stabile und gefestigte Gesellschaft im Morgen. Hier ein paar Vorschläge oder Ideen, wie man das Selbstbewusstsein von Kindern stärken kann:

Das Selbstbild stärken.
Was kann ich gut?
Was kann ich nicht gut?

Malen Sie den Umriss der Hände des Kindes auf einen großen Bogen Papier. Unter die eine Hand malen Sie einen lachenden Smiley – er steht für »Was ich gut kann ...« Unter die andere Hand zeichnen Sie einen nachdenklichen Smiley – er steht für »Was ich nicht beziehungsweise noch nicht kann ...« Wichtig dabei ist, dass Sie dem Kind vermitteln, dass es nicht alles gut können muss.

»Der liebe Gott hat jedem Menschen eine andere Gabe geschenkt, damit die Talente auf Erden kunterbunt und zahlreich sind.«

Nun schreiben beziehungsweise malen Sie gemeinsam mit dem Kind in die eine Hand, was es gut kann, und in die andere Hand, was es nicht beziehungsweise noch nicht kann. Schneiden Sie Bilder aus alten Zeitschriften heraus, und kleben Sie diese in die Hände hinein. Verwenden Sie Klebesticker, Federn, Glitzerstaub und vieles mehr. Gestalten Sie eine kunterbunte Kollage, die dann im Kinderzimmer aufgehängt wird.

Das Selbstwertgefühl stärken

Zeigen Sie Ihrem Kind, dass Sie es lieb haben. Es ist sehr wichtig, dass sich Kinder geliebt und wertvoll fühlen. Die Liebe ist die höchste Kraft, die es gibt. Sie kann alles heilen. Sie ist die Basis für unser Leben. Durch menschliche Liebe und Zuneigung drückt sich auch die göttliche Liebe aus.

Das Gefühl geliebt zu werden hilft dabei, die Liebe in sich selbst und somit das eigene Göttliche zu erkennen. Wenn sich ihr Kind »tadelnswert« verhält, sind Erwachsene oft geneigt, es zu bestrafen, indem sie ihm »vermeintlich« die Liebe entziehen. Dies ist die denkbar ungünstigste Lektion, die man einem Kind erteilen kann. Sagen Sie dem Kind stattdessen besser Folgendes: »Mein liebes Kind, DU bist ideal. DU bist okay, nur dein Verhalten gerade war nicht okay!« Dann erklären Sie dem Kind, warum sein Verhalten nicht gut war. So können Sie eine erzieherische Maßnahme ergreifen, ohne dem Kind das Selbstwertgefühl zu nehmen, indem Sie es durch »Nichtbeachten« und durch »Nicht-mehr-lieb-haben-wenn-du-so-bist« bestrafen. Fragen Sie sich immer: »Was würde die Liebe tun? Was würde ein Meister wie Jesus oder Siddharta tun?« Versuchen Sie, erst zu handeln, wenn Sie das Tun des Kindes durch die Augen der Liebe betrachtet haben.

Das Selbstvertrauen stärken

Das Barometer des Selbstvertrauens misst den Grad an Sicherheit des eigenen Auftretens. Wie sicher trete ich auf? Ermuntern Sie Ihre Kinder. Zeigen Sie dem Kind, was es schon alles geschafft hat, was es schon alles kann. Verzichten Sie auf Vergleiche. Erinnern Sie sich nur selbst daran, wie sehr Sie es gestört hat, wenn Ihre Eltern ein Verbot aussprachen – nur mit dem Argument, dass das Nachbarskind das auch nicht darf. Oder wenn Ihre Eltern Ihnen ständig die guten Noten des Bruders vorhielten, wenn die eigenen Noten mal nicht so rosig waren. Lassen Sie es einfach. Hören Sie auf mit Vergleichen. Es gibt nicht ein Ding, das genau wie das andere ist. Alles ist einzigartig in sich und lässt sich nicht vergleichen. Ermuntern Sie das Kind stattdessen, indem Sie ihm sagen: »Du schaffst das schon! Ich glaube an dich! Ich liebe dich, so wie du bist! Du bist einzigartig!«

Kinder mit wenig Selbstwert geben anderen die Schuld für den eigenen Misserfolg. Sie können damit nicht umgehen. Doch sie können dies nur so lange nicht, bis wir ihnen Wege aufzeigen, wie sie besser mit Misserfolg und Schwierigkeiten umgehen können.

Haben Kinder ein gutes Selbstwertgefühl, freuen sie sich über das, was sie geschafft haben. Sie können Gefühle ausdrücken und Emotionen in Gefühle wandeln. Emotionen werfen immer aus der Mitte, Gefühle dagegen zentrieren/bringen in die Mitte. Sie stellen stets eine Verbindung mit der Kraft der Liebe her, und die Liebe ist die Grundlage für die Lösung, die Grundlage für die Heilung.

Es ist sehr wichtig, als Elternteil auch in diesem Punkt ein gutes und positives Beispiel zu geben. Indem eine traurige Mutter sagt: »Ich bin jetzt traurig. Es geht mir nicht so gut, und darum mache ich jetzt etwas Lustiges«, gibt sie ein positives Beispiel. Indem sie sagt: »Ich bin traurig, und darum weine ich jetzt und möchte meine Ruhe«, gibt sie ein negatives Beispiel, mit dem ein Kind sehr wenig anfangen kann, und es wird sehr verunsichert reagieren.

Es gibt keine Bewegung, die nicht auch eine Gegenbewegung verursacht. Achten wir daher auf unsere Bewegungen. Achten wir auf unser Tun. Seien wir das Vorbild, das unsere eigenen Eltern hätten sein sollen.

Übergriffe auf Kinder

Wie bereits erwähnt, sind selbstbewusste Kinder sicherere Kinder. Es ist eigentlich sehr traurig, dass auch der nachfolgende Abschnitt Teil des Buches werden muss, doch die Übergriffe auf

Kinder sind leider immer noch so zahlreich, dass ich zumindest in einer kurzen Passage auf das Thema eingehen muss.

Die Kinder dieser Welt sollen endlich, endlich in Sicherheit aufwachsen dürfen. Es hängt lediglich von einer einzigen Entscheidung des Kollektivs ab, wie fest und eng die Maschen der Dualität sich um das Ganze legen. Die neue Zeit gibt die Erlaubnis, das feste Maschennetz zu lockern, damit wir uns letztlich daraus befreien können. Wir können uns, wenn wir wollen, aus der niederen Ebene der Gegensätze (gut und böse, schwarz und weiß) erheben und auf einer höheren Bewusstseinsebene lernen, indem wir ganz einfach in die Liebe eintauchen und zu Liebe werden. Gerade Diamantkinder, die so voller Liebe sind, doch auch alle anderen Kinder dieser Welt benötigen den Schutz und die Liebe der Großen.

Die Liebe ist frei von Angst, so können die zartesten Wesen der Liebe es nicht fassen, wie lieblos Menschen sein können, wie tief verstrickt sie sind in den Fängen der Dualität. Viele Kinder zerbrechen an den Schmerzen, die das Kollektiv kreiert, und verlassen den Planeten nur allzu schnell wieder. Deshalb ist es umso wichtiger, den Kindern ein Modell an die Hand zu geben, das sie schützen kann.

Dieses Modell heißt »Sieben Missionen für das Selbstbewusstsein«.

Sieben Missionen zum Schutz der Kinder

➤ 1. Mission: Du hast das Recht, NEIN zu sagen.

➤ 2. Mission: Über deinen Körper bestimmst du selbst.

➤ 3. Mission: Es gibt gute und schlechte Geheimnisse.

➤ 4. Mission: Es gibt angenehme und unangenehme Berührungen.

➤ 5. Mission: Du kannst deinen Gefühlen vertrauen.

➤ 6. Mission: Sprich über unangenehme Dinge, und suche Hilfe.

➤ 7. Mission: Du bist niemals schuld, auch wenn dir jemand
damit droht.

Kinder, die ausschließlich autoritär erzogen werden, sind am
häufigsten Opfer von Gewalt und Verbrechen, da es ihnen nie ge-
stattet war, sich dem Willen eines Erwachsenen entgegenzustellen.
Ich kann gar nicht genug herausstreichen, wie wichtig dieses Thema
ist. Bei meiner Arbeit stoße ich leider sehr, sehr oft auf das Thema
»Missbrauch« und/oder »Gewalt innerhalb der Familie«. Leider sind
85 bis 90 Prozent aller Gewaltverbrechen an Kindern im eigenen
Verwandtenkreis anzusiedeln. Daher richten sich die präventiven
Botschaften nicht ausschließlich an die Eltern. Die Erfahrung zeigt
bedauerlicherweise, dass auch die engsten Bezugspersonen, nämlich
die eigenen Eltern, stille Täter oder Mittäter sind. Es ist daher wichtig, dass es an jedem Ort, wo Kinder sind (Kindergärten, Schulen,
Erziehungsanstalten), Menschen gibt, die ihre Hände schützend um
die Kinder legen. Wir brauchen Menschen, die die sieben Missionen
für das Selbstbewusstsein an die Kinder weitergeben. Überall sollte
es Anlaufstellen für Kinder geben. Lichter, die den Kindern in Not
leuchten! Leute, die beherzt eingreifen, wenn irgendetwas »seltsam«
scheint.

> Es ist unser aller Pflicht und unsere Aufgabe,
> die Kinder dieser Welt zu schützen.
> Helfen wir ihnen, sich sicher zu fühlen.
> Helfen wir ihnen, sicher zu sein!

1. Mission: Über deinen Körper bestimmst du selbst

Jedes Kind soll in der Lage sein, gefährliche Situationen zu erkennen, um aus Situationen, die sich komisch anfühlen, rechtzeitig aussteigen zu können.

Sexuell aufgeklärte und selbstbewusste Kinder sind besser geschützte Kinder!

Es ist wichtig, dass Kinder sich durchsetzen können, indem sie Widerstandsverhalten lernen, wie etwa »nein sagen«, »weggehen« und »weitersagen«. Bestärken Sie Kinder darin, dass sie das Recht haben, selbst über ihren Körper zu bestimmen. Führen Sie einen Dialog mit den Kindern. Erklären Sie, welche Körperstellen von niemandem außer dem Kind selbst berührt werden dürfen. Zeigen Sie ihm, welche Körperstellen nicht vor oder mit anderen berührt werden. Verwenden Sie dazu entsprechende Kindersachbücher mit Strichmännchenzeichnungen oder Ähnlichem. Vermitteln Sie den Kindern ebenso, dass auch niemand anderes an intimen Stellen berührt wird. Je genauer Sie Kindern die Grenzen erklären, umso sicherer und schneller werden sie erkennen, wenn Menschen diese Grenzen überschreiten. Sie werden feststellen, Kinder (auch wenn sie erst drei oder vier Jahre alt sind) wissen genau, welche Körperzonen die »intimen Bereiche« sind.

2. Mission: Es gibt gute und schlechte Geheimnisse

Besprechen Sie mit Ihren Kindern, dass es gute und schlechte Geheimnisse gibt, damit sie niemals erpressbar sind.

Geben Sie Beispiele:

Beispiel für ein gutes Geheimnis: Dem kleinen Bruder nicht verraten, was er zum Geburtstag bekommt.

Beispiel für ein schlechtes Geheimnis: Der Mama oder einer vertrauten Person (Lehrerin, Kindergartentante) nichts vom Onkel erzählen, der einen »unangenehm berührt« hat. Der Mama oder dem Papa von etwas »Unangenehmem« nichts sagen, weil der Onkel sagt, dass man – warum auch immer – nichts verraten darf.

Lieber berichtet ein Kind zehnmal zu viel von einem mulmigen Erlebnis, und die Überprüfung ergibt, dass es sich um einen Fehlalarm handelt, als einmal zu wenig!

3. Mission: Es gibt angenehme und unangenehme Berührungen

Kinder sollen wissen, dass sie ungewollte Zärtlichkeiten ablehnen dürfen. Es beginnt beim Oma-Busserl, dass das Kind eventuell nicht gerne mag. Gerade Diamantkinder sind sehr empfindlich, was das ungewollte Geherztwerden angeht. Sehr oft ermuntern sogar die eigenen Mamas die Kinder dazu, eine ungewollte Umarmung zu erwidern. Achten Sie auf die Empfindungen der Kinder. Kinder dürfen nicht gezwungen werden, die Oma zu umarmen, wenn sie das nicht möchten. Im Gegenteil, besprechen Sie mit den Kindern den Unterschied zwischen angenehmen Berührungen und unangenehmen Berührungen. So werden sie lernen, dass sie unangenehme Berührungen, welcher Art auch immer, ablehnen dürfen. Dadurch werden sie sicherer sein. Finden Sie gemeinsam mit den Kindern heraus, welche Berührungen angenehm und welche nicht angenehm sind. Für Erziehungsberechtigte gilt: Achten Sie die Grenzen des Kindes, und weisen Sie gegebenenfalls eine übereifrige Tante zurecht.

Angenehme Berührungen können sein: Mit der Mama oder dem Papa kuscheln. Der Mama oder dem Papa ein Bussi geben. Die Oma oder den Opa umarmen.

Unangenehme Berührung können sein: Beim Onkel auf dem Schoß sitzen müssen. Die Küsse verteilende Tante. Der Opa, der die Hand zu lange auf das Knie legt.

Was auch immer Kindern unangenehm ist, diese Grenzen gilt es zu wahren, damit in einer Gefahrensituation das Überschreiten von Grenzen erkannt und Widerstand geleistet wird. Eine sehr gute Übung in diesem Zusammenhang ist das »Du darfst – du darfst nicht«-Spiel. Dabei erstellen Sie mit dem Kind/den Kindern eine entsprechende Liste, die etwa so aussehen kann:

WAS	DU DARFST	DU DARFST NICHT
anziehen/ auziehen	Mama, Papa	Oma, Tante, Onkel, Fremder, Freund, alle anderen
Gesicht/Kopf streicheln	Mama, Papa, Oma Opa, evt. Kindergar-tentante, Lehrer/in	Fremder, Bekannter, alle anderen
mir beim Baden helfen	Mama, Papa	alle anderen
mich massieren	Mama	alle anderen
mich intim waschen	Das mache NUR ich selbst (das Kind selbst!)	alle anderen
mir einen Verband anlegen, mich verarzten	Mama, Papa, Oma, Opa, Arzt, Sanitäter	alle anderen

Erweitern Sie die Liste nach Ihrem Ermessen in Zusammenarbeit mit dem Kind/den Kindern beliebig.

4. Mission: Du kannst deinen Gefühlen vertrauen

Gerade Diamantkinder verfügen über eine ausgeprägte Intuition. Ermuntern Sie Kinder generell dazu, auf die Intuition, auf das innere Gefühl zu vertrauen. Vermeiden Sie Sätze wie: »Ach was, das redest du dir bestimmt nur ein.« Oder: »Nein, das glaube ich nicht. Da irrst du dich bestimmt.« Gehen Sie auf das Gefühl des Kindes ein, und versuchen Sie gemeinsam herauszufinden, woher das Gefühl kommt. Erklären Sie dem Kind bestimmte Umstände, die verwirrend für es waren. Zeigen Sie auch selbst Gefühle vor dem Kind. Auch ein erwachsener Mensch ist einmal traurig. Wenn ein Kind sieht, dass zum Beispiel auch die Mama, die Lehrerin, der Lehrer Gefühle zeigen, dann wird es diesem Beispiel folgen und verschiedene Situationen entsprechend einzuordnen wissen.

5. Mission: Sprich über unangenehme Dinge, und suche Hilfe

Wenn Sie eine Vertrauensperson sind (Mutter, Vater, Erzieher, Erzieherin): Egal worum es geht, ein Kind soll wissen, dass es mit Ihnen über alles reden kann. Vermitteln Sie das den Kindern, die Sie umgeben. Immer und immer wieder.

Als Elternteil: Nehmen Sie sich jeden Abend Zeit, um mit Ihrem Kind den Tag durchzugehen. Fragen Sie Ihren Liebling, was er/sie Schönes erlebt hat und was nicht schön war. Bitten Sie Ihr Kind, Ihnen auch mitzuteilen, was es selbst an schönen Dingen gemacht oder gesagt hat und welche Dinge, die das Kind gemacht beziehungsweise gesagt hat, nicht so schön waren. Beschreiben Sie im selben Sinn auch Ihr eigenes Erleben des Tages in kurzen kindgerechten Worten. (Achten Sie darauf, dass dabei nur Dinge erwähnt werden, die für Ihr Kind unbelastend sind. Erwachsenenprobleme sind NICHT für Kinderohren bestimmt.) So entsteht ein festes Ritual des Vertrauens, in dessen Rahmen Kinder ihre Herzen ausschütten können und auch werden.

Merken Sie sich: Wenn tatsächlich einmal etwas Schlimmes geschehen ist, dann erfordert es sehr viel Mut, um über diese Dinge sprechen zu können. Das absolute Vertrauen der Kinder ist die Grundvoraussetzung dafür, dass sie diesen Mut aufbringen können. Das Vertrauen eines Kindes darf niemals – NIEMALS – missbraucht werden, denn Vertrauensbrüche sind Demütigungen, die zu schwerwiegenden Traumata und Kränkungen führen.

Als Erzieher/in, Lehrpersonal: Planen Sie pro Tag eine fixe halbe Stunde ein, in der Sie mit den Kindern ihre Erlebnisse des Tages besprechen. Gestalten Sie diese Zeitspanne nach eigenem Ermessen, und beobachten Sie die Kinder. So lernen Sie die Kinder kennen und werden leichter einschätzen können, ob ein Kind Sorgen hat oder ob alles in bester Ordnung ist. Umgekehrt werden die Kinder feststellen, dass sie wichtig sind. Sie werden sich selbst und auch die anderen Kinder liebevoller beobachten. Gruppenübungen helfen dabei, ein Gefühl aufzubauen, das den Kindern vermittelt: Wir gehören doch alle zusammen, und gegenseitig können wir am besten aufeinander aufpassen.

6. Mission: Du bist niemals schuld, auch wenn dir jemand damit droht

»Ich hab dich ja lieb, darum mache ich das mit dir. Dir gefällt das ja auch, das weiß ich ...«

Erwachsene üben Macht über Kinder aus, indem sie ihnen Mitschuld geben. Kinder haben jedoch niemals Mitschuld, wenn Erwachsene ihre Grenzen überschreiten. Es ist wichtig, dass Kinder das wissen! Besprechen Sie das mit den Ihnen anvertrauten Kindern.

7. Mission: Du hast das Recht, NEIN zu sagen

Um Ihnen diese Mission zu erläutern, möchte ich eine Idee aufgreifen, die einem, wie ich finde, wundervollen Kinderbuch entstammt: *Das kleine und das große Nein* von Gisela Braun. Angelehnt an die Idee dieses Buches, erzähle ich Ihnen nun eine eigene kleine Geschichte, die Kindern eine wertvolle Hilfe sein kann. Wer immer sich berufen fühlt, erzähle die nachfolgende Geschichte den Kindern, die ihn umgeben:

Eine Geschichte vom NEIN-Sagen

Das klitzekleine Nein saß schüchtern unter einem Baum und blinzelte ein wenig in das Sonnenlicht. Es träumte sich in eine Regenbogenglitzerwolke und war ganz still und leise. Es war tatsächlich ein sehr kleines und winziges Nein.

In der einen kleinen »Ich-wehr-mich-nicht-Hand« hielt es eine kleine »Manchmal-Nascherei« und in der anderen ein farbenfrohes Bilderbuch. Plötzlich kam ein langer Schatten auf das klitzekleine Nein zu und nahm ihm die Sicht auf die Sonne.

Das kleine Nein erschrak und wurde noch viel kleiner. Der Schatten gehörte zu einem Jungen aus der 4. Klasse. Der Junge sagte: »He du, kann ich deine Kekspackung haben?« Das winzigkleine Nein flüsterte: »Nein, ich möchte meine Kekse selber essen.« Doch der Junge hörte nicht hin und nahm dem kleinen Nein die »Manchmal-Nascherei« weg. Er schnappte sich gleich zwei runde große Kekse und schluckte sie mit einem Bissen hinunter. Das kleine Nein versuchte, nicht zu weinen, und rang mit kleinen »Das-ist-nicht-liebevoll-wieso-tust-du-das-Tränen«.

Da kam ein dicker Mann und sagte: »Hallo, du Liebes, du. Darf ich mich zu dir setzen? Du hast doch Platz für einen netten Onkel?« Das kleine Nein flüsterte ganz leise: »Nein, ich möchte lieber alleine hier sitzen.« Doch der dicke Mann hörte nicht hin und setzte sich ganz dicht neben das zarte, eingeschüchterte kleine Nein-bitte-nicht-NEIN. Nach einer Weile fragte der Mann: »Darf ich mit dir in dem Buch lesen?« Dem kleinen Nein war mulmig zumute, und es sagte sehr leise: »Nein, ich möchte gern alleine lesen.« Doch der Mann hörte nicht hin und blickte dem kleinen Nein einfach über die Schulter. »Ich bin doch ein netter Onkel«, sagte er, »vor mir musst du keine Angst haben.« Das kleine Nein **hatte** aber Angst. Da legte der Mann plötzlich seine Hand auf das Knie des zitternden Nein, das sich zu ekeln begann. Der Mann nahm seine dicke Hand nicht weg.

Nun verlor das kleine Nein aber endgültig die Geduld. Es stand auf, machte sich ganz lang und schrie aus vollem Hals: »Neiiin! Nein! Und noch mal nein! Ich will meine Kekse wiederhaben! Ich esse sie ganz alleine! Ich will alleine unter meinem Baum sitzen! Ich möchte mein Buch alleine lesen, und ich will nicht angefasst werden! Lasst mich sofort in Ruhe!«

Der Junge bekam ganz große Augen und gab dem kleinen Nein die Kekspackung zurück. »Warum hast du das denn nicht gleich gesagt?«, fragte er und ging rasch seines Weges. Auch der dicke Mann erhob sich und suchte ganz schnell das Weite.

Und unterm Baum, ja unterm Baum saß nun ein ziemlich großes und selbstbewusstes Nein. Groß und stark war es und sagte zu seinem Schutzengel: »Ach, so ist das! Man muss schon laut und deutlich **nein** sagen auf diesem komischen Planeten, sonst hören die Leute einfach nicht hin.«

Zusammenfassung:

➤ 85 bis 90 Prozent aller Gewaltverbrechen an Kindern sind im Verwandten- beziehungsweise Bekanntenkreis anzusiedeln.

➤ Sexuell aufgeklärte Kinder sind besser geschützte Kinder.

➤ Jedes Kind sollte in der Lage sein, gefährliche Situationen zu erkennen, um aus ihnen aussteigen zu können. Wenn sich etwas komisch anfühlt, soll das Kind wissen, dass es dies erzählen kann.

➤ Jeder, der mit Kindern zu tun hat, sollte auch eine Vertrauensperson sein – und sich dessen bewusst sein! Alles im Leben kehrt zu einem zurück!

➤ Kinder sollten wissen, dass sie sich wehren dürfen. »Sich durchsetzten können« bedeutet, dass man »Widerstandsverhalten« gelernt hat.

➤ Widerstandsverhalten: Neinsagen; weitersagen; weggehen! Ein Kind muss Folgendes wissen: »Wenn du es weitersagst, dann wird dir geholfen. Es gibt immer irgendwo eine Person des Vertrauens. In der Schule, im Kindergarten, in öffentlichen Einrichtungen, überall dort sollte es immer eine entsprechende Anlaufstelle geben!

➤ Kinder müssen lernen, die eigenen Grenzen und die Grenzen anderer zu achten. »Stopp heißt stopp!«

➤ Wenn ein Erwachsener ein Kind nach dem Weg fragt, darf ein Kind unhöflich sein!

➤ Erwachsene müssen Erwachsene um Hilfe bitten!

➤ Aufgeklärte Kinder sind sicherere Kinder.

➤ Es gibt in diesem Zusammenhang tolle Bücher, stöbern Sie ein wenig – den Kindern zuliebe.

Mögliche Schul- beziehungsweise Unterrichtskonzepte

Lehransätze für Erzieher, Lehrer und Eltern

Wir bemerken es nicht, doch es sterben die Kinder in
unseren Kindern, und das ist sehr, sehr traurig.

Die nachfolgenden Zeilen erheben keinen Anspruch auf letztendliche Gültigkeit. Doch angeregt von den liebevollen Worten
Anatols (siehe Seite 246), sind sie der Versuch, Ideen und Impulse
in unsere Gedankenwelt einzubringen, die die Kraft für einen Wandel in sich tragen. Für einen Wandel zu höherer, geistiger Erkenntnis, die das harte Eis unserer Systeme zum Schmelzen bringen kann.

Lassen Sie uns gemeinsam versuchen, den kleinsten Wesen unter
uns Achtsamkeit und Liebe zu schenken, damit ihre bereits vorhandene Spiritualität weiter wachsen kann. Vergessen wir dabei aber
nicht, dass es Kinder sind. Kinder mit den Bedürfnissen von Kindern.

Auch ein sehr weiser und entwickelter Mensch ist in seiner »Erfahrung als Mensch« einfach auch nur ein Mensch auf diesem Planeten. Wohl ein Mensch der Liebe, aber eben auch menschlich. Er
ist nicht immer perfekt, wie es das spirituelle Bewusstsein ist. So
wie ein Mensch ein Mensch ist und eben kein Engel (auch wenn
Engel durch ihn wirken), so ist ein Kind ein Kind - auch wenn es
ein sehr hohes Bewusstsein in sich trägt. Vergessen wir das nie.

Ein Kind braucht Raum und Gelegenheit, um Kind zu sein. Wie
lange erlaubt unsere Gesellschaft den Kindern dieser Welt, Kind zu
sein? Unterschiedlich - je nach Kultur. Doch je ärmer das Land
oder je entwickelter das Land, umso weniger Platz und Raum gibt
es für die Kinder zum Kindsein.

Wir bemerken es nicht, doch es sterben die Kinder in
unseren Kindern, und das ist sehr, sehr traurig!

Jedes Mal, wenn ich einen kleinen, vollkommen übermüdeten
Zwerg mit einer für den zierlichen Rücken kaum zu bewältigenden
Riesenschultasche sehe, der, noch bevor die Sonnenstrahlen den
neuen Tag einläuten, zur Bushaltestelle stapft, hege ich Zweifel an
den Systemen, die wir etabliert haben.

Ist es richtig, ein kleines, offenes Wesen schon so früh in ein
System zu zwängen, in dem es sich unterzuordnen hat, nur weil es
die Erwachsenenwelt, die Arbeitswelt der Großen so fordert? Ein
Kind von sieben oder gar sechs Jahren möchte seinem Naturell nach
die Leichtigkeit leben. Das ist es, was ein Kind darstellt. Leichtigkeit
und Leben – wenn es so sein und leben darf, wie Gott es gemeint
hat. (Schwierige Rahmenbedingungen innerhalb diverser Familien-
systeme lasse ich hier bewusst außen vor, setze jedoch innerlich den
Impuls dafür, dass auch diese von Menschen gebauten, destruktiven
Gedankenkäfige, die so viel Leid verursachen, Heilung erfahren.)

Meine Empfindung ist, dass die Kinder viel zu früh in teils
strikte Lernprogramme hineingezwungen werden. Der harte Lern-
alltag beginnt zu früh. Unsere Kinder dürfen nicht lange genug
Kind sein. Dieses ist mein erster und wichtigster Kritikpunkt.

**Jedes Kind, das mit verkrampfter Handhaltung, den Bleistift
das zigste Mal abbrechend, Buchstaben in ein Heft »zwingt«, ist
zu früh im Schulalltag.**

Schüler zu sein bedeutet in den meisten Fällen, für die Dauer
des Unterrichts kein Kind mehr sein zu dürfen. Das ist grob gesehen eine Vergewaltigung unserer Kinder, die von einem Tag zum
anderen »Schüler« sein müssen.

Ich wünsche mir eine Einschulung mit sieben oder acht statt
mit sechs Jahren. Ganz bewusst führe ich diesen Punkt nicht weiter
aus, weil mir sehr klar ist, dass manch ein Pädagoge diese Ansicht

nicht teilen wird. Ich gebe nur Folgendes zu bedenken: Können wir tatsächlich sicher sagen, dass es gut ist für unsere Kinder, wenn sie so früh wie möglich in Systeme gepresst werden, die mehr Lernprogramme als Lehrprogramme beinhalten?

Was ist uns die geistige Freiheit unserer Kinder wert?
Haben wir je darüber nachgedacht? Haben wir das Recht, über unsere Kinder zu bestimmen? Wieso fragen wir sie nicht und entscheiden dann, ob sie schon mit sechs Jahren in die Schule gehen möchten ... oder lieber erst ein Jahr später? Fragen wir sie, ob die Unterrichtskonzepte toll sind? Bemerken wir überhaupt noch, ob sie glücklich sind? Sehen wir sie überhaupt, unsere Kinder? Haben sie nicht, so wie wir auch, das Recht, jeden Tag auf diesem Planeten ganz bewusst zu nutzen, um schöpferisch tätig zu sein, zu beobachten, zu erfahren und das Leben zu verstehen?

Seien wir ehrlich, wir bestimmen über sie, doch nicht mit ihnen!
Sie brauchen Grenzen, ja! Doch sie brauchen keine Begrenzung. Sie brauchen Struktur, ja! Doch sie brauchen keine Machtstruktur, sondern eine Struktur der Liebe.

Vieles, was das Leben ausmacht, wird im klassischen Lehrstoff kaum berücksichtigt.

Welches Fach bereitet die Kleinen auf die schmerzlichen Erfahrungen, die das Leben ebenso bietet, vor? Wo lernen sie in der Schule, wie sie mit Verlust umgehen, mit Ungerechtigkeit? Was ist mit Moral? Wo erfahren sie, dass das Göttliche in ihnen selbst ist? Verstehen sie, was mit dem Leben gemeint ist, wenn sie einmal pro Woche eine Religionseinheit haben, die ihnen womöglich lediglich eine weitere Struktur, ein weiteres unfreies System erklärt? Die Schule sollte eine Lebensschule sein, eine Schule die zur inneren Entfaltung führt, nicht nur zur äußeren.

Eine Schule, die in ihr Lehrkonzept auch die spirituelle Erziehung von Kindern einbaut und ihnen so die Idee der Liebe näher bringt, wird den Horizont der Kinder erweitern. Wir unterstützen unsere Kinder auf ihrem Weg durch das Leben, wenn wir ihnen schon zu Schulzeiten Möglichkeiten zur Selbstentfaltung durch Malerei, Musik, Tanz, Fotografie, Astrologie, Quantenphysik oder Ähnliches bieten.

Wäre es nicht toll, die Kinder dieser Welt in so einer Schule aufgehoben zu sehen? In einer Schule, die auch Fächer wie frühe Philosophie und kindgerechte Psychologie anbietet? Eine Schule frei von Machtstrukturen und Angstenergie, die Gesundheitstraining wie Yoga, Entspannung, Ernährung, Körperbewusstsein und alternative Heilmethoden ebenso anbietet wie Sport und geistige Fitness. Fächer wie Astrologie, Kreativität und Nächstenliebe werden aus dem Kind von heute einen bewussten Erwachsenen von morgen machen. Ein Unterrichtsfach, das die Meditation aufgreift, wird ihnen zu Disziplin verhelfen, frei von Macht und Kontrollmechanismen. Ein Fach zum Thema »Mutter Erde«, das den Kindern – vielleicht nach altindianischem Vorbild – die Natur tatsächlich zeigt und erklärt, wird zu umweltfreundlichen Menschen führen, die im Einklang mit der Natur leben. Indem die Kinder ganz neue Ansätze geboten bekommen, haben sie mehr Möglichkeiten, die eigenen Interessensschwerpunkte herauszufinden. Ein körperbewusstes, entspanntes Kind hat auch mehr Bezug zum eigenen Kern und kann sich selbst besser einschätzen. Dort wo die Interessen der Kinder liegen, sollten sie auch abgeholt werden.

Ich setze hiermit ganz gezielt den Impuls für all dies, und ich setze den Impuls für ein Unterrichtskonzept, das die Idee der Talentsuche aufgreift. Jeder Mensch birgt ein durch die Schöpfung gegebenes Talent in sich, das es zu entdecken gilt. Wie oft ändert eine Person Mitte dreißig ihre komplette Berufslaufbahn, weil sie plötzlich die eigene Gabe entdeckt hat? Ich wünsche mir, dass die Menschen ihrem inneren Ruf folgen können und mit Freude und Begeisterung einer BERUFUNG nachgehen, anstatt nur einen Beruf zu haben. Vielleicht benötigen wir keine Leistungsgruppen, sondern Interessensgruppen. Das, was Spaß macht, birgt die Erfolgsenergie bereits in sich. In gleichem Maße wie Schreiben, Lesen und Rechnen sollten daher Lebensschule-Fächer wie Spiritualität, Liebe zum Schöpfer und das Streben nach ihm behandelt werden.

Wenn ein Kind die Existenz Gottes nicht anzweifelt, die ja alsbald durch persönliche Erfahrung untermauert wird, dann werden ihm die ethischen Grundsätze weitaus verständlicher. Es wird ihm sogar möglich, sie in seine eigene logische Weltanschauung zu integrieren. Das Kind begreift nämlich in sich selbst, was Gott vom Menschen will. Dabei eignen sich Kinder viel schneller und leichter als Erwachsene die göttlichen Wahrheiten an. Sobald der Mensch durch ein aufrichtiges und liebevolles Streben nach Gott oder der Schöpfung geprägt ist, wird es viel leichter, das eigene Sein zu erkennen und die Angst in Liebe zu wandeln. Die ganze Welt wandelt sich dann ebenfalls – ist sie doch auch ein Spiegelbild für die in den Menschen wachsende Liebe. So beginnen unsere Kinder auf natürlichste Weise ihre spirituelle Vervollkommnung.

Ein Schulsystem der Liebe wird die Kinder tragen und ihnen zugleich helfen, den angemessenen Kontakt zur materiellen Ebene nicht zu verlieren. Ich wünsche mir solch eine Schule. Doch ich spreche nicht von Privatschulen, die wieder nur wenigen vorbehalten blieben. Ich visualisiere eine solche Schule für alle Kinder der Welt. Ein völlig neues Schulkonzept für alle Schulen. Ein Konzept des Lebens. Ein Konzept für die NEUE Zeit, die bereits IST. Ein Konzept für **die Kinder** in den Kindern, **nicht für die Erwachsenen von morgen**, die in den Kindern stecken.

Durch eine solche Schule, die wir gemeinsam, liebevoll, durch Absicht und Willen geistig in die Welten heben können, werden wir schließlich eine erstaunliche Entdeckung machen:

Nicht wir sind die Lehrer. Die Kinder lehren uns! Sie sind die wahren Lehrer, und sie werden uns helfen, unsere eigenen Ängste zu überwinden. Sie werden uns helfen, spirituell vollkommen zu erwachen, denn auf jeden noch so kleinen Schritt folgt ein weiterer. Unsere größte, tief verwurzelte Angst, von Vater/Mutter-

Gott, von der ewigen Seinsheit getrennt zu sein, wird von uns fallen, weil uns die Kinder, so wie es schon Jesus tat, zeigen werden, dass Gott IN uns ist.

Es ist so wichtig, dem zu lauschen, was uns die Diamantkinder über das Jenseits, über die feinstoffliche Welt und den Sinn des Lebens erzählen, denn dadurch verlieren wir unsere Ängste.

Wenn wir von Gott und seinen Helfer wissen, erkennen wir, dass wir niemals alleine sind. Die Diamantkinder leben uns in ihrer Leichtigkeit die wundervolle Verbindung zu den Geistführern, den Schutzengel und den Helfern vor. Wovor sollten wir uns da noch fürchten?

Wenn wir die Schulsysteme endlich, endlich alle wandeln, so werden sich die Diamantkinder weiter und weiter öffnen. Ihre Wahrheiten werden nicht mehr nur einen kleinen Kreis erreichen. Sie werden unsere innere Bereitschaft erkennen und ihre kostbaren Gaben aus dem spirituellen Bewusstsein mit uns allen teilen. Wie wundervoll!

Hier also noch einmal die alles entscheidenden Fragen. Und bitte nehmen Sie sich tatsächlich Zeit, einmal ganz intensiv und wahrhaftig darüber nachzudenken:

WAS IST UNS UNSERE GEISTIGE FREIHEIT WERT?
WAS IST UNS DIE GEISTIGE FREIHEIT UNSERER KINDER WERT?

Aus Ihrer Antwort ergibt sich folgende Tatsache:
Das ist uns unsere geistige Freiheit wert.
Das sehen wir in dem großartigen Geschenk, hier auf dieser Erde sein zu dürfen und Erfahrungen machen zu können.

Anatol: »(…) Der Mensch meint oft, es sei erstrebenswert, ›in Gott einzutauchen – mit ihm zu verschmelzen – im absoluten Licht zu sein‹. Er sehnt sich so sehr danach, dass er sein Leben hier auf Erden vergisst. Viele von euch sprechen dann von schlechter Erdung oder manchmal von spirituellem Hochmut. Erlaubt euch die innere Erkenntnis darüber, dass keine Höherentwicklung möglich ist ohne die tragende Kraft der Erde! Die Illusion löst sich nur auf, wenn sie gelebt und erfahren wird. Ihr HABT Sehnsucht nach dem Schöpfer! Sehnsucht nach dem Licht. Dieses ist ein Geschenk, das das Göttliche euch gegeben hat! Freut euch darüber! Doch hört genau hin, was es bedeutet, im absoluten Licht zu sein, und denkt gut darüber nach. Eins mit dem Feld Gottes zu sein, mit der absoluten Seinsheit zu verschmelzen, bedeutet: Du (ewige Seele) weißt, dass du DU bist. Doch das ist alles. Du besitzt weder den Spiegel der Erfahrung noch den Spiegel der Gefühle und auch nicht den Spiegel der Materie. Erfahrung sammeln zu dürfen, ist wahrhaft ein Geschenk, wenn man es als solches erkennen kann. Dieses fällt dem Menschen schwer, doch für die Seele ist es eine Gnade …«

Worte aus der Schulungsebene: Anatol, 09.09.09

»Aus den sich wandelnden Gefilden der Gottesstrahlen erheben sich die Worte der Quelle, die Worte des Lichts. Informationen, Erklärungen und Richtwerte senken sich hernieder, um sich auszubreiten in den Gedankensphären der Menschheit. Es gibt einen Unterschied zwischen Wandel und Veränderung. Wenn ihr von Veränderung sprecht, dann beinhaltet dies eine Negativstruktur, verborgen und unsichtbar. Doch im Wort Wandel steckt und lebt die Energie der Erhöhung. Die Erde und die Bedingungen auf diesem Planeten verändern sich nicht,

sie wandeln sich. Alles in den unendlichen Universen
hat sich schon immer gewandelt, doch niemals verändert.
Wandel bedeutet, dass du eine Stufe nach oben steigst,
in den nächsten Kreis der Spirale eintrittst und dich von
dort erhebst – in eine höhere Ebene, eine höhere Schwingung, eine höhere Frequenz. Deshalb verstehe, lieber
Mensch, dass es bedeutsam ist, dass du immer vom
Wandel sprichst. Auch in deinen persönlichen Gefilden
– sprich vom Wandel, nicht von der Veränderung.
Wandel beinhaltet positive, göttliche Strahlen, Erhebung
– doch Veränderung birgt unsichtbar destruktive, gedankliche Konstruktionen in den Verwebungsschichten.
Aus diesem Grunde, lieber Mensch, ist es heilsamer und
erhebender, wenn du immer wieder vom Wandel sprichst
und das Wort ›Veränderung‹ hinter dir lässt. Der Wandel
birgt die Kraft, Dinge neu zu machen. Der Wandel birgt
die Kraft, Negativität positiv zu überschreiben, komplett
umzuwandeln, in etwas Besseres, Höheres, Lichtvolleres.
Die Veränderung überschreibt nicht. Sie lässt das Alte
bestehen und schafft nur einen zusätzlichen neuen Weg,
doch die Negativität, die im Alten steckt, bleibt bestehen.
Sie wird nicht gewandelt, sie bleibt. Das Alte, das Negative darin, wird nicht gewandelt, es bleibt bestehen.
Die Veränderung bringt keinen neuen Weg im guten
Sinn hervor, wobei ›gut‹ und ›nicht gut‹ nur menschliche
Orientierungshilfen sind …

Die Zeit wandelt sich, die Erde wandelt sich, das Universum wandelt sich.

Die Universen wandeln sich, das Superuniversum wandelt
sich. Alles hat sich schon immer gewandelt, doch niemals
verändert … So seid offen für den Wandel, den euch die
Energie der neuen Zeit zum Geschenk macht. Seid offen
für die Gaben der Kinder, seid offen für eine neue Zeit!«

Gruppenübungen für Kinder, um Ruhe in der Bewegung zu finden

Im Folgenden stelle ich einige sehr gute Übungen für Kinder vor. Sie helfen beispielsweise nach dem Vorbild von Lao Tse, »Ruhe in der Bewegung zu finden«. Das Beherrschen der Entspannung (Ruhe von Körper und Geist) ist notwendig sowohl für die Fähigkeit, sich schnell auszuruhen, als auch für die Kontrolle der eigenen Emotionen. (So fällt es Kindern leichter, negative Emotionen und Stress loszuwerden.)

> »Ruhe ist das Wichtigste in der Bewegung.«
>
> *Lao Tse*

Das Hauptziel der Übungen ist es, bei den Kindern Liebe zu erwecken – die Liebe zu den Eltern, zu Freunden, zur Natur und zu allem Lebenden. Zudem helfen die Gruppen zu harmonisieren und sind daher als Einstieg bestens geeignet. Für manche Kinder und Erwachsene mögen sie auch zu Hause zu einer Form der positiven emotionalen Einstimmung werden.

1. Übung »Das Licht der Welt«

Gedanklich verbinden wir uns mit dem Licht der Sonne. Wir erinnern uns daran, dass Jesus das Licht der Welt ist. Er ist die wiederkehrende Sonne. (... und siehe, ich komme zurück und mache alles neu ...«), die jeden Tag wieder den Lichtstrahl der Wärme, der Heilung, der Kraft und der Liebe in die Welten strahlt.

Jedes Kind stellt sich eine wärmende, liebende Sonne im Herzen vor. Die Sonne ist groß und warm und voller Kraft. Alle versuchen, die liebende Sonne (Jesus) ganz intensiv in sich wahrzunehmen. Wenn jeder seine Sonne gefunden hat, laufen alle umher und bestrahlen sich gegenseitig mit dem Sonnenlicht der Liebe. Jeder versucht, die Wärme der eigenen Sonne zu fühlen und gleichzeitig wahrzunehmen, wie die innere Wärme durch die anderen Sonnen immer noch wärmer und wohliger wird. Jetzt senden alle mit der Kraft der inneren Sonne Wellen der Freude und der Liebe aus dem Herzen in die Welt. Dabei benutzen wir folgenden Satz (und kreieren somit kraftvolle Engelselementale):

> »Mögen alle Wesen friedlich und in Liebe sein! Mögen alle Wesen sicher und geborgen sein! Mögen alle Wesen glücklich sein!«

(Anmerkung: Eine schöne Ergänzung ist es auch, kleine Strahlen der Sonnenliebe an die jeweils abwesenden Gruppenmitglieder zu senden ...)

2. Übung »Erwachen«

1) Wir stellen uns vor, wir erwachen nach einem langen Schlaf. (Wir recken und strecken uns im Stehen, wir gähnen und dehnen uns.)

2) Wir stellen uns vor, wie wir mit unserem Atem die göttliche Kraft, die Gesundheit, das Licht, das Reine und die Liebe in uns aufnehmen.

3) Wir stehen unter einem Lichtwasserfall der Freude, der Segnung und der Kraft.

Wir füllen uns an mit morgendlicher Frische! Wir füllen uns an mit dieser wundervollen Energie. Wir sind übervoll!

(Mit den Armen und Händen imitieren wir die Anfüllung, wir heben sie in den Wasserfall hinauf, lassen sie wieder auf die Schultern herabsinken – mehrere Male.) Wir erreichen so das Maximum, einen sehr hohen und feinen Gefühlszustand!

4) Wir spüren die Segnung in jeder einzelnen Körperzelle. Wir fühlen die Kraft des höchsten Lichtes in unseren Feldern pulsieren. Wie eine Lichtfontäne sprühen die strahlenden Lichtfunken aus uns heraus. Wir sind vollkommen angefüllt mit der göttlichen Kraft, mit Gesundheit und Licht.

5) Die Liebe zirkuliert in uns. Das Licht schillert in uns. Es strahlt hell und weit.

6) Die göttliche Kraft heilt uns, befreit uns und bringt unsere Seele zum Schwingen.

Wir freuen uns! Es geht uns gut!

7) Wir haben einen wundervollen Gefühlszustand erreicht und bedanken uns beim Göttlichen.

3. Übung »Das Teilen und Geben«

1) Nachdem wir uns durch die Aufwachübung in einen sehr angenehmen Gefühlszustand versetzt haben, führen wir unsere Arme vor der Brust nach vorne, um sie dann mit breiter Geste an den Seiten auszubreiten:

2) Das, was wir erhalten haben, werden wir nun mit anderen Menschen teilen.

3) Wir geben ab, wir teilen. So erhalten wir den Fluss aufrecht. Alles, was wir in den Fluss bringen, wird zu uns zurückkehren. Gott wird uns reich beschenken.

4) Der Maßstab der Spiritualität eines Menschen ist dessen Fähigkeit zu geben! Genauso wie es erforderlich ist, ein volles Gefäß zuerst zu leeren, um es dann wieder mit frischem, sauberem Wasser füllen zu können – denn abgestandenes Wasser fault –, müssen wir uns selbst von Zeit zu Zeit leeren. Denn wer sich selbst nicht leert, indem er gibt, was er hat, der erneuert sich nicht, wächst nicht, auch nicht spirituell.

> Ein Krieger leert das Gefäß seiner Erfahrungen täglich. Er reinigt es und befreit es von sämtlichen Prägungen, um es schließlich wieder zu füllen ... und wieder zu leeren.
>
> _Anatol, Auszug aus einer Trancesitzung in Indien 2011_

5) Wir wiederholen die Handbewegung des Gebens mehrere Male und gießen dabei alles Gute, das sich immer wieder in uns erneuert, aus, ohne uns eine Belohnung zu wünschen! Wir sind frei von Erwartungen.

6) Wir strahlen einfach Liebe in die Welt, und die Liebe fließt unermüdlich zu uns zurück. Wir spüren sie. Wir nehmen wahr, wie sich die Brust durch die von hinten aufsteigende dichte Energie der Liebe aufbläht.

7) Im Herzen visualisieren wir jetzt eine geöffnete Blume, die einen zarten Wohlgeruch verbreitet. Es ist der Duft der Liebe selbst! Der Duft der Liebe strömt aus unserem Herzen, er strömt in die Welt ... und von dort aus zurück zu uns und in unser Leben.

4. Übung: »Die Versöhnung«

1) Wir gönnen uns ein paar Augenblicke der Ruhe. Wir atmen tief und bewusst und verbinden uns gedanklich mit unseren Helfern, Engeln, Lehrern und Weisen.
Wir verbinden uns mit dem Göttlichen.

2) Wir finden unser inneres Licht, indem wir uns eine kleine Flamme im Herzen vorstellen und uns darauf konzentrieren. Gedanklich verbinden wir uns mit unserem innersten Licht und geben ihm die Farbe der Versöhnung: Rosa.

3) Wir wissen: Wir selbst sind dieses Licht. Wir strahlen es über unser Herz und über unsere Handflächen in den Raum. Es ist ein sehr sanftes, wundervolles und äußerst kraftvolles Licht.

4) Hinter uns steht ein großes Lichtwesen von majestätischer Schönheit. Das Lichtwesen breitet seine Flügel um uns herum aus und sendet die göttliche Segnung in unser Tun. Das Lichtwesen verstärkt unser rosa Versöhnungslicht. Es strahlt und leuchtet wundervoll. Es schillert in vielen Farbnuancen und funkelt wie Millionen kleiner rosa Lichtdiamanten. Wir fühlen tiefen Frieden in uns.

5) Das rosa Licht der Versöhnung ist ein großer HEILER. Es bringt tiefen, lebendigen Frieden.

6) Wir strahlen es zu den Menschen rund um uns herum. Wir strahlen es über die Grenzen des Raumes hinweg in die Welt. Wir strahlen es in den Kosmos, und wir erlauben dem Licht, sich auszudehnen, so weit es möchte. Wir senden das Licht der

Versöhnung so lange in die Welt, bis wir fühlen, dass wir und die Menschen um uns herum in Frieden, Harmonie und Ruhe mit allem Leben sind.

7) Wenn wir fühlen, dass wir fertig sind, kehren wir langsam wieder zurück. Wir atmen ein paar Mal tief ein und aus und bedanken uns gedanklich bei dem rosa Lichtwesen.
Wir wissen: Alles ist in Frieden. Alles ist EINS.

> Alles ist aus demselben, doch dasselbe ist anders in sich.
> Nur der, der keinen Beweis mehr sucht, wird einen
> Beweis bekommen.
>
> *Anatol*

5. Übung »Raumreinigung«

1) Wir stehen in einer Säule aus Licht, die uns mit dem Zentrum der Erde und mit dem höchsten Licht verbindet. Wir atmen über diese Lichtsäule die Kraft der Erde und die Kraft der Quelle in unseren Körper hinein.

2) In unserem Herzen verbinden sich die Lichtenergien. Durch Absicht und Willen lassen wir nun aus unseren Händen lange violette Laserfinger aus Licht wachsen.

So als hätten wir zwei große Lichtkämme, beginnen wir nun, die Umgebung zu kämmen.

3) Alles, was nicht dem höchsten Wohle aller dient, sowie energetische Verunreinigungen und Schlacken werden durch den Lichtkamm aufgespürt und im violetten Flammenlicht aufgelöst und transformiert. Die Laserfinger reinigen unsere Felder von Kopf bis Fuß. Sie reinigen unsere unmittelbare Umgebung, und schließlich klären sie den ganzen Raum. Die Engel und die Meister der violetten Flamme stehen uns zur Seite.

4) Je länger wir unsere eigenen Felder, den Raum und die Umgebung reinigen, desto heller, reiner und leichter werden wir selbst. Gedanklich steigen wir immer höher und immer näher zur Quelle des Lichts – zur Sonne ... Sie ist jetzt schon nahe, wir fühlen ihre Wärme, wir spüren, wie die Kraft des Lichts in unser Herz hineinstrahlt.

5) Unser Herz nimmt die Kraft der Sonne, die Liebe des Höchsten in sich auf. Wir füllen uns damit an. Wir genießen das Licht und seine Wärme. Wir lächeln, fühlen uns glücklich und strahlen. Jetzt sind wir selbst kleine Sonnen geworden. Aus unserem Herzen blitzen die Lichtstrahlen der Sonne.

6) Ganz langsam steigen wir gedanklich wieder zur Erde hinab. Die goldene Sonne bleibt in unseren Herzen. Unten angekommen lassen wir nun die Laserfinger wieder schrumpfen. Wir selbst, unsere Umgebung, der Raum, in dem wir uns befinden – alles strahlt, leuchtet und funkelt. Die Luft ist wie elektrisiert, wunderbar, herrlich. Alles ist mit reiner, schöner Energie aufgeladen und schwingt im perfekten Rhythmus. Wir leuchten von innen heraus und teilen dieses Licht mit allen Menschen. Wir verschenken es großzügig, da es nie endet, und geben das Sonnenlicht im Herzen an alles Lebendige weiter.

KAPITEL 9

DEN DIAMANTKINDERN GLEICH WERDEN

DNS-Neucodierung

Die Kinder der Welt sind das Gnadenlicht Gottes, und sie führen uns in dem Maße, in dem wir offen und neugierig sind, so wie sie selbst. Sie führen uns aus der Knechtschaft unserer materiellen Träume in das höchste Glücksgefühl der Wirklichkeit. Ausgestattet mit einer neuen Genetik und indem sie Zugang haben zu jenen DNS-Strängen, die nicht im physischen Körper verankert sind, überraschen sie uns mit völlig neuen Talenten und Qualitäten.

Nach der Lehre der mexikanischen Meisterheiler waren einst alle zwölf DNS-Stränge in unserem physischen Körper verankert. Bedingt durch das Phänomen, das auch als »der Fall« beschrieben wird, haben wir auf der körperlichen Ebene heute nur noch zwei dieser DNS-Stränge. Die restlichen zehn DNS-Stränge befinden sich ungeordnet und nicht fixiert in unseren feinstofflichen Körpern.

Jeder einzelne der zwölf Stränge weist eine bestimmte Qualität auf und hat einen dieser Qualität zugeordneten Namen. So wie die Zahl für die Schwingungsfrequenz der Ganzheit steht, wird, so sagt es die Lehre der mexikanischen Meisterheiler, unsere Ganzheit erst dann eintreten, wenn wir wieder alle zwölf DNS-Stränge physisch verankert und geerdet haben. An vielen heiligen Orten dieser Welt befinden sich zahlreiche Codes, die signifikante Hinweise auf jene zehn inaktiven DNS-Stränge geben. Es gilt stets, Tore zu durchschreiten, um mit diesen Strängen aus dem Ätherreich in Verbindung treten zu können. Das aufmerksame Auge wird die Zeichen, die in Form von vielerlei Steinorakeln und Ritzungen auf den heiligsten Plätzen der Erde hinterlassen wurden, lesen und verstehen können. Ein solcher Ort ist in Indien.

> Nur das Auge, das ausschließlich im geöffneten Zustand
> die Kraft des Sehens zu besitzen glaubt, benötigt den
> Schatten, um das Licht zu sehen. Doch jenes Auge,
> das mit der inneren Wahrnehmung »sieht«, bedarf des
> Schattens nicht mehr, da es sich mit dem Licht
> verbunden hat.
>
> *Anatol*

Die Diamantkinder haben teils bewussten Zugang zu den restlichen zehn Strängen und bringen dadurch die Qualitäten jener sich im feinstofflichen Bereich befindlichen Stränge kraftvoll auf die physische Ebene. Viele von ihnen haben etliche Stränge bereits physisch verankert und verfügen über eine neue Genetik. Die Kinder haben, wie wissenschaftlich auch festgestellt wurde, vielfach die Erbgenetik einfach durchbrochen, indem sie bestimmte Krankheitsenergien und anderes aus den Genen entlassen haben.

Wenn wir den Kindern gleich werden, können wir lernen, jeden einzelnen der zwölf Stränge neu zu codieren und fester im energetischen Feld zu verankern. Das Arbeiten an den Strängen beginnt automatisch, sobald Diamantkinder unser Leben berühren. So will es das Gesetz der Resonanz.

Wenn sich die DNA einmal verändert, wirkt sich dies auch direkt auf die gesamte Blutlinie aus. Dadurch haben auch wir die Möglichkeit, bestimmte genetische Energien des Familienclans (= Elementale), wie Missbrauch oder Krankheitsdispositionen, die Chaos, Krankheit und Disharmonie hervorrufen, aus den Genen zu entlassen. Umgekehrt können Energien (Engelselementale) verankert werden, die positive Aspekte unseres Lebens, wie Erfolg, Beziehung, Gesundheit, verstärken.

Wir können uns auch gezielt (durch Absicht und Willen) mit dem großen Quantencomputer (dem Göttlichen) verbinden und um Aktivierung der restlichen DNS-Stränge bitten. Die DNS-Stränge werden, je nachdem wie weit die eigenen zugrunde liegenden Entwicklungsprozesse (die Entwicklungsprozesse als Mensch und die Entwicklungsprozesse der Evolution) abgeschlossen sind, aktiviert werden. Dies geht immer mit einem Bewusstwerdungsprozess einher, wodurch schließlich die eingefrorenen Codes (zur Aktivierung der DNS-Stränge) freigegeben werden. Dadurch bekommt der Mensch Zugang zu einem ganzen Netzwerk an Informationen und übernimmt die Verantwortung für das eigene Tun.

Durch die Kontaktaufnahme zum Quantencomputer werden also die noch zu integrierenden Tugenden des Wassermannzeitalters durch verschiedenste Mechanismen, die plötzlich im eigenen Leben aktiv werden, aufgezeigt. So bekommen wir die Möglichkeit, gezielt an uns arbeiten.

> Die Tugenden des Wassermannzeitalters sind: Menschlichkeit, Weisheit, Transzendenz, Tapferkeit, Mäßigung, Gerechtigkeit, Aufrichtigkeit und bedingungslose Liebe.

Jede Tugend, die ausgebildet worden ist, führt zur Aktivierung eines eingefrorenen Codes (Archetyp) und bedeutet dadurch den positiven Abschluss eines Entwicklungsprozesses. Jeder aktive Code greift auf andere DNS-Stränge zu. Manche Codes sind mit zwei und mehreren DNS-Strängen verknüpft.

Erst wenn alle Tugenden ausgebildet sind und gelebt werden, sind sämtliche Zugriffspfade verfügbar, um schließlich alle DNS-Stränge zu aktivieren.

Die Diamantkinder haben bereits viele Entwicklungsprozesse erfolgreich durchlaufen und dadurch schon viele Tugenden in das eigene SEIN integriert.

Aus diesem Grund haben Sie eine Vielzahl an DNS-Strängen bereits physisch verankert. Es liegt an uns, von ihnen zu lernen, um ihnen dadurch gleich zu werden.

Die nachfolgende Meditation, die eine bewusste Verbindung zu den neuen Regenbogenlichtfarben ermöglicht, wirkt direkt auf die Zellebene. Dadurch wirkt sie also ebenso auf die gesamten DNS-Stränge.

Das maßgebliche Werkzeug ist das »Visualisieren«, also die bildhafte Vorstellung eines gewünschten Seinszustandes, verknüpft und verstärkt durch ein damit zusammenhängendes Gefühl.

> Visualisieren ist ein kraftvolles Werkzeug der neuen Zeit.
> Je öfter dieses Werkzeug eingesetzt wird, umso einfacher
> ist die Handhabung. Die Ergebnisse folgen unmittelbar –
> Sie werden es feststellen.

Sind Sie bereit, Kontakt aufzunehmen mit den inaktiven DNS-Strängen? Jede Farbfrequenz aus den zwölf Schöpferstrahlen ist energetisch mit den zwölf DNS-Strängen verknüpft. So gesehen ist jede einzelne dieser Farbfrequenzen eine Art Schaltstelle (Synapse) für die Aktivierung von DNS-Strängen.

Je öfter die neuen (alten) Urfrequenzen in die eigene Struktur eingeschwungen werden, umso intensiver wird die Zellerinnerung davon berührt, und sie wird sich zwangsläufig Stück für Stück reaktivieren.

Verankerung der zwölf Schöpferlichtstrahlen

In sämtlichen Systemen beziehungsweise Modellen, die letztendlich nur der Orientierung auf dem spirituellen Weg dienen und Pfade beziehungsweise Weggabelungen markieren, wird von den sieben Chakrenfarben gesprochen. Die neuen Hauptchakren mit den dazugehörigen Farbschwingungen dürfen jedoch seit 2009 ergänzt werden.

Durch das Aufschwingen der neuen Regenbogenfarben, die aufgrund der höher gewordenen Schwingung ebenfalls feinstofflicher geworden sind, ist es möglich, alle zwölf Farben des Schöpferlichts auf harmonische Art zu manifestieren. Indem wir uns in die Lichtsäule unserer ICH-BIN-Gegenwart stellen (gedanklich), können wir mithilfe der Regenbogenbrücke (die vom Herzen von Mutter ERDE bis in das Zentrum der QUELLE des Lichts (höchstes Schöpferlicht) reicht) die neuen Chakrenfarben in unsere Hauptenergiezentren aufschwingen. Dieser Prozess formt ein kraftvolles Lichtgewand, das jenem unserer neuen Kinder ähnlich ist.

Anatol: »So ihr eure Lichtschalter angeknipst habt (bitte einfach darum, dass das Licht in dir verstärkt wird), werdet ihr fähig sein, alle zwölf Farben des Schöpferlichts auf harmonische Art zu manifestieren. So werdet ihr auf einem guten Wege sein, multidimensionale Wesen zu werden ...[*]*«*

---

[*] In meinem Buch »Dein Lichtgewand« entspricht dieser Vorgang in etwa dem Anlegen des Lichtgewandes »Regenbogenlichtkreuz«, siehe dort Seite 28.

NEUE FARBEN	ALTE FARBEN
5. bis 12. Dimension	1. bis 5. Dimension
Kristall	Weiß
goldfarbenes Perlmuttmagenta	Lila/Violett/Indigo
silberfarbenes Perlmutttürkis	Blau/Atlantisblau
Limone (Heilungsgrün)	Grün
Kristallgelb	Gelb
Perlmutt-Pfirsich-Apricot bzw. Kupferapricot	Orange
Kristallrosé	Rot

REGENBOGENLICHTKREUZ

Farbe:	regenbogenfarben
Steinschwingung:	Labradorit, Topas
Lichtwesen:	Göttin Iris, persönlicher Schutzengel
Geometrie:	Regenbogen, Licht verbreitend und strahlend in alle Richtungen; Lichtschwingung »Salvar« strahlend
Frequenz:	Regenbogenschöpferlicht
Merkmal:	Verankerung der göttlichen Farbstrahlen in der göttlichen Säule in Verbindung mit der ICH-BIN-Gegenwart

Meditation für den Erwachsenen

1) Schaffe dir eine Zeit der Ruhe, und nimm eine entspannte Körperhaltung ein. Atme ein paar Mal tief ein und aus. Verbinde dich nun mit Mutter Erde, mit der höchsten Quelle und deinem Hohen Selbst. Rufe deine Engel und deine Lehrer, und erteile ihnen die Erlaubnis, dir bei der Vereinigung deiner Chakren behilflich zu sein. Nimm wahr, wie sich dein Herzzentrum mit Licht füllt.

2) Atme das Licht tief hinein in das Zentrum deines Herzens, und sieh, wie eine sich drehende Sonne entsteht, die wunderbar leuchtet und in alle Richtungen strahlt. Die leuchtende Sonne dehnt sich immer mehr aus und umschließt schließlich alle Chakren. Dein ganzes Energiefeld verbreitet meilenweit hellstes und klarstes Licht.

3) Sieh nun, wie dein Schutzengel dich an der Hand nimmt und mit dir gemeinsam in das Licht der göttlichen Säule tritt. In dieser Säule aus reinstem Licht fühlst du sofort unermessliche Liebe in dir wirken. Genieße diese Liebe, und atme sie ganz bewusst ein. Lass dir dabei so viel Zeit, wie du willst.

4) Verbinde dich nun ganz bewusst mit deiner ICH-BIN-Gegenwart und mit all deinen energetischen Manifestationen auf allen Bewusstseinsstufen. Nimm sie alle vollkommen und mit absoluter Liebe an. Nimm sie an. Tue dies durch Absicht und Wille. Wenn es nötig ist, bitte deinen Schutzengel, dich dabei zu unterstützen.

5) Nimm nun wahr, wie Göttin Iris die Farbstrahlen der Göttlichkeit in der für dich optimalen Frequenz in die Säule einschwingt. Sieh das strahlende Funkeln von Violettpurpur, des Strahls der Reinigung, und fühle seine kraftvolle, transformierende Wirkung. Lass dich vollkommen klären und reinigen von diesem Strahl, und sieh, wie all deine energetischen Manifestationen ebenfalls geklärt und gereinigt werden, auf allen Bewusstseinsstufen.

6) Genieße nun einen Hauch an leuchtend irisierendem Türkis, der dich in Verbindung mit dem fünfdimensionalen Lichtkörper bringt. Nimm die damit verbundene energetische Erhöhung wahr.

7) Atme einen orangefarbenen Kupferschimmer ein, und wisse, dass du damit die Trägerenergie des spirituellen Aufstiegs in dich aufnimmst. Erfreue dich an diesen kraftvollen und wunderbaren Energien.

8) Erlebe jetzt die Wirkung des Indigo-Strahls, dessen Frequenzen helfen, die Energie des planetaren Seelensterns auf Erden zu verankern. Erkenne, dass die Kraft des Indigo-Strahls auch durch dich auf Erden wirksam ist.

9) Genieße Frequenzen von reinigendem Silberperlmutt. Sieh, wie dieses leuchtende Perlmutt dich umrieselt und wie alte Muster und Prägungen sowie karmische Schlacken geheilt und transformiert werden. Bedanke dich.

10) Bade in der gesamten Farbpalette des göttlichen Lichtspektrums, und nimm alle damit verbundenen Transformationsprozesse an, die deinem höchsten Wohl und dem höchsten Wohl von ALLEM dienen. Erlaube deinem persönlichen Schutzengel, den Prozess zu steuern und zu überwachen.

11) Erahne schließlich einen Hauch an Verschmelzung mit einem Funken aus dem goldenen Strahl. Dies ist das Ziel und die Vollendung des Aufstiegsprozesses: die vollkommene Verschmelzung mit dem goldenen Strahl, die wahrhaftige Integration des hohen Selbst und die absolute Verbindung mit der Christusebene. Genieße diese Berührung mit dem goldenen Strahl, und erfreue dich am Farbenbad.

12) Spüre das gesamte Farbspektrum in dir und um dich herum. Fühle, wie es dich heilt und verzaubert. Erkenne, dass du ein Teil der Schöpfung bist. Nimm bewusst deinen Platz innerhalb

der Schöpfung ein. Erkenne, dass der Schöpfer auch durch dich wirkt. Erkenne die Schöpferkraft deiner eigenen Gedanken, und lerne, bewusst und mit Bedacht zu schöpfen. Übernimm fortan die volle Verantwortung für deine Realität. Wenn dir deine gegenwärtige Realität nicht gefällt, dann schöpfe neu. Erschaffe sie neu, indem du neue Gedanken denkst. Du bist in der Lage, das zu ändern, was du zu ändern wünschst.

13) Visualisiere nun, wie sich das wirbelnde Regenbogenlicht von dir entfernt und sich zu all jenen Krisengebieten hinbewegt, die du jetzt auswählst. Das Licht wandert zu allen Kindern, Menschen und Lebewesen dieser Welt, die Heilung und Schutz benötigen. Sieh, wie die Kinder, die Menschen und die Lebewesen die kraftvolle Energie aufnehmen und wie ganze Gebiete von schillerndem, regenbogenfarbenem Licht erfüllt werden. Ziehe dich schließlich wieder von der Energie zurück, um diese Sitzung abzuschließen. Du bist Mitschöpfer, du bist ein Kind des Lichts.

14) Nimm dieses Wissen mit dir, wenn du ganz bewusst deine Kanäle wieder schließt und mit deinem Schutzengel die Reise zurück in dein Wachbewusstsein antrittst.

15) Nimm ein paar tiefe Atemzüge, und fühle, wie du neue Energie getankt hast. Wisse, dass du durch die göttlichen Farbstrahlen über deine Chakren in der göttlichen Säule verankert bist. Du hast einen festen Platz innerhalb der Schöpfung.

16) Öffne deine Augen, wenn du bereit bist, und schenke dir selbst ein Lächeln.

GEBET / ENGELSELEMENTAL

In den Farben liegt die Weisheit,
die Freude, das Lachen,
das Weinen und Toben,
die Welt und die Nichtwelt
und die Welten dazwischen.
Die Höhen und die Tiefen,
das Schmale und das Breite
das, was ist, das, was nicht ist,
und alles dazwischen.

So lass, Vater, Farben mich sehen,
die das Herz erfreuen,
die den Körper heilen,
und mach du mich zum Pinsel,
der all diese Farben verteilt,
welche Herzen erfreuen und Körper
gar heilen, welche Licht und Liebe
hinaus in die Welt tragen,
die du bist,
die ich bin
und alles dazwischen.

WIE ES WEITERGEHT

Die Geburt der neuen Erde hat, wie schon erwähnt, bereits begonnen und leitet eine neue Ära ein. In den Herzen der Menschen beginnt die Sehnsucht nach Gott immer lauter zu pochen. Es ist eine Zeit, die die Menschheit auffordert, die innere göttliche Essenz zu erkennen. Es ist eine wichtige Zeit und eine Zeit der spirituellen Entwicklung. Die Menschen empfinden Traurigkeit, wenn sie den Ruf der Seele, der sie auffordert, sich zu entwickeln, nicht hören. Viele Menschen leiden aktuell an Depressionen und Niedergeschlagenheit. Der Grund dafür ist die Sehnsucht der Seele, die, wenn sie ungestillt bleibt, das Gefühl der Freudlosigkeit entstehen lässt.

Besonders Diamantkinder fühlen diese große Sehnsucht nach dem Göttlichen. Viele dieser Kinder leiden, denn sie vermissen Gott. Sie sagen den Erwachsenen, dass es für sie zu schwer ist, hier zu sein. Sie sagen, dass sie lieber ganz woanders sein möchten. Die Sehnsucht wandelt sich in Traurigkeit, die in den Augen dieser Kinder zu sehen ist. Es ist unsere Aufgabe, den Kindern von Gott zu erzählen, damit ihre Sehnsucht gestillt wird. Es ist unsere Verpflichtung, den Rahmen dafür zu schaffen, dass diese Kinder dem inneren Ruf folgen können, damit sie ihre spirituellen Fähigkeiten entwickeln können, so wie sie möchten.

In dieser Zeit lassen sich die Kinder nicht mehr einsperren und begrenzen. Sie sind hier, um uns zu schulen, und sie werden ihre Aufgabe umsetzen. Helfen wir ihnen, den Weg in Leichtigkeit zu gehen. Die Vorstellung, dass die Kinder dieser Welt glücklich sind, lässt mich innerlich strahlen ...

Vieles haben Sie jetzt erfahren. Manches davon wird Ihnen vielleicht neu sein, doch in der Tiefe Ihrer Seele spüren Sie, dass alles bereits in Ihnen liegt. Es gibt kein Wort und keinen Gedanken, um den Ihre Seelenstruktur nicht bereits wüsste. So tragen wir alle, ein jeder für sich, Verantwortung für das Ganze. Um dieser Verantwortung Nachdruck zu verleihen, lassen Sie mich abschließend noch ein paar Worte verfassen.

Im Wesen der Diamantkinder, im Zauber ihrer kindlichen Seelen schillert das glitzernde Licht der Leichtigkeit, welches die Dumpfheit und die Traurigkeit der Welt durchbricht. So führen sie die Menschen zu sich selbst und dadurch zum Göttlichen zurück.

Sie setzen ein kraftvolles Lichtsignal, welches eine große Chance für alle in Eigensucht festgefrorenen Seelen ist. In dem Maß, in dem der im göttlichen Plan enthaltene Wille frei ist, hat die Seele die Freiheit zu entscheiden, ob sie im Verstandesdenken des negativen Egos verharrt oder ob sie sich entwickelt.

Verharrt die Seele im negativen Ego, wird sich das innere geistige Wesen kraftvoll erheben und die Körperhülle aufgeben. Folgt die Seele dem Ruf der Kinder, wird sie in lichtere Sphären eintreten, und Heilung geschieht.

Die zarten Wesen der Liebe sind hier, um das Kindliche, das Schöne, das Unschuldige wieder in den Seelen der Menschen zu erwecken.

Ihre Strahlkraft schwingt in unseren Herzen. Ihr Ruf folgt den Schwingungen des Lichts und schallt weit mit den Tönen der unbefangenen, reinen, kindlichen Liebe.

Hören wir ihr Singen? Wenn ja, wieso stimmen wir nicht einfach ein?

… auf dass sich das Licht der Schöpfung mit neuer Strahlkraft in die Welten ergießt und sichtbar sei für jedes Auge, für alles SEIN.

Ich bin bei euch alle Tage

– im SEIN –

durch das SEIN …

Ich bin DU!

ANHANG

Anhang 1

Zusatzinfo zu Seite 40 – Strahlung und Elektrosmog

Handys und Schnurlostelefone senden elektromagnetische Wellen aus, die entsprechend moduliert sind. Die zurzeit installierten Mobilfunknetze senden in einem Bereich von 800 Megahertz bis 1,9 Gigahertz. Die neuen Netze werden teils sogar mit 4 und 5 Gigahertz senden. Während die Natur mit kontinuierlichen Schwingungen arbeitet, sendet die moderne Mobilfunktechnik mit unnatürlichen, gepulsten Schwingungen. Diese gepulsten Schwingungen stören biologische Abläufe und dringen bis in das Innerste von Häusern und Gebäuden vor. Anhand von Resonanzphänomenen schwingen sich diese Wellen in biologischen Systemen auf und führen zu weitreichenden gesundheitlichen Belastungen. Ein eingeschaltetes Handy strahlt direkt in den Kopf und erwärmt das Gewebe. Forschungen von Prof. Dr. Leif-Salford (Neurochirurg an der schwedischen Universität in Lund) an Rattenhirnen haben bewiesen, dass die Handystrahlung die Blut-Hirn-Schranke öffnen kann und somit »Gifte« leichter ins Gehirn gelangen. Die elektromagnetische Strahlung verursachte zudem dunkle Flecken in den Gehirnen der Versuchstiere und Schäden im Gewebe. Für Kinder und Jugendliche ist es noch wesentlich gefährlicher, diesen Strahlen ausgesetzt zu sein, da ihr Zentralnervensystem noch nicht voll entwickelt ist.

Inzwischen gibt es eine Reihe von Möglichkeiten, um Elektrosmog präventiv zu begegnen. (Erwähnenswert finde ich unter anderem die memon®-Technologie. Die memon®-Transformer sind Technologieneuheiten, die einen völlig neuen Weg zur Beseitigung energetischer Umwelteinflüsse auf Mensch, Tier und Pflanze aufzeigen. Sollten Sie sich hierfür interessieren, informieren Sie sich gerne unter *www.eu-umweltakademie.de.*)

Siehe hierzu auch: »Dein Lichtgewand« ISBN 978-3-89845-279-3, Kapitel »Einführung in den Inhalt«, Seite 21 bis 22. Botschaft von Zacharias über das elektromagnetische Feld und die Zirbeldrüse.

Anhang 2

Zusatzinfo zu Seite 92 – Die Phasianer

Der Interessierte findet Anhaltspunkte über physische Inkarnationen der Phasianer (Eingeweihte) an vielen heiligen Stätten der Welt. So sind beispielsweise entsprechende Hinweise in der alten Geschichte Ägyptens zu finden sowie in Schriften über das alte Indien. Einige Leser werden sich jetzt im Inneren tief berührt fühlen. Es liegt an ihnen selbst, zu den heiligen Orten der Welt zu pilgern, um die Hinterlassenschaften der Phasianer zu finden.

Anhang 3

zu Seite 192 – Mehr Info zu Wasser und Salz

Lauretana-Wasser entspringt im über 4600 Meter hohen *Monte Rosa*-Massiv und gilt als das »leichteste Wasser Europas«, weil es mit 13,9 mg/l den geringsten Mineralgehalt aufweist. Das Lauretana-Wasser wird frei fließend, unbehandelt und ungefiltert abgefüllt. Der Nitratwert liegt mit 1,4 mg/l unter dem empfohlenen Richtwert von 2 mg/l. Aufgrund des geringen Mineralgehaltes fallen auch die bioelektronischen Energiewerte sehr positiv aus. Lauretana-Wasser wurde früher nur in PET-Flaschen (0,5 Liter und 1,5 l) abgefüllt. Seit Dezember 2001 ist Lauretana-Wasser auch in der Glasflasche (1 Liter) erhältlich.
Siehe: *www.wasser-und-salz.org*
Water & Salt AG
Grabenstraße 25
CH-6340 Baar

Anhang 4

Zusatzinfo zu Seite 219ff. – Der große und der kleine Gott

Die Geschichte »**Der große und der kleine Gott**« gibt es auch als zweisprachiges (deutsch/englisch) Kinderbuch mit wunderschönen Illustrationen von Christa Spaniol und als Hörbuch mit einzigartigen Liedern (komponiert von Regina Arzt) und musikalischer Untermalung verschiedenster Interpreten/innen. Der **gesamte Verkaufserlös** für dieses wirklich einzigartige und besondere Kinder- und Hörbuch kommt **zu 100 Prozent dem Projekt** *www.kinder-indiens.com* beziehungsweise *www.kinder-indiens.at* zugute. Alle mitwirkenden Künstler und Interpreten haben ihr Können, ihre

Liebe und ihr Talent unentgeltlich für dieses Buch- und Hörbuch-
projekt FÜR die Kinder zur Verfügung gestellt. Ein herzliches Dan-
keschön dafür an dieser Stelle! Informieren Sie sich gerne auf der
Homepage unseres Vereins. Meine Liebe gilt den Kindern dieser
Welt! Mit dem Kauf des Kinder- und Hörbuchs unterstützen Sie
unser Waisenhausprojekt in Südindien.

Der große und der kleine Gott
Briefauszug von Ingborg Bergner über den Förderverein
Kinder Indiens und dessen Ziel:

»Die Kinder dieser Erde sind die Töchter und die Söhne
der Sehnsucht des Lebens nach sich selbst!

Der *Förderverein Kinder Indiens* besteht aus einer
HANDVOLL Menschen, die versuchen, möglichst viele
Herzen zu erreichen, um für die kleinsten Erdenkinder
unter uns ein Zelt der Liebe zu bauen. Ein großes Ziel für
den Förderverein ist es, das aktuelle Heim, ein gemietetes
Haus mit begrenztem Raum, in eine von Mietverträgen
unabhängige, große und sichere Heimat zu wandeln. So
haben wir uns vorgenommen, ein eigenes Haus zu bauen,
das allen Bedürfnissen gerecht wird und noch viel mehr
Kindern Platz, Heim, Liebe und Geborgenheit bieten wird.
Dazu und zum Erhalt des Heimes benötigt der *Förderverein Kinder Indiens* Unterstützung. Bauen Sie mit uns das
Haus von morgen?

Bereits seit 2006 führt der *Förderverein Kinder Indiens*,
den Rolanda Gloege und Karin Meier gründeten, ein Kin-
derheim für Mädchen in Thiruvananthapuram, im Staate
Kerala, Südindien, und erhält es aufrecht. Der Verein ist
gemeinnützig und verfügt über das Spendensiegel. Alle ge-
sammelten Spendengelder kommen zu 100 Prozent den
Kindern zugute, da sämtliche Verwaltungs- beziehungsweise Reisekosten aus privaten Mitteln bezahlt werden. So
kommen die Spenden ungeschmälert und auf direktem
Weg (eigenes Bankkonto in Indien) den Waisenkindern in
Indien zugute. Aktuell haben so 21 verwaiste Mädchen im

Alter zwischen 4 und 13 Jahren ein HEIM, das Geborgenheit schenkt, das Liebe vermittelt und eine sichere Umgebung bietet, die mithilft, trotz der sehr schmerzhaften und tragischen Schicksale das Lächeln wiederzufinden.

Für die Kinder bedeutet das Heim jedoch mehr als nur eine Bleibe aus Mauern und Steinen. Für sie ist dieses Heim ein Ort, den man Zuhause nennt. Eine Heimat, in der die Mädchen – die liebevoll von einheimischen Frauen betreut werden – wieder ihr Lächeln gefunden haben. Das Lächeln von Reeshma, von Devi und Dijina. Das Lächeln von Rani und Josy, von Sanju und Abhirami. Das Lächeln von Raji... Sie alle lachen uns liebevoll entgegen, aus 21 Augenpaaren. Sie alle werden einer sicheren Zukunft entgegengehen, da die Liebe viele Schmerzen heilt, sie Hilfe zur Selbsthilfe erhalten und ihnen der Abschluss einer Berufsausbildung ermöglicht wird.

Das Projekt *Kinder Indiens* ist eine wundervolle Möglichkeit für Menschen, die Liebe, die sie in sich tragen, sichtbar zu machen. Dies wird einem vor allem bewusst, wenn man auf die Menschen trifft, die ein Herz für Kinder haben. So viele unterschiedliche Menschen, egal welcher Glaubensrichtung, welchen Alters oder welchen Berufsstandes, eint die Liebe und der Wunsch, etwas zu verändern, und dann wird so VIELES möglich!

So wird das Waisenhaus allein von Spenden getragen, die Menschen in Form von Geldspenden, viel Engagement und liebevollen Gedanken aufbringen. Bitte helfen Sie mit, und unterstützen Sie das Projekt *Kinder Indiens*, das, vor allem was den Bau des neuen Heimes angeht, nicht länger ein Projekt bleiben soll, damit unsere Kinder in Indien schon bald im »Haus von morgen« spielen, lachen und sein können. Ein Haus, das ihres bleibt, weil es nicht mehr wie bisher gemietet ist, sondern dem Förderverein selbst gehört. Ein Haus, das Platz genug bietet für noch mehr Kinder, die nur darauf warten, dass ihnen eine Hand gereicht wird. Egal welche Hautfarbe diese Hand hat, egal welche Religion der Mensch hat, der diese Hand reicht – für die Kinder bedeutet jede Hand nur eines: geliebt zu werden und willkommen zu sein. Je mehr Menschen von diesem Projekt erfahren, desto mehr Herzen können groß werden ...

Danke an dich!«

Ingeborg Bergner
Obfrau Team Österreich

Weiterführende Informationen der Autorin Ingeborg Bergner zu dem Buch »Das Diamantkind« finden Sie auf unserer Homepage unter

www.silberschnur.de/bonus/dasdiamantkind

Über die Autorin

Die in Oberndorf in Österreich lebende Ingeborg Bergner hat schon seit ihrer Kindheit einen Bezug zu dem, was sich hinter den Schleiern der normalen Wahrnehmung verbirgt. Sie ist Energetikerin, Heilerin und Medium.
Weitere Informationen unter:

www.lichtgewandt.info

Weitere Informationen über ihr persönliches Kinderherz-projekt *Kinder Indiens*:

www.kinder-indiens.at • www.kinder-indiens.com

Weiterführende Informationen zu
Büchern, Autoren und den Aktivitäten
des Silberschnur Verlages erhalten Sie unter:
www.silberschnur.de

Sie können uns alternativ
die beiliegende *Postkarte* zusenden.

Ihr Interesse wird belohnt!

208 Seiten, broschiert, 2-farbig,
mit 25 Energiekarten, in Schuber
ISBN 978-3-89845-279-3
€ [D] 24,90

Ingeborg Bergner

Dein Lichtgewand

reinigen – stärken – schützen

Ein Geschenk der Lichtwesen an uns! Die Auramode der Engelwelt lässt keine Wünsche offen – egal ob Sie sich nun lieber in einen reinigenden Mantel, ein heilendes Kleid oder in eine harmonisierende Jacke hüllen möchten. »Dein Lichtgewand« vermittelt eindrucksvoll, wie jeder Suchende in der neuen Zeit des Aufstiegs seine Seele mit speziellen Energien stärken kann. Die 25 praktischen Energie-Karten unterstützen dabei, sich seiner jetzigen Situation bewusst zu werden. Eine inspirierende Kollektion, mit der Sie Ihrem Alltag gestärkt begegnen können – umgeben von wunderbaren Energien.

168 Seiten, broschiert, 2-farbig
ISBN 978-3-89845-260-1
€ [D] 11,90

Lena

Wir Kristallkinder

Liebe, Vertrauen und Wahrheit

Lena ist das erste Kristallkind, das seine Geschichte niedergeschrieben hat: »Mein Leben ist für meine Kristallkollegen wie eine Fernseh-Soap. Sie finden es obermegasuperspannend, dass ich hier auf der Erde bin; sie finden die ganze Erde sehr spannend – ich übrigens auch!« Ohne sich um herkömmliches Standarddenken zu kümmern, schreibt sie über das wahre Wesen der Kristallkinder, ihr Denken und Fühlen, ihre Schwierigkeiten, auf der Erde zu leben, und ihre Erinnerung an den Kristallplaneten. Präzise Antworten auf offene Fragen sowie wertvolle Hinweise zu grundlegenden Besonderheiten dieser Kinder vervollständigen dieses bemerkenswerte Buch.

352 Seiten, broschiert
ISBN 978-3-89845-220-5
€ [D] 19.90

Elsbeth Maurer

Kinder des Lichts

Erkennen – lieben – begleiten
Mit einem Vorwort von Chuck Spezzano

Es gibt eine neue Generation von Kindern. Diese Kinder sind einzigartig. Diese Kinder verstehen wir nicht. Diese Kinder brauchen aber unsere Hilfe und Unterstützung. Viele der Kinder, die jetzt auf die Erde kommen, sind »alte Seelen« und hier, um mitzuhelfen, die Welt zu verändern. Lernen Sie, mit ihnen umzugehen, sich mit ihnen zu verbinden, sie wirklich zu verstehen, sie richtig zu »erziehen« und so diese enorme Chance zu nutzen. Die KINDER DES LICHTS kommen rechtzeitig an einem wichtigen Wendepunkt, sie sind Herolde und Boten des kommenden Zeitalters – schließen wir uns ihnen an.

Johanna Tippkemper

Der Herzstern

Einweihungsweg zur Selbsterkenntnis

Das »magische« Jahr 2012 verweist auf den Beginn des Aufstiegs der Menschheit in eine neue Dimension. Der Architektin für gesundes Bauen und Wohnen, Johanna Tippkemper, ist es gelungen, ein absolut neuartiges Konzept zu entwickeln. Sie werden immer geführt vom »Herzstern«, aus dem das uralte Wissen des Universums in seiner hohen Schwingung strahlt. Man erfährt u. a. Neues über die göttlichen Farbstrahlen, deren feinstoffliche Wirkung auf Körper, Geist und Seele und über Zahlen als Zugang zum persönlichen Lebensweg.
Neben den 13 Resonanzkarten sind im Handbuch zudem zahlreiche Übungen und Praxisbeispiele enthalten.

208 Seiten, broschiert,
durchgehend 4-farbig mit
13 Karten, im Schuber
ISBN 978-3-89845-258-8
€ [D] 24,90

Johanna Tippkemper

Der Herzstern für Einsteiger

Mit Pendel und Resonanzkarten der Aufgestiegenen Meister

Jede der in diesem Set enthaltenen Energiekarten baut eine Kommunikationsbrücke zur Ebene der Aufgestiegenen Meister auf. Dadurch erhalten wir augenblicklich alle erforderlichen Informationen und Hilfestellungen, die wir für unsere Transformation und den Aufstieg, aber auch zur Bewältigung ganz alltäglicher Probleme brauchen.
Diesen 13 Meisterkarten liegt ein hochwertiges Spiralpendel mit echtem Bergkristall bei, der in der Lage ist, sowohl die Meisterkarte zu ermitteln, deren Energie wir momentan für unsere Entwicklung benötigen, als auch die Schwingung der entsprechenden Karte aufzunehmen, um sie unmittelbar an uns weiterzugeben.
Dieses Set ist wahrhaft ein Brückenschlag in die nächste Dimension!

13 Resonanzkarten, 32 Seiten
Booklet, inkl. hochwertigem
Edelsteinpendel, in Box
EAN 426007528023-3
€ [D] 16,90

Claudia Knüppel

Elfen öffnen Herzen

Farbenfroh ist der Zauberwald, in den uns die Künstlerin Claudia Knüppel einlädt, und es wimmelt hier von Naturgeistern, die uns geheimnisvoll, anmutig oder auch frech aus dem schillernden Reich der Fantasie zuwinken.
Wunderbar dargestellte Geistwesen, die tief empfundene Botschaften aussenden als Rat, als Trost oder als Hoffnung für all die, die der Glauben an und den Kontakt zu den lichten, unsichtbaren Welten nicht verloren haben.

47 Herzkarten in Box
EAN 4260075280035
€ [D] 13,90

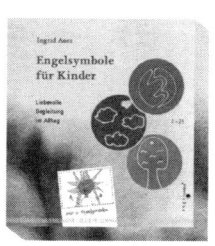

Ingrid Auer

Engelsymbole für Kinder
Liebevolle Begleitung im Alltag

Integrieren Sie die Engel in den Alltag Ihrer Familie! Dieses Set aus 21 neuen Engelsymbolen, kindgerecht auf runde Karten gedruckt, und einem Buch hilft, die Sensitivität der Kinder zu fördern, und unterstützt sie in ihrer Entwicklung. Es hilft aber auch Erwachsenen, ihr Herz den Engeln zu öffnen. Finden Sie als Erwachsener zurück zu dem natürlichen Zugang zur Engelwelt, den Kinder noch haben.

Mit diesem Set unterstützen Sie die spirituelle Weiterentwicklung Ihrer Kinder, denn Kinder lieben Engel – und Engel lieben Kinder.

»Engelsymbole für Kinder« ist gleich doppelt verwendbar: Als gemeinsames »Spiel« für Erwachsene und Kinder und als »spirituelles Aufklärungsbuch« für Erwachsene.

21 runde Engelkarten mit
Buch, 202 Seiten, brosch.,
in Box
ISBN 978-3-89845-065-2
€ [D] 25,90

Margot Pieters / Yvonne van Meteren

Knuddel-Set

Knuddel-Karten sind 52 bunte Karten mit lustigen Zeichnungen, einem Schlagwort und einer Redewendung. Diese Karten sind für Kinder im Alter von 6 bis 12 Jahren bestimmt, zum Beispiel wenn sie Trost brauchen, eine Belohnung verdient haben, mit ihren Hausaufgaben fertig sind oder einfach nur Spaß haben wollen. Die liebevoll gestalteten Zeichnungen, das entsprechende Motto sowie die jeweils passende Redewendung geben neue Anstöße und regen die Kinder so zu eigener Kreativität an. In dem beiliegenden Knuddel-Journal sind alle 52 Kartenmotive nochmals vergrößert abgebildet und laden ein zum fantasievollen Bemalen; zusätzlich regen speziell auf das jeweilige Bildthema abgestimmte Fragen zum Nachdenken an.

Damit entsteht ein Tagebuch von bleibendem Wert!

112 Seiten Buch, Ringheftung,
52 runde Karten in Box
ISBN 978-3-89845-118-5
€ [D] 19,90

Kat Radall

Yoga für kleine »Yogis«

Die wichtigste Phase im Leben ist nicht das Universitätsstudium, sondern die erste Zeit – die ersten sechs Lebensjahre ... Und wer Yoga bereits als Kind lernt, wird später im Leben erheblich weniger Probleme haben, sein inneres Gleichgewicht zu finden bzw. aufrechtzuerhalten. »Yoga für kleine Yogis« ist ein kreativer Ansatz für den Umgang mit den klassischen Yoga-Haltungen. Dieses Buch bietet durch die Kombination von Naturbeobachtung, Sprache und Affirmationen eine neue Möglichkeit für Kinder, ihre eigene, spielerische Welt des Yoga zu entwickeln.

24 Seiten, broschiert, 4-farbig
ISBN 978-3-89845-146-8
€ [D] 9,90

232 Seiten, Klappenbr.
ISBN 978-3-89845-288-5
€ [D] 14,90

Eileen Caddy & David Earl Platts

Die Tore zur Liebe öffnen

Ein Findhorn-Buch

Können wir lernen zu lieben? Oder müssen wir nur warten – und es geschieht von selbst? Wir alle sind mit der Fähigkeit geboren, uns selbst und andere zu lieben. Schmerzvolle Erfahrungen haben jedoch dafür gesorgt, dass viele von uns innere Schutzwälle errichtet und Ängste, Überzeugungen und Verhaltensweisen entwickelt haben, um diese inneren Barrieren aufrechtzuerhalten. Die wichtigste Lektion im Leben ist es daher, wieder lieben zu lernen ...

Dieses Buch lädt Sie ein, die freie Entscheidung zu treffen, mehr Liebe in Ihr Leben zu bringen, und es hilft Ihnen, diese Entscheidung Schritt für Schritt sowie klar und entschlossen umzusetzen.

384 Seiten, broschiert,
durchg. farbig
ISBN 978-3-89845-300-4
€ [D] 16,90

Wayne W. Dyer

365 Quellen der Inspiration

Lebe deine Inspiration!

Wayne W. Dyer, der weltweit bekannte Lebensberater hilft Ihnen, Ihre Inspiration bewusst zu aktivieren, damit sie zu einer kraftvollen Energie in Ihrem Leben werden kann.

Die Botschaft dieses Buches ist klar: Inspiration ist für alle da. Sie ist nicht reserviert für Einzelne, sondern Ihr Geburtsrecht, man muss sie jedoch erfahren und erfühlen.

Jede Seite dieses wahrhaft inspirierenden Buches bringt Sie einen Schritt näher an ein Leben, in dem Tag für Tag mehr Wunder wahr werden ...

256 Seiten, broschiert
ISBN 978-3-89845-325-7
€ [D] 14,90

Gabriele Weck

Entdecke den Engel in dir

Dieses außergewöhnliche und spannende Engelbuch zeigt, wie einfach es sein kann, die Leichtigkeit in sich selbst wiederzufinden. Eigentlich existieren viele Probleme nur, weil man sich nicht vorstellen kann, dass es eine simple Lösung gibt.

Mit vielen Praxisbeispielen, Erfahrungsberichten und Übungen führt dieses Buch dich dahin, Leichtigkeit und Schwung zu tanken und darüber zu staunen, wie einfach und schön das Leben sein kann, wenn man wieder an sich selbst und an seine Impulse glaubt.

Der Engel in dir führt dich sicher wie ein Navigationssystem, so dass du deinen eigenen Weg zur Verwirklichung deiner Wünsche findest.